山东省世界社会主义共产主义运动研究基地
山东省中外社会主义比较研究基地　主办
聊城大学世界社会主义共产主义运动研究所

International Communist Movement History and Socialism Research Edits Publication

国际共运史与社会主义研究辑刊

2017年卷（总第7卷）

李华锋　秦正为／主编
程玉海　张祥云／顾问

图书在版编目(CIP)数据

国际共运史与社会主义研究辑刊. 2017 年卷:总第 7 卷/程玉海,张祥云顾问;李华锋,秦正为主编. —北京:中央编译出版社,2017.8
ISBN 978-7-5117-3360-3

Ⅰ. ①国…
Ⅱ. ①程… ②张… ③李… ④秦…
Ⅲ. ①国际共产主义运动史-文集 ②社会主义-文集
Ⅳ. ①D1-53 ②D091.6-53

中国版本图书馆 CIP 数据核字(2017)第 173971 号

国际共运史与社会主义研究辑刊

出 版 人:葛海彦
出版统筹:贾宇琰
责任编辑:王丽芳
责任印制:尹 珺
出版发行:中央编译出版社
地 址:北京西城区车公庄大街乙 5 号鸿儒大厦 B 座(100044)
电 话:(010)52612345(总编室) (010)52612349(编辑室)
　　　　(010)52612316(发行部) (010)52612346(馆配部)
传 真:(010)66515838
经 销:全国新华书店
印 刷:北京时捷印刷有限公司
开 本:787 毫米×1092 毫米 1/16
字 数:229 千字
印 张:14.5
版 次:2017 年 8 月第 1 版
印 次:2017 年 8 月第 1 次印刷
定 价:68.00 元

网 址:www.cctphome.com 邮 箱:cctp@cctphome.com
新浪微博:@中央编译出版社 微 信:中央编译出版社(ID:cctphome)
淘宝店铺:中央编译出版社直销店(http://shop108367160.taobao.com) (010)55626985

本社常年法律顾问:北京市吴栾赵阎律师事务所律师 闫军 梁勤
凡有印装质量问题,本社负责调换,电话:(010)55626985

聊城大学世界共运研究所简介

聊城大学世界共运研究所始建于1985年4月，时名"共产国际研究室"。1987年改名为"共产国际研究所"，1995年改名为"世界共运研究所"。目前共有研究人员20人，其中教授9人，副教授6人，博士16人。经过三十余年的建设，聊城大学世界共运研究所发展成为国内国际共产主义运动史、执政党建设、中外政治制度等领域教学科研、资料建设、建言献策、人才培养的重要基地之一。

在学科与学位点建设上，自1991年起，聊城大学科学社会主义与国际共产主义运动学科连续被遴选为山东省"八五""九五""十五""十一五""十二五"重点学科、强化重点学科或特色重点学科。2004年，聊城大学世界共运研究所成为山东省马克思主义研究中心下设的4个研究所之一。2005年，获批山东省哲学社会科学重点研究基地——山东省世界社会主义共产主义运动研究基地。2016年，获批山东省理论研究与建设工程重点研究基地——山东省中外社会主义比较研究基地。2001年，获批科学社会主义与国际共产主义运动硕士学位点。2003年，获批国际政治硕士学位点。2010年，获批政治学一级学科硕士学位点。

在科学研究上，经过多年的学术积淀，世界共运研究所形成世界社会主义共产主义运动、政党政治与执政党建设、当代中国政治与社会发展三个相对稳定、密切联系、富有特色的研究方向。近五年来，在《当代世界与社会主义》《马克思主义研究》《社会主义研究》等杂志发表学术论文400余篇，出版《兴衰之路：民族问题视域下的苏联民族国家建设研究》《英国工党政坛沉浮与主导思想的关系研究》等20余部学术著作，获得教育部高等学校优秀科研成果奖、中宣部"五个一工程"奖、山东省社科优秀成果奖等国家级、省部级科研奖励14项。获批国家社科基金项目、教育部人文社科项目、山东省社科重大项目等国家级、省部级科研项目18项。

在教学和人才培养上，世界共运研究所主要负责承担思想政治教育、政治学与行政学等本科专业的政治学类、马克思主义理论类课程的教学工作，以及政治学一级学科硕士点的教学工作。截至2016年，共有21名硕士研究生考取中国人民大学、中共中央党校、山东大学、外交学院等知名高校的博士研究生。多年来为国家和社会输送了一大批高层次专门人才和领导干部，为科教兴国、兴鲁做出了较大的贡献。

在资料建设上，世界共运研究所拥有独立的资料室，现有藏书15万册，报刊2万余册，覆盖政治学、马克思主义理论、历史学等多个学科。特别是拥有《共产国际》（俄文版）、《布尔什维克》（俄文版）、《社会党通讯》（英文版）等一批珍贵外文文献。1985—1998年，世界共运研究所先后主办《共产国际研究资料》、《共产国际研究》和《世界共运研究》杂志。受山东省委宣传部委托，1989—1992年主办《苏联东欧动态通报》内部资料。2000—2005年，与中国人民大学合办复印报刊资料《国际共产主义运动》和《世界社会主义运动》杂志。2004—2006年，与中共中央编译局合办《当代世界与社会主义》杂志。2011年起，编辑出版《国际共运史与社会主义研究辑刊》学术年刊。

在三十余年的建设中，世界共运研究所涌现出程玉海、林建华、张祥云等多位在国内学术界具有较大影响的学科带头人。现学科带头人李华锋教授为中国国际共运史学会理事、中国国际关系学会理事、山东省国际政治与国际共运学会副会长、教育部"青年长江学者"评审专家、山东省理论人才"百人工程"专家、山东省理论研究与建设工程专家委员会委员。

目录 Contents

国际共运史

列宁工作作风的回顾与反思 …………………………………… 陈兆芬 / 3

制度体系视阈下的巴黎公社及其经验教训 ………………… 秦正为 / 13

科尔宾向左转？ ………………………………………………… 李华锋 / 25

科学社会主义

习近平对社会主义建设风险的研判及防范风险的探索 ……… 刘焕申 / 35

十八大以来共产党对意识形态认识的创新与深化 ……… 李合亮　高庆涛 / 49

四个不能：新形势下对待马克思主义的科学态度 …………… 秦正为 / 62

执政党建设

全面从严治党：逻辑内涵、思维特色与价值指向 …………… 刘子平 / 75

领导干部家风建设与党内政治生态净化 ……………………… 邹庆国 / 85

腐败治理中政策压力的传导效力问题论析 ………… 邹庆国　王世谊 / 101

农村基层党组织社会影响力建设的现实梗阻及逻辑进路 …… 刘子平 / 114

创新党员发展机制，助推农村基层党组织功能的实现 …… 魏宪朝　刘子平 / 131

中国政治

人大代表参与社区治理的角色误区与归位 …………………………… 孟宪艮 / 145

我国少数民族干部选用标准的实践误区及规避原则 ……………… 于学强 / 157

传统忠义观现代化的问题及其引导 …………………………………… 于学强 / 166

构建团队和谐领导力 …………………………………………………… 吴芝君 / 171

高校领导干部应加强自身修养 ……………………………… 陈延庆 陈出新 / 176

中国外交

复合相互依赖视阈下的中美领域合作 ………………………………… 刘丽坤 / 187

中国对斐济文化交流 …………………………………………………… 李德芳 / 198

学科新著

列宁主义研究是特殊重要而历久弥新的永恒课题 …………………… 林建华 / 211

西欧社会民主党研究的又一重要成果 ………………………………… 李华锋 / 216

马克思主义的真理颠扑不破 …………………………………………… 王　婧 / 219

学术会议

山东省国际政治和国际共运学会第十届会员代表大会暨 2016 年学术年会在聊城大学召开 / 225

国际共运史

列宁工作作风的回顾与反思*

陈兆芬

摘　要：革命导师列宁作为世界上第一个社会主义国家的最高领袖，在领导俄国人民进行社会主义建设的工作中，形成了调研工作，不走过场；群众工作，不摆官架子；日常工作，不搞特权；经济工作，不尚空谈等优良作风，反观我们现实生活中的党风流弊，列宁的优良作风不仅为俄国布尔什维克党及其马克思主义者密切联系群众，顺利完成社会主义革命和建设任务提供了学习榜样，也为今天我们推进党的作风建设提供了历史智慧。

习近平同志指出，领导干部特别是高级领导干部作风如何，对党风政风乃至整个社会风气具有重要影响。抓作风建设，首先要从领导干部特别是高级领导干部做起，要求别人做到的自己先要做到，以良好党风带动政风民风，真正赢得群众信任和拥护。革命导师列宁作为世界上第一个社会主义国家的最高领袖，在领导俄国人民进行社会主义建设的工作中以身作则，形成了调研工作，不走过场；群众工作，不摆官架子；日常工作，不搞特权；经济工作，反对空谈等优良作风，为俄国布尔什维克党及其马克思主义者密切联系群众，顺利完成社会主义革命和建设任务提供了学习榜样，也为今天我们推

---

* 基金项目：国家社会科学基金项目（16BKS009）；山东省社会科学规划研究项目（13BZZJ05）。

陈兆芬（1972—　），女，山东平阴人，法学博士，聊城大学政治与公共管理学院副教授，研究方向为马克思主义文化理论。

进党的工作作风建设提供了历史智慧。

一、调研工作不走过场

深入实际进行调查的方法是辩证唯物主义在实际工作中的生动体现。马克思恩格斯为国际无产阶级制定的每一个纲领、策略,以及解决某些重大原则问题,都是对社会各阶级的政治、经济状况进行深入实际的调查研究的结果。列宁继承和发扬了马克思主义创始人的优良工作作风,在领导俄国人民进行革命和建设的过程中,时刻把深入实际进行调查研究作为无产阶级政党制定路线、方针和政策的根本方法,作为指导无产阶级及其政党正确地进行活动的基本条件,他说:"马克思主义要求我们在确定任何重大政策的时候,必须以经得起精确的客观检验的事实作为政策的基础和依据。"① 无产阶级政党和真正的马克思主义者,在革命和建设形势特别错综复杂的时候,"把凑巧碰到,偶然听到的较为'公开地'叫喊的东西等等信以为真,自然要容易得多,但是,以此为满足的人,就叫作轻率的、轻浮的人,谁也不会认真地理会他的。不用相当的功夫,不论在哪个严重的问题上都不能找出真理;谁怕用功夫,谁就无法找到真理"②,那些企图草率行事、轻浮的人,是不会寻找到真理的。换言之,如果无产阶级政党在制订革命和建设的计划、方案的时候,不到基层调研,不到困难和矛盾集中、群众意见多的地方去深入了解真实情况,甚至即使去了也仅仅是走过场,那么党就不可能制订出符合实际的政策来,人们的实践活动也就必然遭到失败。要使自己的计划、方案符合实事求是的原则,必须建立在周密的考察基础上,占有比较全面的材料,然后进行独立的思考、比较和分析,从事物的全部总和以及事实的联系中去把握事物的本质,这样才能找到问题的症结所在,找出正确解决问题的办法。在实际工作中,列宁十分重视实际调查研究对于政策制定的重要性。据德·伊·格拉兹回忆,列宁在采取任何一项重要决策之前,都要做一番周密的调查研究。1921年俄国粮食税政策的制定就是列宁经过一系列亲自调查研究的

---

① 《列宁全集》第35卷,人民出版社1985年版,第283页。
② 《列宁全集》第19卷,人民出版社1988年版,第136页。

结果。他经常在办公室接见来访者；多次深入工厂、农村，与工人、农民们亲切交谈，倾听他们的意见和建议，直接了解第一手材料；亲自参加了苏维埃第8次代表大会非党农民代表会的会议，从非党农民代表对农村生活最重大问题的讨论中得到一些情况，并把他所记录的农民的发言分发给中央委员会和人民委员，征求他们的意见。正是因为他能对下面的实际情况和群众意愿了如指掌，才使废除余粮收集制这个决定既符合广大人民群众的根本利益，又切实可行。1922年1月，为了解某些管理部门的拖拉作风和官僚主义现象，列宁以"全俄肃反委员会的一个无名工作人员的身份乘车"，实地考察了全俄肃反委员会直接管辖下的轨道车管理中出现的"秩序混乱，工作马虎"等现象，给予严厉批评，并亲自委派和督促有关人员追查纵容这种作风的负责人的责任。他说："幸亏我是化名乘坐轨道车的，所以能够听到而且已经听到职工们坦率而真实的（不像官方那样娓娓动听而虚假的）介绍。"而"大官出行往往要发几十份专电，兴师动众"①，所以列宁一再地告诫全党："少来一些政治喧嚷，少发一些知识分子议论。多接近生活，多注意工农群众怎样在日常工作中实际地建设新事物。"② 显然在列宁看来，要想掌握客观的真实的材料和事实，就要轻车简从、减少陪同，不要兴师动众，切忌走过场，搞形式主义，否则就可能被假象所迷惑，不能获得真实的情况，不能解决实际问题和困难。

反观我们现实生活中某些上级领导干部下去调研时，热衷于讲排场、走过场，热衷于搞迎来送往、前呼后拥的形式主义的党风流弊，列宁进行调查研究不走过场的优良作风对我们党的作风建设是有借鉴意义的，也是每一个马克思主义者都应该时刻铭记的。众所周知，调查研究是领导干部制定工作方案或计划以指导工作的重要依据，而某些领导干部做调研时：擅长于"文山会海"，以会议落实会议、以文件落实文件；满足于看材料、听汇报、上网络，坐在办公室关起门来做决策；满足于听听、转转、看看，浅尝辄止，走过场。甚至有些领导干部热衷于"被调研"，即专门到已经有准备、已经打好招呼和安排的地方调研，显然这种调研是看不到实情、得不到真知、做不出

---

① 《列宁全集》第52卷，人民出版社1988年版，第194页。
② 《列宁全集》第28卷，人民出版社1990年版，第83页。

正确结论的,由此,中央总书记习近平在中央党校一次秋季开学典礼上的讲话中强调,领导干部搞调研,必须深入实际、深入基层、深入群众,多层次、多方位、多渠道地调查了解情况;必须有明确的目的,带着问题下去,切忌走过场;必须掌握调研活动的主动权,坚决避免出现"被调研"现象。

二、群众工作不"摆官架子"

列宁极其反对领导干部"摆官架子"。他把"摆官架子"看作"地主和资本家生活方式的余孽,因为这种余孽会使人行动起来像一个官"①。对此,他说:尽管俄国社会主义建设初期"我们需要工程师,我们很重视他们的劳动。我们将很乐意付给他们报酬。我们暂时还不打算取消他们的特权地位。我们重视每一个愿意工作的人,但是,希望他们在工作中不要摆官架子,而应当同大家一样受工人监督"②。列宁也极其反对党的领导干部以粗暴态度对待别人,特别是对待职位比自己低并且不敢表示反对的人,他认为这种人是卑鄙的,是和苏维埃人、一个共产党员的光荣称号不相容的。他在1900年8月致娜·康·克鲁普斯卡娅的信中,批评某些俄国社会民主党领导人工作中因流言蜚语引起的人身攻击问题时指出:这"完全是摆官架子的行为和侮辱人格的吹毛求疵,所使用的手段是完全'不能容忍的'"③。1922年3月27日,列宁在《俄共(布)中央委员会的政治报告》中,针对共产党员在社会主义建设工作中暴露出来的不会经营管理、不擅学习、"狂妄自大"问题提出批评说:"我们既然不懂,我们就要从头学起。我们到底还是革命者(虽然很多人甚至毫无根据地说,我们已经官僚化了),我们能够了解这个简单的道理:对于新的异常困难的事业,应当善于三番五次地从头做起,开头碰了壁,就重新再来,——即使这样来上十次也没有关系,但是一定要达到我们的目的,不要摆架子,不要狂妄自大。"④除此之外,列宁对于党的最高领袖表现

---

① 《列宁全集》第36卷,人民出版社1985年版,第525页。
② 《列宁全集》第33卷,人民出版社1985年版,第59页。
③ 《列宁全集》第44卷,人民出版社1990年版,第36页。
④ 《列宁选集》第4卷,人民出版社1995年版,第624—625页。

出来的摆官架子习气更是气愤和担忧，1922年12月，由于斯大林对待同志的粗暴态度，列宁曾建议把斯大林从总书记的位子上调开，建议由一个"更耐心，更忠顺，更和蔼，更关心同志，少任性"的人来担任党的总书记①。实际工作中，列宁虽位高权重，但待人和蔼可亲、平易近人，处处以一个普通劳动者的身份出现，绝不摆官架子，以自己的实际行动为全党做出表率。比如，列宁上班时客气地、主动地向士兵问好；对于别人的帮助，哪怕带报纸这样的小事都要表示感谢；出席会议从来不迟到一分钟，总是按照约定的时间提前几分钟，会上从不利用自己的威信压制别人，每个到会者都可以就所讨论的问题自由发言，也可以毫无顾忌地同列宁争论；自己发表文章不强人所难，提议"如合用，请刊登；如不合用，请扔进字纸篓"②。对待普通劳动群众更是"不摆官架子"，有一次列宁在度假的国营农场周围散步，当他走进牛栏时，被管牛的人以命令的语气呵斥他立刻走开，列宁听了这个命令迅速离开，并没有因自己身份的特殊而感到不悦。

反观现实社会中，我国某些领导干部伴随着官越做越大、脾气也越来越坏、生活要求越来越高、房子越来越大、装修越贵越好、供应越多越好等"官架子"习气越来越浓的现象，作为苏维埃最高领袖列宁都能做到平等待人、不摆官架子，这不能不使那些"官不大，架子不小"的人感到汗颜。而那些不管走到哪里，总摆出一副盛气凌人、高高在上的"官老爷"姿态，热衷于前簇后拥、迎来送往，整天端着"官架子"、哼着"官腔"，陶醉于自我标榜、众人吹捧的"幻化的权力"之中的人，结果只是使"官不大，架子不小"的为官者离群众越来越远，全心全意为人民服务的宗旨意识越来越淡薄，"官本位"思想越来越严重。其实，摆官架子、耍家长作风是一种低级趣味，是与我党的光荣传统相违背的，我们的许多老干部，从来没有架子。我们的总书记和总理却能够放下架子、扑下身子，深入田间地头和厂矿车间，同老百姓一起拉家常、聊冷暖，因而得到全国人民的拥护和爱戴，威望极高。比一比，也就明白为什么某些领导人离开自己的工作岗位时，老百姓不是惋惜反而拍手称快。人民群众心目中自有一杆秤，只有那些时刻把老百姓的安危

---

① 《列宁全集》第36卷，人民出版社1985年版，第617—618页。
② 〔苏〕克日扎诺夫斯基：《忆列宁》，人民出版社1955年版，第83页。

冷暖挂在心尖上，想人民所想、急人民所急、忧人民所忧的不摆官架子的干部才是好干部。所以要做一名人民群众拥护和爱戴的好干部，必须丢掉官架子，永远置身于人民群众之中，时时刻刻把群众满意不满意、高兴不高兴、答应不答应作为衡量一切工作的标准，这样才会成为平等待人、不摆官架子的好干部。

三、日常工作不搞特权

十月革命胜利后，为了彻底铲除沙皇时期的等级特权制度，列宁领导苏维埃颁布了一系列废除特权的法令。如，1917 年 11 月 12 日，全俄中央执行委员会公布了由列宁签署的《关于废除一切等级和文官官衔的法令》，规定废除一切公民间身份的区别以及身份的特权，取消公民中的等级制和文官官衔。同年又颁布了列宁批准的《关于全体军人一律平等的法令》，宣布废除军队中由于军衔而产生的一切特权。1918 年 7 月，为了防止苏维埃机关因出现新的亲属关系网而产生特权，列宁批准制定了《关于不准亲属同在一个苏维埃机关中工作的法令》，法令规定："三亲等以内的血亲和姻亲不能在同一中央机关或地方苏维埃机关中任职。"① 并且要求苏维埃机关的所有领导人都应从他们所负责的部门中解除那些违反这一法令的职员的职务。同年 8 月，人民委员会又通过了列宁起草的《关于俄罗斯联邦高等学校招生问题的决定》，明文规定：采取紧急措施，保证每个人都有升学的机会，绝不容许有产阶级享受任何法律上和事实上的特权。列宁担任人民委员会主席时从不允许因为他对任何规定有所破坏，从不搞特权，时时以身作则，带头自觉地、模范地遵守各种规章制度，真正地以一个普通劳动者的姿态出现在人民群众之中。如 1919 年 3 月列宁的秘书莉·亚·福季耶娃出于对人才的爱惜，请求列宁绕过法令，录用一名颇有才华但其姐姐在人民委员会任职的女同志到人民委员会工作，对此列宁做了这样的回答：绕过法令是绝对不行的，"光是因为提出这样的建议就该送交法庭审判"②。另外，革命胜利后当苏维埃政府由彼得堡搬

---

① 《列宁全集》第 60 卷，人民出版社 1990 年版，第 238 页。
② 《列宁全集》第 48 卷，人民出版社 1987 年版，第 527 页。

至莫斯科的时候，列宁自觉遵守关于人民委员会的住房规定，选择了一处与其流放期间的房子差不多大小的住宅。列宁工作的办公室是一个不大的房间，人们多次建议他在侧厅换一间更大、更好一些的房间，都被严词拒绝。列宁为了写作，需要借阅几本词典和参考书，也严格遵守图书馆的规则，不因位高权重而搞特殊化。在生活中，因为多给一份面包、多发一点工资这样的小事，列宁都要严肃批评和主动退回。

反观当今中国现实社会中，某些领导干部以权谋私，利用权力在招生、就业等方面为子女谋取特殊利益；在保障性住房分配等民生问题上与民争利；有的干部家属仗势欺人，子女"衙内"习气严重；甚至有的干部倚仗位高权重，漠视党纪国法乃至以权压法等，党内这些特权思想和行为的存在，严重破坏了党的形象，也严重影响了党的执政地位和执政基础的巩固，必须引起全党警觉。其实，反对领导干部搞特权是我们党一贯坚持的鲜明立场。早在1956年党的八届二中全会就提出过防止各级领导干部特权化的主张；党章更是明确规定：党除了工人阶级和最广大人民群众的利益，没有自己的特殊利益，共产党员永远是人民群众中的一员，不得谋求私利和特权。2012年党的十八大中，我们党从新形势新任务出发，对党员领导干部进一步重申了这一政治原则：各级领导干部特别是高级干部必须自觉遵守廉政原则，严格执行领导干部重大事项报告制度，既严于律己，又加强对亲属和身边工作人员的教育和约束，决不允许搞特权。这对于引导广大党员干部保持先进性和纯洁性，发扬党的优良传统，具有重要的指导意义。

四、经济工作不尚"革命空谈"

在列宁的著作中多次抨击"革命空谈"，他告诫布尔什维克党说："马克思主义者可能犯的最大的最致命的错误，就是把空谈当作事实，把虚假的外表当作实质，或者把一般的当作某种重要的东西。"① 尤其在革命的紧要关头和重要的转折时期不顾客观形势而一味"鼓吹革命战争的革命空谈会断送我们的革命"，这种空谈的口号很漂亮、很诱人、很醉人，但是毫无根据，其实

---

① 《列宁全集》第25卷，人民出版社1988年版，第211页。

质是"一味重复口号、空话和战斗叫喊,却怕分析客观实际情况",并且"容易接受革命空谈是小资产阶级性的一种残余表现"①。作为马克思主义者"只有学会独立地把这个问题弄清楚,你们才能认为自己的信念已经十分坚定,才能在任何人面前、在任何时候,很好地坚持这种信念"②。如果有半点虚伪和不实,就可能做出荒谬的决定,而贻误革命工作。1918年5月,列宁在揭露托洛茨基、布哈林、拉狄克、皮达可夫等人在对缔结布列斯特和约问题上的"左派"幼稚病时说:"空话连篇,夸夸其谈,这是没有固定阶级特性的小资产阶级知识分子的特性。有组织的无产阶级共产主义者,对于有这种'习性'的人,一定会给以惩罚,大概最轻也要加以嘲笑和撤销其一切负责职务。"③列宁认为,对待革命事业尚且禁忌空谈,同样,对待现实的社会主义经济建设事业更应该反对"革命空谈",他说:十月革命胜利以后,随着所处环境和地位的改变,俄共(布)党内一些人日益滋长了一种不务实事,热衷空谈,对工作敷衍塞责的不良风气,比如某些妄自尊大的共产党员热衷于"革命空谈",他们无论白天和黑夜,都忙于起草提纲、提出口号,发表抽象的议论,却不善于做具体工作,"虚构、夸大和书生式的许诺('事情正在就绪''计划业已拟就''力量已经投入''现在可以担保''肯定有所改善',以及诸如此类'我们'特别擅长的油腔滑调)"比比皆是,这些严重影响了党与人民群众的关系,阻碍了新生政权各项工作的开展。而社会主义国家"需要的经济是指搜集、周密地审核和研究新生活的实际建设中的各种事实"④,不是泛泛的议论、学究式评述、书生的计划以及诸如此类的空话。列宁警告说,这种"空谈病"一旦传染开来,势必像"缠人的疥疮"一样,"折磨和危害"党的肌体,严重"妨碍经济建设",这恰恰是目前"对我们党的(因而也是对革命的)最大威胁"⑤。基于这种分析,列宁号召共产党人"少来一些政治空谈。少发一些书生的议论。多深入生活,多注意工农群众怎

---

① 《列宁全集》第33卷,人民出版社1985年版,第353、355—356、364页。
② 《列宁选集》第4卷,人民出版社1995年版,第25页。
③ 《列宁选集》第3卷,人民出版社1995年版,第517页。
④ 《列宁选集》第3卷,人民出版社1995年版,第571—572页。
⑤ 《列宁全集》第33卷,人民出版社1985年版,第372—375页。

样在日常生活中实际地创造新事物"①;"多知道些事实,少来些假冒共产主义原则性的争论吧!"② 不要把代表大会和会议变成空谈机关和场所,而要变成检验经济成就和能够真正学习经济建设的机关,"空话在任何时候都是有害的",尤其在紧要关头,它会起致命的作用。不仅如此,列宁自己与空谈作风格格不入、绝不调和,他说:"如果空谈政策占了上风,那我个人当然是一秒钟也不会留在政府和我们的党中央委员会里。"③ 作为一个社会主义国家的领导干部必须学会从变化了的实际情况出发,确定自己的新的工作方法,不能以幻想代替事实,不能为自己制造神话,不能浮夸,不要武断,不要说假话,更不要吹牛。列宁在实际工作中时刻警惕革命空谈的危害,认为讨论和研究问题必须从实际出发。众所周知,在苏维埃国家资本主义的各种形式中,"租让制"是苏维埃政权把资本主义引上国家资本主义轨道,并逐渐向社会主义大生产过渡的阶梯。1920年3月,列宁亲自拟定了关于"租让制"的提纲,同年11月签署了租让法令,提出吸收外资参加开采和加工俄国的天然财富,以加速俄国生产力发展的完整思想。但是这引起了党内不少干部的疑虑和担心,他们认为把外国资本家请进来,就是要毁掉俄国的社会主义事业和前途,对此列宁严肃地指出,当前如果不实行租让政策,只能说明我们是脱离俄国实际的空洞的马克思主义者,在经济上没有一点求实精神,"我们在革命前讲了15年理论,革命后管理了两年国家,现在就应当表现出求实精神和实践精神"④,只有统一全党认识,从根本上扭转部分领导人的狂妄自大和革命空谈,彻底改变谈论的方式和实际内容,把革命胆略、革命热情和脚踏实地的精神结合起来,为人民办实事、好事,才算是具有求实的精神和作风。

反观在我国的经济工作中由于个别领导干部的狂妄自大和夸夸其谈给经济建设带来的巨大损失,不能不说列宁强调的经济工作中必须经过"搜集、周密地审核和研究新生活的实际建设中的各种事实"对于指导今天我国领导干部的经济工作具有普遍意义。虽然我们党长期以来大力倡导求真务实,力

---

① 《列宁选集》第3卷,人民出版社1995年版,第573页。
② 《列宁全集》第32卷,人民出版社1985年版,第135页。
③ 《列宁全集》第33卷,人民出版社1985年版,第425、377—378页。
④ 《列宁全集》第38卷,人民出版社1986年版,第288页。

戒空谈，但是空谈这一顽疾却像牛皮癣一样在某些党员干部的身上仍然体现着，也如人们调侃说：随着各级领导干部文化素质的提高，经过各种学习培训，某些领导干部的"做功"不见增长，而"唱功"却日趋见长，可见某些领导干部工作中习惯于空谈政策、坐而论道、以会议落实会议、以文件落实文件的不良作风严重损害了我们党在人民心目中的形象。更为危险的是，由于某些领导干部的空谈和好大喜功，也给我国的经济建设带来了不可估量的损失。比如某些领导干部说起发展思路来，往往是大话、空话、假话连篇，口号震天实则大而无当；抓起工作落实来，往往是急功近利、表面文章、弄虚作假，大张旗鼓实则劳民伤财，结果造成经济虚假数字大行其道、豆腐渣和烂尾工程事件层出不穷，官出数字，数字出官的现象难以避免，这正应了习近平同志多次告诫全党的"空谈误国"那句话。我们共产党人不是空谈家，而是实践家，新世纪全面建成小康社会靠什么？不是靠空谈，而是靠实践，靠领导亿万人民群众生机勃勃的实践，这就要求各级领导干部不仅要在"求真"上下功夫，更要在"务实"上做文章，尤其要做到讲实情、出实招、办实事、求实效；要按照实际情况决定工作方针，不提不切实际的口号，不提超越阶段的目标，不做不切实际的事情，力戒空谈、追求实干，把心思用在务实上。不管什么时候都要谨记"空谈误国、实干兴邦"，对历史负责、对人民负责，就要实干、不能空谈。

总之，在当前正在开展的群众路线教育实践活动中，回溯列宁在社会主义革命和建设实践中形成的优良作风，进而再观照中国现实社会中某些领导干部的种种令人揪心的党风流弊，既能使我们深刻感知先辈们光耀千秋、永志后人，令贪者廉、儒者立的闪光人格，也能惊喜地发现其给予我们的资政育人、医治流弊的精神滋养。如黑格尔所言，传统美德并不是一尊不动的石像，而是生命的洋溢，犹如一道洪流，离它的源头愈远，它就膨胀得愈大。世纪之端，党的大政方针已定、目标已明，唯愿列宁的优良作风也能成为一种美德，经过我们广大党员干部的生命洋溢越传越宽广。

此文发表于《武汉理工大学学报（社会科学版）》2016年第6期

制度体系视阈下的巴黎公社及其经验教训*

——纪念巴黎公社145周年

秦正为

摘 要：巴黎公社的制度体系建设，大致可以分为三个阶段，基本框架包括政治制度体系、经济制度体系、文教制度体系、群团制度体系。其成就和经验在于：建立无产阶级专政的政权制度，建立普遍选举的人民代表制度，建立议行合一的行政管理制度，建立观念牢固的法律法规制度，建立严格规范的廉价政府制度，建立切实有效的民生民计制度，建立胸襟开阔的国际团结制度。其失误和教训在于：没有建立稳固有力的领导核心，没有统一始终存在的派系内争，没有建立牢固可靠的工农联盟，没有采取坚决有力的对敌措施，没有抓住利益攸关的经济命脉。

1871年3月18日，面对外来的入侵和内部的投降，巴黎无产阶级和革命群众毅然发动武装起义，推翻了资产阶级统治，建立了人类历史上的第一个无产阶级政权——巴黎公社。巴黎公社虽然仅仅存在了72天，却创造了历史的辉煌。巴黎公社在短短的时间内，迅速打破了"旧世界"和旧的国家机器，而建立起一个"新世界"和新的国家机器，这种革命精神、创新精神以及视

---

* 基金项目：作者主持的国家社科基金项目"中国特色社会主义制度体系研究"（13BKS022）、山东省社科基金项目"习近平国家利益观研究"（14CXJJ21）阶段性成果。

秦正为（1973— ），男，山东阳谷人，聊城大学政治与公共管理学院、世界共运研究所副教授，硕士生导师，博士，中共中央编译局博士后，山东省中国特色社会主义理论体系研究中心研究员。研究方向为马克思主义基本理论与中国特色社会主义。

死如归的精神将是人类的一笔精神财富。不过,巴黎公社的很快失败,也暴露出其存在着诸多问题,特别是在制度体系建设方面,值得我们深思和总结。

一、巴黎公社的制度体系建构

巴黎公社时期,一般而言指的是巴黎革命起义开始到革命失败。由此,巴黎公社的制度体系建设,大致可以分为三个阶段,即:第一阶段从革命胜利到国民自卫军中央委员会成立(1870 年 9 月 4 日至 1871 年 3 月 15 日);第二阶段巴黎公社成立(1871 年 3 月 15 日至 3 月 28 日),第三阶段巴黎公社失败(1871 年 3 月 28 日至 5 月 28 日)。

在第一阶段,制度体系建设主要表现为打破"旧世界"和旧的国家机器。在巴黎革命之前,法国处于路易·波拿巴于 1852 年建立的法兰西第二帝国统治之下,其实质是金融贵族和大工业资本家的专政,对内实行军事独裁,对外进行军事扩张。当时,工人运动蓬勃发展,1870 年第一国际巴黎支部已达 25 个,国际会员和同情者 24 万余人,并成立了国际巴黎支部联合会。但是,工人运动一再遭到镇压,这也激起了包括资产阶级共和派和小资产阶级民主派的广大人民的普遍反对。为了摆脱统治危机,波拿巴政权发动了普法战争,结果一败涂地,普鲁士军队长驱直入。1870 年 9 月 3 日,巴黎人民上街游行。4 日,工人和市民群众包围皇宫,驱散议会,宣布推翻帝制,成立法兰西第三共和国。但是革命果实被资产阶级共和派和君主立宪派窃取,成立了反动将军特罗胥为首的临时政府——国防政府。这样一开始就出现了两种制度的对立与冲突,一方面巴黎人民要求成立公社作为城市自治机关(当日里昂、马赛、图鲁兹已建立公社),另一方面国防政府却委派了巴黎市长和全市 20 个区的区长。5 日,工人在每个区自行选举产生了警备委员会,每区警备委员会各派 4 名代表组成 20 区中央委员会,从而建立起了与国防政府对立的群众自治组织。6 日,面对普军兵临巴黎城下的危机,在工人积极争取下,仅仅 3 个星期就建立起 194 个营、30 万人的以工人为主体的国民自卫军。1870 年 10 月 31 日、1871 年 1 月 22 日,工人两次举行起义、宣布成立公社均被镇压。1871 年 1 月 28 日,国防政府与德意志签订投降协定,成立了反动的梯也尔政府,并处心积虑要解除工人武装。为此,3 月 15 日,工人建立了国民自卫军中央委员会，形成了革命指挥中心。由此可见，在这一阶段，巴黎公社已经处于酝酿之中，相关的领导机构和制度已经建立。

在第二阶段，制度体系建设主要表现为建立"新世界"和新的国家机器。为了消灭工人武装，巩固资产阶级的反动统治，3月18日梯也尔政府军偷袭国民自卫军大炮集结地——蒙马特尔高地，结果引发了革命军队和群众的反击和武装起义。国民自卫军中央委员会召开紧急会议，发表宣言："夺取政府权力以掌握自己的命运，是他们无可推卸的职责和绝对权利。"① 在此指导下，起义武装占领了市中心，国民自卫军中央委员会进驻市政厅，梯也尔政府逃往市郊的凡尔赛。武装起义胜利后，中央委员会成为工人阶级领导下的临时政府，发布了37个文告和声明，决定接管旧政权、建设新政权和进行公社选举，并采取了一系列措施。在政治上，撤销旧官僚，开除怠工官员，镇压了两次反革命游行和暴乱，解除和解散旧武装，同时派革命代表进驻政府各部，任命革命将领；在经济上，撤销拍卖当铺物品的决定，禁止驱除无力交租的房客，长期债务延缓一个月偿还，两次从银行提款发放军饷和救济贫民等。3月26日，举行了公社选举。选出公社委员86名，实际任职64名（布朗基在狱中，21名资产阶级分子退出），大多是普通工人和代表工人的知识分子。28日，在市政厅广场举行由20万人参加的巴黎公社成立大会，世界上第一个无产阶级政权正式诞生。由此可见，在这一阶段，国民自卫军中央委员会作为临时政府和向巴黎公社过渡的组织机构，已经建立起了相关的领导机构和制度机制。

在第三阶段，制度体系主要表现为建设"新世界"和新的国家机器。公社成立后，先后颁布了361个公告和法令。其中，3月29日，发布第一个公告，宣布公社为现今唯一政权，并组建了公社委员会及下属10个委员会的政权机构；颁布法令废除征兵制，颁布新的诉讼法，取缔旧警察、旧法院及其制度；颁布法令免缴三个季度房租和停止变卖当铺典当品。4月2日，颁布法令规定国家机关公职人员最高不得超多6000法郎（只相当于熟练工人的工资）。4月3日，颁布法令宣布教会与国家分离。4月16日，颁布延期还债法令，决定将逃亡企业主的企业暂交工人协会。4月20日，颁布法令废止面包

---

① 《马克思恩格斯选集》第3卷，人民出版社1995年版，第52页。

工人的夜班。4月24日颁布法令征用空闲住宅交给遭受炮火的工人和市民居住。4月27日，颁布法令规定工厂主不得任意对工人罚款和克扣工资等。5月9日，颁布法令规定由政府免费给失业工人介绍工作。可以说，通过这些文告和法令，巴黎公社建立起了相对完整的制度体系。公社的建立和发展，是对资本主义制度和反动阶级统治的根本否定和极大威胁，因而始终遭到破坏、反扑。4月2日，梯也尔政府军开始武装进攻巴黎。巴黎人民进行了顽强的抗击，坚持了一个多月。5月21日，反动军队在内奸的引导下攻入城内。在著名的"五月流血周"，巴黎人民以鲜血和生命谱写了一曲悲壮的史诗。5月28日，最后一个街垒陷落，存在了72天的巴黎公社最终失败。在此过程中，公社的制度体制因形势的变化曾发生变化，如4月20日公社会议决定将10个委员会体制改组为9个委员会代表制（9个委员会各选举1个代表组成新的执行委员会），以利于集中权力；如5月1日成立社会拯救委员会，以集中权力应对军事危机。由此可见，在这一阶段，巴黎公社是新政权的领导机构，颁布的文告法令规定了相应的制度和机制，因而形成了相对完善的制度体系。

二、巴黎公社的制度体系结构

巴黎公社的政治制度体系。这一制度体系包括领导机构、施政纲领、施政制度和措施。领导机构，即公社委员会及下属10个委员会。公社委员会，由普选产生、实际到任的64名委员和后来补选的17名新委员组成，是公社的最高权力机关，不设主席，开会由委员轮流主持。10个委员会，即执行、军事、粮食、财政、司法、治安、劳动与交换、社会服务、对外联络、教育等委员会，其中，执行委员会具有广泛的权力，负责执行公社的一切法令和其他委员会的一切决议；军事委员会代替国民自卫军中央委员会，执行原陆军部职权；劳动与交换委员会相当于过去的公共工程部，并负责商业部的部分职能；社会服务委员会负责邮政、电报、交通等；对外联络委员会负责与外省、欧洲各国，特别是与普鲁士的外交事务；其他各委员会负责相应的粮食、财政、司法、治安、教育等事务；除了执行委员会之外的9个委员会地位平等，各司其职；各委员会包括6至9名委员，地位平等，没有领导核心或特权人物；10个委员会是公社的执行机关，执行公社委员会发布的文告、法令、决议等。施政纲领，即由起草委员会拟定、公社委员会通过的《告法国人民书》，宣告革命是推翻旧政权的新型革命，目的是要建立一个广泛民主的新型政权，是要建立一个各公社充分自治的、联合的、统一的新的民主共和国，较为全面地反映了公社革命和公社政权的面貌。施政制度和措施，包括：宣布公社是现今唯一政权，否定凡尔赛政府及其国民议会的合法性；废除征兵制和资产阶级常备军，代之以人民的武装——国民自卫军；改造旧政府，改组旧机关，清除旧官吏，扫除旧作风；建立新法制，颁布了一系列法令，建立健全司法程序；实行政教分离，调查和没收教会产业，同时尊重宗教信仰自由；镇压反革命，清除混入公社内部的敌对分子，打击特务的破坏活动；公职人员由普选产生，对选民负责，向选民报告工作，接受选民监督，不称职者可随时罢免和撤换；规定公职人员的最高年薪，取消经济特权，兼职不得兼薪；坚持无产阶级的国际主义，拆毁象征沙文主义的旺多姆广场纪念柱，改广场为国际广场，宣扬建立世界共和国，欢迎和吸收外国人参加公社，等等。由此，巴黎公社形成了相对完善的政治制度体系。

巴黎公社的经济制度体系。这一制度体系包括领导机构、具体制度和措施。领导机构，即劳动与交换委员会，负责经济制度和措施的拟订，对社会经济进行改造和建设。具体制度和措施包括：将逃亡业主所遗弃的工场转交"工人协作社"，委托工人协会联合会执行，先由工人管理，日后赎买，触及资本主义的所有制；改革劳动报酬，降低高薪，提高低薪，缩小差距，照顾工作差异，力求使劳动报酬与劳动量相称；尝试劳动者直接参与企业管理，卢浮军械修配厂《条例》和《章程》规定工厂各级领导的职责和权限、民主选举代表、设立工厂管理委员会、设立工人监督委员会、十小时工作日、较为合理的劳动报酬等；废除面包工人的夜班制，规定不得在早晨五时以前开始工作，违者没收所生产的面包分给穷人；禁止任意罚款和非法克扣职工工资，限制额外剥削；委托工人协会签订包工合同，保障男女工人的最低工资；保障居民食品供应，禁止食品出境，为粮商提供方便，同时打击哄抬物价等不法行为；恢复生产，组织劳动，成立职业介绍所，解决包括妇女在内的就业问题，缓和失业现象；规定债务无息延期偿付，解决小商人、小业主的实际困难；对于当铺的典押物品，禁止随意拍卖，典当金额不超过20法郎者一律无偿发还；规定免缴三个季度（1870年第四季度和1871年第一、二季度）的房租，如果已经交付的则抵作将来各季度的房租，带家具住房的租户免缴欠租；征用逃亡分子的大小住宅及有家具的房间，交给房产遭受炮击的居民使用；抚恤收容烈属和伤员，开办养老院；整顿邮政、电报、铸币、税务、铁路等部门，增加财政收入，同时精打细算，节约开支，等等。由此，巴黎公社也建立了相应的经济制度体系。

巴黎公社的文教制度体系。这一制度体系也包括领导机构、具体制度和措施。领导机构，即教育委员会及教育组织委员会，负责文化教育制度和具体措施的拟订，其中教育委员会是公社10个委员会之一，教育组织委员会则是倡导成立的具体负责机构。具体制度和措施包括：清除学校中的教会人士、宗教遗迹，注重对学生进行科学文化知识和高尚道德品质的培养，以世俗教育全面代替宗教教育，实现国民教育的世俗化；提高教师的政治地位和物质待遇，激发其革命积极性；注重普及初等教育，实行免费教育，并提供学习用品；积极兴办职业教育，设立各类职业学校；重视妇女教育，规定男女平等，设立女子职业学校；重视幼儿教育，设立托儿所，配备医生和护士，进行科学教育实验；召开巴黎艺术家代表大会，组建艺术家联合会并发布其纲领；保护文物和艺术遗产，开放图书馆和博物馆；鼓励创作了具有较为突出特色和成就的政治漫画；赞同成立演员联合会，尝试改组剧院和国家干预文学艺术；鼓励鼓舞士气的街头演奏会和大型音乐会；鼓励诗歌创作，涌现了鲍狄埃及其名作《国际歌》，等等。由此，巴黎公社在文化教育方面也建立起了相应的制度体系。

巴黎公社的群团制度体系。这一制度体系包括工人组织、妇女组织、俱乐部、宗教组织、中小资产阶级社会团体、媒体组织等。其中，工人组织，包括同业公会和国际巴黎组织，当时巴黎有34个同业公会、43个生产合作社和7个食品合作社，它们支持和监督公社，驳斥资产阶级报刊的谣言，国际巴黎组织表现为建立了一些新的支部，在市政厅设立"倡议委员会"以保证巴黎国际联合会委员会与公社委员会的联系；妇女组织，最大的是"保卫巴黎和救护伤员妇女协会"，其组织机构包括中央委员会和各区委员会，其职责就是保卫巴黎、救护伤员，并受劳动与交换委员会的委托成立统一的女工工会联合会，她们发表战斗宣言驳斥署名"一群女公民"的媾和传单，并涌现出"蒙马特尔红色姑娘"露易丝·米歇尔等英雄人物；俱乐部，是公社与群众密切联系的良好组织形式，是群众活动的重要场所，当时有几十个，最大的是第三区俱乐部，后来成立了"俱乐部联合会"；宗教组织，即共济会，开始曾调解巴黎公社与凡尔赛的关系，后公开支持巴黎公社，举行了盛大的万人游行，与巴黎帮工联合会发表《致法兰西和全世界兄弟们》声明，并设立半官方组织帮助改进公社；中小资产阶级社会团体，主要是各省共和主义联盟、中央共和主义联盟、各省协会联合会，各省共和主义联盟由外省籍的巴黎居民组成、按省份分成若干分部，中央共和主义联盟主要由巴黎的小资产阶级和知识分子中的民主派组成，各省协会联合会则由在外省出生而住在巴黎的社会主义者和小资产阶级民主主义者组成，他们"公开地团结在工人革命旗帜下"①；媒体组织，主要是革命或民主的报刊，包括公社新政权的机关报（《公报》）、各种革命倾向的报刊（布朗基派、新雅各宾派、蒲鲁东派、国际巴黎支部等的报刊）、激进共和派的报刊（雨果的《号召报》等），还有大量的群众来信。由此，巴黎公社在群众组织方面也形成了较为系统的制度体系。

三、巴黎公社制度体系建设的成就和经验

建立无产阶级专政的政权制度。巴黎公社是建立无产阶级专政的伟大尝试，其最大的成就就是将马克思主义的无产阶级专政理论付诸实践和变为现实，第一次在世界上呈现了无产阶级专政新型国家的雏形。马克思在《法兰西内战》中明确指出："公社的真正秘密就在于：它实质上是工人阶级的政府。"② 在巴黎公社失败后不久，马克思仍然强调："公社就是工人阶级夺取政权，关于这一点不可能有任何异议。"③ 即使在20年后，恩格斯仍然重申："你们想知道无产阶级专政是什么样子吗？请看巴黎公社。这就是无产阶级专

---

① 《马克思恩格斯选集》第3卷，人民出版社1995年版，第103页。
② 《马克思恩格斯选集》第3卷，人民出版社1995年版，第58—59页。
③ 《马克思恩格斯选集》第3卷，人民出版社1995年版，第126页。

政。"① 因此建立和坚持社会主义制度，就必须坚持无产阶级专政，这是社会主义国家的国家性质（国体）和与资本主义国家的根本区别。

建立普遍选举的人民代表制度。巴黎公社从始至终都体现了人民当家做主，而其最主要的方式就是普遍的选举。从开始的各区警备委员会到 20 区中央委员会，再到国民自卫军中央委员会，再到巴黎公社，都是由普遍的选举产生的，因而能够充分地体现了人民的意愿。据统计，在公社选举中，参加投票的选民共计有二十二万九千一百六十七人，相当于当时巴黎选民的三分之二以上。② 而这正体现了公社的民主性质，因为公社"所建立的秩序，将是真正的、唯一持久的秩序，因为它的基点在于经常征求大多数人的意见，不断得到大多数人的赞助"③。这种创举是史无前例的，区别于以往的任何政权。

建立议行合一的行政管理制度。巴黎公社的委员是由普选产生的，并且可以随时撤换；委员既是人民代表，又是国家公务人员；公社委员会是最高权力机关，拟订和颁布文告、法令，也是执行机关（主要通过下属 10 个委员会，特别是执行委员会），从而创立了"议行合一"的行政管理体制。对于这一体制，马克思在总结巴黎公社的经验时予以肯定："公社是一个实干的而不是议会式的机构，它既是行政机关，同时也是立法机关。"④ 这样，"社会公职已不再是中央政府走卒们的私有物。不仅城市的管理，而且连先前由国家行使的全部创议权也都转归公社"⑤。因此，这种体制具有较高的行政效率。不过，这一体制也是在革命战争时期的特殊产物，并为苏俄的苏维埃制度所继承。

建立观念牢固的法律法规制度。巴黎公社从始至终都体现了法制观念和法制建设，从宣布公社是唯一政权开始，一直到革命失败，公社在短短的 72 天中共颁布了几百个文告、法令，从而建立起了相对完善的法律法规体系。这些法律法规，既涉及政治、经济、文教建设，也涉及社会管理、外交联络，既有对机构的建立，也有对人员的安排，还有对司法本身的规定。如公社规

---

① 《马克思恩格斯选集》第 3 卷，人民出版社 1995 年版，第 13—14 页。
② 朱庭光：《巴黎公社史》，中国社会科学出版社 1982 年版，第 225 页。
③ 《巴黎公社公告集》，上海人民出版社 1978 年版，第 23 页。
④ 《马克思恩格斯选集》第 3 卷，人民出版社 1995 年版，第 55 页。
⑤ 《马克思恩格斯选集》第 3 卷，人民出版社 1995 年版，第 55—56 页。

定:"用普选方法选举法官的原则应该在将来成为法律。"① 公社还颁布法令规定:"一切司法决定和判决将用人民的名义发表。"② 马克思曾说:"法典就是人民自由的圣经。"③ 巴黎公社以自己的实际行动,创立了社会主义法制政权的典范。

建立严格规范的廉价政府制度。尽管"廉价政府"是资产阶级政治学者提出来的,但其真正的实现却只有在人民当家做主的政权中,巴黎公社以自己的切实行动证明了这一点。巴黎公社从一开始就采取各种措施防止腐败、变色,"不要忘本",如废除高额薪金、废除各种特权,如严格规范公务人员行为(不得佩戴绶带骑马闲逛、不得乘坐豪华轿车马车、不得穿戴显示身份的华丽衣装、不得利用职权无偿居住高等房间等)。特别是公社的一段宣告至今仍振聋发聩:"我们过去是劳动者,今天仍然是劳动者,将来也还是劳动者。我们正是因为代表道德反对邪恶,代表克己奉公反对滥用职权,代表廉洁清正反对腐化堕落,所以才获得胜利的——这点千万不可忘记。应当保持我们的高尚品德,首先应当做一个忠于职守的人;这样,我们才能建立一个严正的共和国,而只有这样的共和国才能够,也才有权存在下去。"④ 巴黎公社的原则,值得我们时刻牢记。

建立切实有效的民生民计制度。巴黎公社作为第一个真正人民当家做主的政权,始终关注和着力解决关系群众利益的民生民计问题。如解决工时、工资、债务、食品、住房等问题,如解决就业、教育、抚恤、救济等问题,因而也得到广大群众的大力支持,乃至为之献出生命。与之相适应,巴黎的社会面貌焕然一新。为此,马克思赞叹:"巴黎的个人犯罪案件惊人地减少了,小偷和荡妇没有了,暗杀和路劫也没有了,巴黎的保守分子都逃到凡尔赛去了!"⑤ "公社简直是奇迹般地改变了巴黎的面貌!第二帝国的那个花花世界般的巴黎消失得无影无踪。"⑥ 这种民生制度及其影响,充分地显示了社

---

① 《巴黎公社公告集》,上海人民出版社1978年版,第173页。
② 〔苏〕莫洛克:《巴黎公社会议记录》第1卷,商务印书馆1961年版,第309页。
③ 《马克思恩格斯全集》第1卷,人民出版社2002年版,第176页。
④ 《巴黎公社公告集》,上海人民出版社1978年版,第137页。
⑤ 《马克思恩格斯选集》第3卷,人民出版社1995年版,第115页。
⑥ 《马克思恩格斯选集》第3卷,人民出版社1995年版,第66页。

会主义的优越性及其良好形象。

建立胸襟开阔的国际团结制度。巴黎公社从一开始就具有无产阶级国家所固有的国际主义性质，并以实际行动建立起了相应的制度。这些制度包括：提出口号、发布文告、人事安排、变更标志等。巴黎公社在革命前直到革命失败，一直高喊着"世界民主社会共和国万岁""建立世界共和国""世界社会共和国万岁""世界共和国万岁"等口号，并在许多文告中得以明确体现。① 公社始终欢迎和允许外国人参加公社，其中就包括匈牙利人弗兰克尔、波兰人东布罗夫斯基和符卢勃列夫斯基、俄国人德米特里耶娃等革命家，还有很多外国人为保卫公社献出了生命。更为鲜明的标志，就是把旺多姆广场改名为国际广场。正因如此，恩格斯指出："使公社具有伟大历史意义的，是它高度的国际性。这是它向一切资产阶级沙文主义表现的勇敢挑战。"②

四、巴黎公社制度体系建设的失误和教训

没有建立稳固有力的领导核心。公社始终重视和发扬民主，这是优点和值得称道的。但是，由于过度重视民主，也导致了始终没有形成一个坚强的领导核心。公社委员会没有核心，开会时推选临时的"会议主席"；10个委员会内没有领导核心，各委员地位平等；执行委员会不是核心，实际与其他9个委员会并列；改组9个委员会代表制后，执行委员会仍然没成为核心，"以致每个代表都自作主张，根据自己的职权发号施令"③。为了改变这种局面，后来成立的社会拯救委员会尽管声称"公社的最高权力是从来没有而且也不可能受人争夺的"④，但为时已晚。这种深刻教训说明，无产阶级专政必须是实行民主集中制，实行广泛的民主，但也必须实行高度的集中。

没有统一始终存在的派系内争。巴黎公社在革命伊始，就存在各种各样的派别，不过在革命方面是团结的。但是在公社成立之后，在公社性质特别

---

① 朱庭光：《巴黎公社史》，中国社会科学出版社1982年版，第289—290页。
② 《马克思恩格斯全集》第22卷，人民出版社1965年版，第331页。
③ 〔法〕普·利沙加勒：《一八七一年公社史》，人民出版社1962年版，第220页。
④ 〔苏〕热卢博夫斯卡娅：《巴黎公社会议记录》第2卷，商务印书馆1963年版，第439页。

是在公社是否应该集权方面逐渐发生分歧，最终在成立相对集权的社会拯救委员会时分裂为多数派和少数派。其中，布朗基派和新雅各宾派占2/3，是多数派，蒲鲁东派及其拥护者占1/3，是少数派。布朗基派"是在密谋派别中培育出来的，是靠相应的严格纪律团结在一起的"①，是主张集权的；而蒲鲁东派则"对联合简直是切齿痛恨的"②，是反对集权的。多数派一再排挤乃至剥夺少数派的权力，少数派则一再对抗乃至发表宣言将分裂公开化，虽然二者最后又携手共同捍卫公社，但这种争论和分裂打击了公社威信，造成了思想混乱。对此，恩格斯说："不言而喻，对于公社在经济方面的各种法令，无论是值得称道还是不值得称道的方面，首先要由蒲鲁东派负责；而对于公社在政治方面的行动和失策，则要由布朗基派负责。"③马克思指出："革命应当是团结的，巴黎公社的伟大经验这样教导我们。"④

没有建立牢固可靠的工农联盟。实际上，巴黎公社一开始就注意到农民问题。如3月21日中央委员会通过的《公报》宣布："公社不仅代表着工人阶级和小资产阶级的利益，实际上也代表着除了资产阶级（富有的资本家）（富有的地主，以及他们的国家寄生虫）以外的全体中等阶级的利益。首先它代表的是法国农民的利益。"⑤再如4月10日《公社报》发表的《巴黎公社社员告农村劳动农民书》（安德列·列奥起草），曾把巴黎公社的基本要求概括为："土地给农民，劳动工具给工人，人人都要干活。"⑥并在公社危急时刻，印成传单向城郊散发10万份，以争取农民的支持。但是，工农联盟并未建立，这成为公社失败的重要因素之一。究其原因，一方面是当时不具备客观条件，19世纪的法国，"在城市生产者和农村生产者之间、在工业无产阶级和农民之间是存在着深刻的矛盾的"⑦。另一方面也是更重要的是公社领导没有重视农民问题，公社内部对农民问题认识也不统一，因而没有采取切实

---

① 《马克思恩格斯选集》第3卷，人民出版社1995年版，第11页。
② 《马克思恩格斯选集》第3卷，人民出版社1995年版，第10页。
③ 《马克思恩格斯选集》第3卷，人民出版社1995年版，第10页。
④ 《马克思恩格斯全集》第18卷，人民出版社1964年版，第180页。
⑤ 《马克思恩格斯选集》第3卷，人民出版社1995年版，第99页。
⑥ 〔苏〕莫洛克：《巴黎公社会议记录》第1卷，商务印书馆1961年版，第193页。
⑦ 《马克思恩格斯选集》第3卷，人民出版社1995年版，第101页。

有效的措施。这也是整个无产阶级革命的深刻教训。

没有采取坚决有力的对敌措施。巴黎公社虽然发动了坚决的革命，但是在许多问题乃至关键问题上没有发挥无产阶级专政的作用，对敌人失之于"宽容"和"仁慈"，或犹豫不决，以至于失去很多良机。对此，马克思曾明确指出："当梯也尔通过偷袭蒙马特尔已经发动了内战的时候，中央委员会却不肯把这场内战打下去，因而犯了一个致命的错误，即没有立刻向当时毫无防御能力的凡尔赛进军，一举粉碎梯也尔和他的那帮乡绅议员们的阴谋。中央委员会没有这样做，反而容许秩序党在3月26日的公社选举中再次较量。这一天，'秩序人物'在巴黎各区政府同他们的过分宽宏的战胜者互道温和的和解之词，可他们内心里却咬牙切齿地发誓，时机一到定要将对方消灭干净。"① 除此以外，公社对反革命暴乱也没有采取坚决的镇压，而仅限于驱散；没有剥夺资产阶级反动分子的政治权利，使其仍能参加选举和被选举；没有坚决查封反动报刊，使其仍然散播不利信息，等等。最终，致使反动势力有了喘息之机，并逐渐坐大、内外勾结绞杀了革命。

没有抓住利益攸关的经济命脉。巴黎公社在经济方面采取了很多措施，但也有很多失误，特别是没有没收法兰西银行。对此，马克思深刻指出："为什么公社在经济方面忽略了很多据我们现在看来是当时必须做的事情。最令人费解的，自然是公社把法兰西银行视为神圣，而在其大门以外毕恭毕敬地伫立不前。这也是一个严重的政治错误。银行掌握在公社手中，这会比扣留一万个人质更有价值。这会迫使整个法国资产阶级对凡尔赛政府施加压力，要它同公社议和。"② 更为重要的是，梯也尔政府正是从法兰西银行获得了源源不断的巨款资助，才得以恢复元气、重新发展、进行反扑和绞杀革命的。10多年后恩格斯也指出："蒲鲁东主义者所实行的唯一社会措施就是拒绝没收法兰西银行，而这是公社覆灭的部分原因。"③

此文载于《南京政治学院学报》2016年第3期

---

① 《马克思恩格斯选集》第3卷，人民出版社1995年版，第49页。
② 《马克思恩格斯选集》第3卷，人民出版社1995年版，第10页。
③ 《马克思恩格斯选集》第3卷，人民出版社1995年版，第199页。

科尔宾向左转？*

——英国工党进入"激进社会主义"时代

李华锋

摘　要：非主流的科尔宾当选英国工党领袖看似具有偶然性，实际上有其必然性。这与工党领袖制度的改革、金融危机背景下科尔宾政策主张对草根党员的吸引和欧洲激进左翼普遍复苏有着密切的关系。无论与保守党相比，还是与前几任工党领袖比，科尔宾的经济、社会、外交等领域的政策主张都出现明显的左转。虽然科尔宾领导下工党的激进左转对于促进社会公平起到一定的积极作用，但对旨在复兴的工党来说，前景并不乐观。从现实看，工党的激进左转并没有得到党内高层和英国选民的普遍认可；从历史看，工党的激进左转都是以失败告终。

2015年9月，在英国工党新领袖选举中，本为陪衬的左翼激进议员科尔宾以59.5%的绝对优势战胜其他三位候选人，当选为工党新领袖。科尔宾的当选不仅在英国引起巨大的震动，也引起国际社会的广泛关注。在欧洲深陷经济金融危机，激进左翼复苏活跃的大背景下，准确把握科尔宾的当选与工党左转的表现与影响，有助于加深对英国政坛变化的认识。

---

* 基金项目：国家社科基金项目"英国工党主流思想的嬗变研究"（13BKS062）的阶段性成果。

作者简介：李华锋（1976— ），男，法学博士（后），聊城大学世界共运研究所所长，教授，山东省世界社会主义共产主义运动研究基地主任，山东省中外社会主义比较研究基地主任。

一、科尔宾当选英国工党领袖的偶然性与必然性

科尔宾当选工党领袖具有偶然性是因为与布莱尔、布朗、米利班德等人在出任工党领袖之前均担任工党政府大臣或影子内阁大臣等要职,虽然在1983年就首次当选英国议员,连选连任长达三十余年,成为工党的资深议员,但在出任工党领袖之前,科尔宾从来没有担任过任何重要职务,始终是工党的后座议员。在工党的四位领袖候选人中,非主流的科尔宾不仅年事已高,当选时已经66岁,比工党前几任领袖布莱尔、布朗、米利班德年龄都大,而且仅以比规定票数多一票而勉强获得资格。科尔宾的这种情势使得无论是媒体还是党内都不看好,甚至连他本人也不抱有奢望,只是要发出党内左翼的声音。但选举结果却出人意料,科尔宾轻松当选,其优势比当年众望所归的布莱尔的优势还大。

科尔宾当选工党领袖的有利条件是工党领袖选举制度的改革。自1981年以来,工党领袖选举制度虽然在各部分权重、投票方式等方面不断改进,但核心的选举团制度并没有改变。这一制度使工党的投票权主要掌握在党内议员、工会高层等精英手中,普通党员的影响微弱。2010年米利班德上台后,为了扩大党内民主,争取更多的人关注和认可工党,废除了选举团制度,实行彻底的一人一票制,同时实施"注册支持者"制度。即即使不是工党党员,只要在网上注册为工党的支持者,都可以参加工党领袖选举的投票。一人一票制和"注册支持者"制度使工党领袖选举开始摆脱政治精英的控制,体现普通党员和支持者的真实态度。科尔宾正是在众多草根选民的支持下当选工党领袖。

科尔宾当选工党领袖的根本原因是金融危机下其政策主张对草根党员和支持者的吸引。2008年爆发的经济金融危机席卷英国后,资本主义固有的顽疾凸显。2010年英国大选工党的失利标志着以向新自由主义靠拢为显著特质的新"第三条道路"彻底失灵。卡梅伦领导的联合政府上台后,实行削减财政开支的紧缩政策和减免大企业税率的税收政策,长期享受高福利政策的低收入阶层生活压力倍增,英国的贫富差距进一步拉大,各种反紧缩、反削减的抗议和罢工行动连绵不断。米利班德领导下的英国工党虽然对卡梅伦政府提出了批评,但并没有提出富有吸引力的替代性主张,许多只是政策实施速

度和程度的差异。作为激进的社会主义者，科尔宾对卡梅伦政府的经济与社会政策进行了猛烈的抨击，主张实施积极的财政政策，通过对富人增税来补贴中低收入阶层。其主张不仅迎合了处于社会底层的普通工党党员和支持者的愿望，而且其富有吸引力的激情演说吸引了对现实不满，喜欢标新立异的年轻人。他们认为，相比其他三位候选人，科尔宾政策变革明显，是工党灵魂的真正守护者。

科尔宾当选工党领袖的国际背景是欧洲激进左翼的普遍复苏。经济金融危机的持续蔓延和长期化对底层民众的日常生活造成巨大的冲击，各种社会抗议运动风起云涌。经济金融危机的爆发是近些年来新自由主义模式的恶果。由于作为传统左翼力量的各国社会党或社会党主流已经中间化，对经济金融危机的爆发也负有不可推卸的责任，它们无法提出有效的解决方案。于是对资本主义持批判态度，更为强调维护传统工人阶级利益，加强国家干预和调控力度，站在社会党或社会党主流左侧的各种激进力量得到中下层民众的认可和欢迎。目前，作为激进左翼主要代表的欧洲各国政党的议席都有了明显的增多。如德国左翼党、荷兰社会党为本国议会第三大党，冰岛左翼绿色运动、西班牙左翼联盟为本国议会第四大党。最为引人注目的是希腊的激进左翼联盟，在2015年1月和9月举行的两次议会选举中都取得胜利，作为激进左翼力量的代表历史性地由在野党成为执政党。① 因此，在全球化背景下，面对相似的经济与社会形势，英国工党的左翼力量实现复苏并非个案，而是欧洲激进左翼复苏的一个缩影。只不过与大多数欧洲国家不同的是，由于传统文化和政党制度的特殊情况，英国激进左翼的复苏并不是在政党谱系中居于工党左侧的其他小党的复苏，而是工党内左翼力量的复苏。

二、比较视野下科尔宾时期英国工党的激进左转

作为一个联盟型政党，与其他政党相比，工党内部更是派别林立，以至于在英国有这样一种说法："英国国内的政治斗争不是在工党与保守党之间，

---

① 关于欧洲国家左翼激进政党在本国议会的情况，可见中华人民共和国外交部网站（http：//www.fmprc.gov.cn/web/）"国际和组织"栏目的欧洲部分。

而是在工党内部进行的。"① 从政治立场看,目前工党内有右翼、中右、中左、左翼四大派别。以近些年的工党领袖为例,布莱尔是党内右翼力量的代表,在其领导下工党由老工党转变为新工党,实现社会基础由工人阶级为主向中产阶级为主的转移,思想理念由民主社会主义向社会民主主义的转变。布朗作为布莱尔新"第三条道路"的设计者之一,原本也属于党内的右翼,在新世纪初新"第三条道路"不足显现,自己和布莱尔权力之争的背景下,出任首相后把工党政策向左做出了微调,成为党内中右力量的代表。埃德·米利班德是党内中左力量的代表,在布莱尔新"第三条道路"走上终结,工党失去政权背景下,埃德·米利班德在"蓝色工党"理念的作用下,既不退回到老工党的旧路,又试图把新工党流失的中下层传统选民吸引回来。这从2015年英国大选工党竞选纲领"只有劳动者成功英国才能成功"的题目和"建设一个重新为劳动者服务的国家"的核心思想可以看出。科尔宾则是党内左翼力量的代表,步入政坛之前是一位专职的工会工作者。科尔宾继承了工党内20世纪80年代左翼强盛时期的衣钵,坚持传统的民主社会主义观,对马克思的社会分析学说非常欣赏。即使布莱尔领导的新工党在世纪之交执政业绩显赫,科尔宾还是对工党无原则地背离民主社会主义,倒向新自由主义感到十分痛心,认为是对民主社会主义的背叛,自己多次在议会投票中不顾主流意见,毫无顾忌地投出反对票。

从科尔宾竞选和出任工党领袖半年来的实践看,在宏观经济政策上,科尔宾认为应当加大货币发行量,实行宽松积极的财政政策,反对卡梅伦政府以削减庞大财政赤字为目标的经济紧缩政策,也与米利班德稳健地实施财政紧缩政策,促进收支平衡形成鲜明的对比。在税收政策上,科尔宾反对卡梅伦政府通过减税给企业减压的政策,也反对米利班德提出的增值税和高收入所得税税率不变的主张,提出向企业和处于社会中上层富人增税,严厉打击富人和企业,尤其是大企业的偷税漏税行为,把征收的税额补贴给低收入家庭。在社会政策上,面对卡梅伦政府削减福利开支的做法和米利班德降低大学学费的建议,科尔宾提出增加福利,取消大学学费,实行免费教育,降低

---

① 冉隆勃:《当代英国:政治、外交、社会、文化面面观》,中国社会科学出版社1990年版,第71页。

低收入家庭教育支出压力等主张。在看似早已成为定论的国有化问题上,科尔宾不满足于米利班德发挥私人和公共部门两种优势的主张,在金融、铁路、教育多个领域提出重新国有化的主张。

在外交和国际事务中,科尔宾也显示出工党左翼的鲜明特点。在英国参与海外军事行动上,科尔宾与保守党和工党主流不同,认为北约是冷战的产物,已经失去存在的理由,英国应当退出北约,打击"伊斯兰国"的基本方式是通过制裁切断其资金来源,中断其武器供应,而不是在北约框架下跟随美国以反恐的名义发动空袭,到处往海外派兵作战。在英国核力量问题上,针对卡梅伦政府更新三叉戟核武器系统的主张,科尔宾持单边核裁军立场,认为该系统在任何条件下都是不能使用的,要做的不是更新该系统,而是放弃该系统,把节省的资金用于国家的福利建设。在对待欧盟态度上,科尔宾虽然主张英国留在欧盟内部,但对欧盟一直持批评的态度,被认为是金诺克以来最为疑欧的工党领袖。

显然,无论是对内政策还是对外政策,科尔宾领导的英国工党都对保守党推崇的新自由主义发展模式给予了极大的批判,对工党内中右翼,尤其是右翼,背离民主社会主义的传统表示不满,在多个方面提出激进的替代性左转主张。当然,科尔宾的激进并非像工党历史上曾经出现的极端左翼那样通过激烈对抗的方式反对资本主义,而是在资本主义的基本框架内,通过和平的方式,力图以回归到"二战"后初期的传统民主社会主义的路径变革英国。

三、科尔宾领导英国工党激进左转的限度与作用

虽然科尔宾以绝对的优势得以执掌工党,但由于政策主张激进,并没有得到党内高层政治精英的认可。如布莱尔就表示科尔宾担任领袖对工党是一种灾难,未来工党会一败涂地。另一位前工党领袖金诺克表示,科尔宾对待三叉戟系统的放弃态度,是选举自杀行为,若不改变工党将在下次大选中失败。英国媒体对科尔宾担任工党领袖能否带领工党取得成功也不看好。据科尔宾当选工党领袖后《独立报》民意调查显示,工党与保守党之间支持率的差距不仅没有缩小,反而进一步拉大到12%。接受采访的2000人中,有72%

的人对科尔宾是未来首相人选表示反对，赞同的人只有28%。①

应当说，工党精英和媒体调查结果还是很有道理的。一方面，科尔宾是一个非常执着和资深的左翼，正是靠党内和支持者中的左翼力量当选工党领袖，让其在短时期内改变基本的理念与主张几无可能。另一方面，虽然保守党执政也带来了一定的问题，但治理已经出现成效，2014年以来连续两年经济增长率达到2%以上，成为欧盟发展速度最快的国家，开始走上复苏之路。在2015年大选中，保守党能够以明显的优势取胜，获得单独执政机会，也与经济的复苏有着直接的联系。米利班德在原有布莱尔-布朗路线的基础上相对左转，就没有得到英国大多数选民的认可，大选成绩出现新的滑坡，科尔宾的激进左转更不可能。

从历史眼光看，科尔宾领导之下的英国工党的前景也很难乐观。一是随着后工业化时代下英国产业结构和就业结构的巨大变化，传统工人阶级的进一步削弱和中产阶级的壮大是不可逆转的趋势，扩大社会基础，争取中间选民的支持是选举型政党的不二选择。二是以中右政党为代表的资本主义还有很强的调节能力，经济金融危机只是使一些问题凸显，但并没有达到不可调和、矛盾激化的程度，仍处于基本体制调控的范围之内。这从目前欧洲政坛右翼力量仍处于主导地位就能看出。实际上，当前英国工党左翼力量的崛起在"二战"后并不是首次出现，而是历史的再现。20世纪70年代末80年代初，在向右转的卡拉汉没有赢得大选，保守党撒切尔政府急剧右转的背景下，工党左翼也达到权力的顶峰，富特成为工党的领袖。但最终的结果是导致工党分裂、选民流失、大选惨败，几近走上泡沫化的命运。

从工党现状看，由于科尔宾是以其立场激进，在草根党员和支持者的支持下当选的，在党内高层中并不受欢迎，其执掌工党后如何维护党的团结，确立自己的权威，避免党的内讧和分裂，进而形成合力就是一个棘手的问题。在2015年12月就是否支持保守党政府对叙利亚境内"伊斯兰国"进行空袭的议会表决中，有包括11名影子内阁成员在内的66名工党议员没有与科尔宾保持一致，转而支持该项议案，其中影子内阁外交大臣班恩更是发表演讲，

---

① http://cul.chinanews.com/gj/2015/09-21/7535185.shtml.

呼吁党友反对科尔宾。① 2016年6月英国"脱欧"公投通过后，由于三分之一的工党支持者投票支持"脱欧"，党内许多高层认为科尔宾处理"脱欧"问题不力，有11名影子内阁成员为了表示不满而宣布辞职，迫使科尔宾也辞去工党领袖。遭到科尔宾拒绝后，工党议会党团发动"政变"，以172票对40票的绝对多数通过对科尔宾的不信任动议。再次遭到科尔宾的拒绝后，工党按照领袖选举程序，启动新一轮的领袖选举。选举在科尔宾和其前团队成员欧文·史密斯之间展开。有超过50万名工党党员、工会成员和有登记的支持者参加投票，科尔宾获得313209张选票，史密斯获得193229张选票，科尔宾以61.8%的得票率战胜欧文·史密斯。② 虽然科尔宾在几大工会和草根阶层党员与支持者的支持下，得以有惊无险地继续着其工党领袖的历程，但其短短一年领袖时间就接连遭遇内讧、倒戈、逼宫和弹劾表明，其领袖权威并没有确立，其政策主张并没有在党内得到广泛的认可。这接二连三的事件不啻是对科尔宾的打击，也对工党发展十分不利。

　　再次当选工党领袖后，科尔宾向反对他的工党议员伸出橄榄枝，希望大家捐弃前嫌，呼吁所有工党党员和支持者团结起来，共同努力，为工党奋斗，更为所有英国人奋斗。在政策主张上，与此前激进的立场相比，科尔宾也出现了一定的回转。如在9月的工党年会上，工党表示出对"脱欧"的关切，要求保守党政府阐明英国退出欧盟的谈判策略，消除国内外对英国经济走向的忧虑；一改此前在核武器问题上的立场，转而支持保守党政府提出的更新英国"三叉戟"核潜艇系统。不过由于科尔宾正是以其激进主义赢得和保住工党领袖职位，幻想使其出现明显的右转是不可能的。这就决定着科尔宾领导下的英国工党虽然愿望是美好的，但也是虚幻的。工党在政党竞争中的颓势很难改变，领导工党实现上台执政的目标很难实现。

　　虽然科尔宾领导下英国工党的激进左转总体来说对工党并不是好事，也不可能改变当代资本主义的基本面貌，但存在就有其合理性，其积极作用还是需要肯定的。作为对传统社会主义的回归，就像"二战"后工党民主社会

---

① http://world.huanqiu.com/exclusive/2015-12/8103979.html.
② http://www.telegraph.co.uk/news/2016/09/24/labour-leadership-results-jeremy-corbyn-set-for-huge-win-but-fac/.

主义实践确立的福利制度那样,科尔宾的激进左翼社会主义观念和主张,在推动公平正义,缩小贫富悬殊,促进绿色环保,特别是维护和改进中低收入者生活状况等方面还是有着鲜明的社会作用和积极意义,会对执政党——无论是中右政党还是中左政党——的政策选择起到一定的施压作用。

本文系《英国工党理论与实践专题研究》(李华锋等著)的结语部分,原发于《中国社会科学报》2016年4月28日,人大复印资料《世界社会主义运动》2016年第4期全文转载。

科学社会主义

习近平对社会主义建设风险的
研判及防范风险的探索

刘焕申*

摘　要：站在中国特色社会主义建设全局的高度，以习近平为核心的党中央强调指出，深入推进"四个全面"战略布局，建设中国特色社会主义，必须切实增强风险意识，必须认真解析中国特色社会主义建设面临的诸多风险，必须未雨绸缪，防患于未然，构建风险防控体系，为实现"两个一百年"的奋斗目标提供良好的内外环境。

在复杂多变的国际国内形势下进行社会主义建设，存在诸多风险。以习近平为核心的党中央高度重视并围绕这一问题进行了集中思考和深入探索，强调了树立风险意识的重要性，科学认知了中国特色社会主义建设面临的各种风险，提出了抵御风险、化解风险的原则和举措。深入总结习近平对社会主义建设风险的研判及防范风险的探索，对于我们抓住机遇，防范风险，迎接挑战，落实全面深化改革的各项战略措施，推动全面建成小康社会，实现中华民族的伟大复兴具有重要意义。

---

* 刘焕申（1973—　），男，山东东阿人，聊城大学马克思主义学院副教授，主要研究马克思主义基本原理与中国特色社会主义。

一、从改革开放和中国特色社会主义建设全局的高度强调切实增强风险意识的重要意义

中国特色社会主义建设是一项前无古人的艰巨事业,会不断遇到各种风险挑战,我们只有增强风险意识和忧患意识,才能及时有效防范风险,规避风险,化解风险,才能推进改革开放和社会主义现代化建设事业顺利运行。

(一)基于保持党的执政地位和领导地位的实践,强调必须增强忧患意识风险意识,全面从严治党,否则"结果不只是党的事业不能成功,还有亡党亡国的危险"①。

中国共产党是中国特色社会主义事业的领导核心,是执政党。党的执政地位不是与生俱来的,也不是一劳永逸的。面对艰巨的历史使命、宏伟的奋斗目标和复杂的执政环境,我们必须增强忧患意识和风险意识,做到"为之于未有,治之于未乱"②,保持党的纯洁性和先进性,才能巩固党的领导地位和执政地位。

搞好中国的事情,关键在党。在革命、建设和改革的各个历史时期,中国共产党始终是一个有风险意识和忧患意识的政党。1944年3月,为防止李自成式因骄傲、腐败而导致最终失败的风险,郭沫若撰写了《甲申三百年祭》一文。11月21日,毛泽东复信郭沫若提出要把这篇文章当作整风文件看待,增强党的忧患意识和风险意识。"小胜即骄傲,大胜更骄傲,一次又一次吃亏,如何避免此种毛病,实在值得注意。"③1948年12月,刘少奇在对马列学院第一班学员的讲话时指出:"得了天下,要能守住,不容易。很多人担心,我们未得天下时艰苦奋斗,得天下后可能同国民党一样腐化。他们这种

---

① 习近平:《在党的群众路线教育实践活动总结大会上的讲话》,载《人民日报》2014年10月9日。
② 《毛泽东书信选集》,人民出版社1983年版,第241页。
③ 《刘少奇选集》(上卷),人民出版社1981年版,第413页。

担心有点理由。"① 1949年中共七届二中全会告诫全党，要警惕骄傲自满、以功臣自居的情绪的滋长，警惕资产阶级用糖衣裹着的炮弹的攻击，全党同志务必继续地保持谦虚、谨慎、不骄、不躁的作风，务必继续地保持艰苦奋斗的作风。毛泽东总结认为："如果国家，主要的就是人民解放军和我们的党腐化下去，无产阶级能不能掌握住这个国家政权，那还是有问题的。"② 这有效地警示了全党，防范了风险，推进了全国革命的胜利。

新中国成立之初，党和国家机关部分工作人员出现了较严重的贪污腐化和官僚主义问题。在毛泽东看来，党内腐化问题就是最具威胁的执政风险，为此党中央决定开展全国性的反贪污、反浪费、反官僚主义运动和整风整党运动。一大批贪污腐败分子受到惩处，一些重大典型案件得到果断而及时的处理，刘青山、张子善等一批特大贪污犯被处决。1951—1954年的整党共清除党内蜕化变质分子和阶级异己分子238000人，劝退不合格党员90000人，同时吸收新党员1070000人，党员总数达到6369000人，纯洁了党的队伍，保证了党的战斗力。

如果说以往对执政风险的关注主要集中在党的自身建设问题上，那么党的十一届三中全会以来，中央对于执政风险的认知则更加清醒更加全面。历代中央领导集体多次强调党一定要居安思危，决不能躺在过去的功劳簿上。党的十八大指出，新形势下，精神懈怠危险、能力不足危险、脱离群众危险和消极腐败的危险更加尖锐地摆在全党面前。2013年7月，习近平在西柏坡谆谆告诫全党："党面临的'赶考'远未结束"，"所有领导干部和全体党员要继续把人民对我们党的'考试'、把我们党正在经受和将要经受各种考验的'考试'考好，努力交出优异的答卷。"③ 这体现了强烈的风险意识，体现了加强党的建设，从严治党，巩固党的执政地位的坚定决心。

---

① 《毛泽东文集》第5卷，人民出版社1996年版，第262页。
② 胡华：《中国社会主义革命和建设讲义》，中国人民大学出版社1985年版，第70—71页。
③ 中共中央宣传部：《习近平总书记系列重要讲话读本》，学习出版社、人民出版社2014年版，第157页。

（二）立足于中国特色社会主义全面深化发展的现实要求，提出全党同志要增强"忧患意识和风险意识，保持清醒头脑，增强工作前瞻性、进取性、创造性"①。

经过三十多年理论和实践的探索，中国共产党对中国特色社会主义的认识和中国特色社会主义规律的把握，已经达到了前所未有的新高度。与此同时，我们必须清醒地认识到，当代世情、国情和党情都不断发生深刻变化，给中国特色社会主义深化发展带来了新的机遇和新的挑战；我国社会主义还处于初级阶段，我们还面临很多没有弄清楚和待解的难题，对许多重大问题的认识和处理都还处在不断深化的过程之中，对社会主义的认识和把握还是非常有限的。中国特色社会主义事业越前进、越发展，"新情况新问题就会越多，面临的风险挑战就会越多，面对的不可预料的事情就会越多"②。

提高风险意识有助于增强工作的前瞻性。这种前瞻性意味着党的工作具有预见性，要求工作目标必须科学合理，工作计划必须科学周详。工作的前瞻性可以使工作顺利实现既定目标，少走弯路或不走弯路，在全面深化改革的今天这一要求尤为重要。科学的前瞻性需要我们始终保持和增强风险意识，深入调查研究，综合分析各种可能性，制定出科学的工作目标和工作计划。

提高风险意识有助于增强工作的进取性。这种进取性意味着对党的工作充满必胜信念，坚信我们一定能攻坚克难，实现既定目标。信心比黄金更重要，增强工作的进取性对于新常态下的社会主义建设事业至关重要。而进取性的增强有赖于我们风险意识的提高，分析权衡各种显在的和潜在的风险，做好科学的防范预案，趋利避害，获得成功。

提高风险意识有助于增强工作的创新性。这种创新性意味着在工作中，我们要发挥主观能动性，积极主动研究新情况，解决新问题，防范和化解各

---

① 《中国共产党第十八届中央委员会第二次全体会议公报》，新华网，http://news.xinhuanet.com/politics/2013－02/28/c_114843346.htm。

② 中共中央宣传部：《习近平总书记系列重要讲话读本》，学习出版社、人民出版社2014年版，第21页。

种风险。创新是发展的动力,是防范化解风险的根本途径。只有提高风险意识,切实认识到我们前进的征途上时刻伴随着各种风险挑战,才能始终保持警惕,不断开拓创新。

党的工作的前瞻性、进取性和创新性是有机统一的。前瞻性是前提和基础,进取性和创新性必须建立在前瞻性基础之上。进取性是前瞻性和创新性的精神动力和智力支持,缺乏进取,就难以有科学的工作预见性和创新性。创新性是前瞻性和进取性的结果和保障,没有创新性,不能解决矛盾和问题,前瞻性就失去了意义,进取性就没有了依托。通过提高增强风险意识,有助于实现党的工作的前瞻性、进取性和创新性的有机统一,推动全面深化改革和中国特色社会主义事业的良性发展。

(三)着眼于中国特色社会主义的未来发展,强调清醒认识我们面临的风险挑战,才能"立足优势、趋利避害、积极作为,系统谋划好'十三五'时期经济社会发展"①。

党的十八大立足于世界发展大势和中国发展的阶段性特征,明确提出了"两个一百年"的奋斗目标,即到2020年中国共产党成立100年时,我们将全面建成小康社会。在此基础上,中国会继续发展,到本世纪中叶新中国成立100年时,将达到中等发达国家水平,基本实现现代化,建成富强民主文明和谐的社会主义现代化国家。2012年11月,以习近平为核心的党中央提出了实现中华民族伟大复兴中国梦的战略,为中国特色社会主义事业的发展勾画了蓝图。一方面,和平与发展仍是当今世界主题,国际局势和中国周边总体稳定,改革开放30年使中国快速发展起来,积累了雄厚的物质基础和丰富的发展经验。我国发展仍处于可以大有作为的重要战略机遇期,发展前景广阔;另一方面,要清醒地认识到,中国仍处于并将长期处于社会主义初级阶段的基本国情没有变,人民日益增长的物质文化需要同落后的社会生产之间的矛盾这一社会主要矛盾没有变,我国是世界最大发展中国家的国际地位没有变。"可以预见,前进道路上,来自各方面的困难、风险、挑战肯定会不断

---

① 习近平:《抓住机遇立足优势积极作为系统谋划"十三五"经济社会发展》,载《人民日报》2015年5月29日。

出现。"① 我们要"守住风险底线，加强风险防范意识"②，清醒认识面临的风险挑战，充分估量发展的难点和复杂性，深入认识各种风险，周全考虑各方面情况，统筹兼顾，我们必须准备"进行具有许多新的历史特点的伟大斗争"③。

在机遇和挑战面前，我们只有不断增强风险意识，才能深刻认识中国特色社会主义建设的长期性、复杂性和艰巨性，既不妄自尊大，也不妄自菲薄，扎扎实实夺取中国特色社会主义新胜利。

二、结合社会主义建设的总体布局解析中国特色社会主义建设面临的主要风险

以习近平为核心的新一代中央领导集体紧密结合中国特色社会主义建设"五位一体"的总体布局和全面建成小康社会、全面深化改革、全面依法治国和全面从严治党的战略布局，系统阐述了中国特色社会主义建设面临的经济、政治、思想文化、社会建设、生态环境、党的建设等方方面面的风险和挑战，要求我们必须自觉培养风险意识，提升直面风险的勇气，提高抵御风险的能力。

（一）深化改革风险思想

改革是一场深刻的思想革命。改革最大的风险之一是思想僵化、因循守旧、故步自封。解放思想是全面深化改革的前提，是总开关，全面深化改革必须解放思想。观念的转变是最根本、最艰难和最迫切的转变。全面深化改革是对原有机制体制的重构和创设，要转型升级，要提质增效，必然带来社会物质生活、精神生活和文化生活的转变，必然要对旧的生产方式、工作方式、生活方式产生冲击和影响，必然要进行一场深刻的思想革

---

① 习近平：《第四批全国干部学习培训教材〈序言〉》，载《人民日报》2015年2月28日。
② 《中共中央召开党外人士座谈会》，载《人民日报》2015年7月31日。
③ 习近平：《在党的十八届六中全会第二次全体会议上的讲话》，载《求是》2017年第1期。

命。只有坚持解放思想，才能科学分析我国全面深化改革的新机遇新挑战、新形势新任务、新课题新矛盾，才能从理论和实践的结合上不断研究新情况，解决新问题，不断有所发现、有所创造、有所前进。"停顿和倒退没有出路，思想僵化、故步自封，必将被时代所淘汰。"① 利益固化的藩篱是改革的另一大风险。习近平深刻指出，中国改革经过三十多年，已进入深水区，可以说，"容易的、皆大欢喜的改革已经完成了，好吃的肉都吃掉了，剩下的都是难啃的硬骨头"②。全面深化改革必然会牵涉复杂的部门利益，触动一些人的"奶酪"，带来利益格局的深刻调整。一部分人在原有旧的发展模式中得到巨大的利益和好处，转型后有的既得利益没有了，有的既得利益受到强烈的冲击和影响，难免抗拒转型，抵制改革。面临既得利益抗拒转型、抵制改革的风险，必须站在公共利益的立场上，"要注意避免合意则取、不合意则舍的倾向，破除妨碍改革发展的那些思维定势"③，以更大的智慧和勇气实质性打破行业利益、部门利益、地方利益的固化藩篱，增强改革的共识和合力。

(二) 执政安全风险思想

党的领导、党的建设是中国特色社会主义建设和改革开放取得成功的根本保证。内因是事物发展变化的根本原因，堡垒最容易从内部攻破。对此，习近平直言不讳："中国要出问题，还是出在共产党内部。"而今党员干部队伍还存在这样和那样的问题，还不能很好地适应当前经济社会发展变革的需要，还需要努力增强党的执政安全风险意识、执政能力建设。新形势下中国共产党肩负着艰巨、复杂、繁重的任务，面临的执政风险更加严峻，主要存在信仰迷茫、精神迷失、理想信念不坚定、不思进取、浑浑噩噩过日子的精神懈怠危险；不懂规律、不懂门道、缺乏知识、缺乏本领的能力不足危险；形式主义、享乐主义和奢靡之风等脱离群众危险；部门利益压倒一切、官僚

---

① 中共中央宣传部：《习近平总书记系列重要讲话读本》，学习出版社、人民出版社2014年版，第40、41页。

② 《习近平谈治国理政》，外文出版社2014年版，第107页。

③ 《邓小平文选》第3卷，人民出版社1993年版，第380页。

主义作风严重、铺张浪费的风气盛行和选用人才上的"任人唯亲"和宗派主义等消极腐败危险"四种危险"。其中，精神懈怠的危险是前因，精神懈怠会直接导致能力不足，脱离群众和消极腐败；脱离群众是党执政后最大的危险；而消极腐败的危险是最根本、最关键、最要害、最致命的危险。"如果任由这些问题蔓延开来，后果不堪设想，那就有可能发生毛泽东同志所形象比喻的'霸王别姬'了。"① 因此，必须全力推进执政党建设现代化，全面提高党的自我净化、自我完善、自我革新、自我提高能力。

（三）政治发展风险思想

2013年10月7日，习近平在亚太经合组织工商领导人峰会演讲中强调："中国是一个大国，决不能在根本问题上出现颠覆性错误，一旦出现就无法挽回、无法弥补。"② 中国政治发展的颠覆性错误一是改革脱离四项基本原则的风险。表现在经济上鼓吹私有化，政治上取消中国共产党的领导，文化上鼓吹西方普世价值，使中国的改革发展走改旗易帜的邪路；二是主张彻底改弦更张，否定中国特色社会主义和改革开放的风险。他们无视十一届三中全会以来中国取得的巨大成就，恶意攻击中国特色社会主义道路是"错误、邪恶之路，资本主义之路"，使"国家和民族走向毁灭的绝路"，实际是使中国重新回到封闭僵化的老路；三是打着改革和中国特色的旗号，疯狂掠夺国家和人民财富的利益固化团体。他们制造舆论，混淆视听，一方面大肆挖掘社会主义墙角，一方面极力阻止或延迟全面深化改革的进行，妄图继续做大，伺机而动。

（四）经济发展风险思想

"我国越发展壮大，遇到的阻力和压力就会越大"③，风险就会越大。党的十八大以来，以习近平为核心的党中央准确把握中国经济发展大局，认为目前我国经济进入经济增速换挡期、结构调整阵痛期、前期刺激政策消化期

---

① 《习近平谈治国理政》，外文出版社2014年版，第70页。
② 习近平：《深化改革开放　共创美好亚太》，载《人民日报》2013年10月8日。
③ 《习近平谈治国理政》，外文出版社2014年版，第122页。

三期叠加的阶段，既要充分认识到经济发展长期向好的基本面没有变，经济韧性好、潜力足、回旋空间大的基本特质没有变，经济持续增长的良好支撑基础和条件没有变，经济结构调整优化的前进态势没有变；又不能低估当前和今后一个时期所面临的风险和挑战，主要是世界经济低速增长态势仍将延续，中国经济下行压力的风险；需求下滑、产能相对过剩的风险和地方性债务风险，尤其是金融领域存在潜在风险。概括来说，就是中国经济前进道路上存在"转型陷阱"和"中等收入陷阱"两大风险。

(五) 文化发展风险思想

当今世界是一个全球化语境中文化思潮空前激荡的时代，是国家间文化软实力竞争不断加剧的时代，各种文化力量之间的博弈空前激烈。而当前中国的文化发展和文化建设还远不能满足经济社会快速发展的需要，存在诸多风险挑战。一是市场经济条件下极易诱发的拜金主义、享乐主义和极端个人主义日益蔓延，道德失范、诚信缺失、价值观混乱相当严重；二是意识形态领域的斗争激烈，用西方标准评判中国，用西方的意识形态对付中国的意识形态、用西方政体取代中国政体、用历史虚无主义否定中国共产党革命历史和政权合法性抬头。[①] 三是文化产品缺乏国际竞争力，尤其是文化创新性严重不足，缺乏原创性的精品，基本被锁定在全球文化产业分工体系的低端加工环节，缺乏国际话语权。

(六) 社会建设风险思想

加强社会建设，是社会和谐稳定的重要保证。十八大以来，新一代中央领导集体坚持以人为本、以民为本的执政理念，大力推进以民生和社会治理为根本任务的两大社会建设，使人民得到了更多的改革发展实惠。目前中国社会建设主要有两大风险，一是包括收入差距和财产差距的贫富差距逐渐拉大的风险。根据国家统计局公布的数据，2014年，我国居民收入基尼系数是0.469，处于较高水平；北京大学中国社会科学调查中心发布的《中国民生发展报告2014》显示，1995年我国财产的基尼系数为0.45，

---

① 李希光：《摸清思想意识形态的领土与阵地》，载《人民论坛》2014年第24期。

2002年为0.55,2012年我国家庭净财产的基尼系数达到0.73,财产不平等程度近年来呈现升高态势,明显高于收入不平等。二是社会矛盾凸显,维稳和维权冲突尖锐,暴力恐怖活动蔓延增多,严重破坏改革发展所需稳定的社会政治环境。

(七) 生态发展风险思想

习近平指出:"良好的生态环境是最公平的公共产品,是最普惠的民生福祉。"① 我们党一贯高度重视生态文明建设。但在处理经济发展同生态环境保护的关系方面尚存诸多不足,发达国家几百年出现的环境问题,在改革开放以来三十多年的高速发展中已经进入高发频发阶段,水污染、土地污染、大气污染问题严重,食品安全形势严峻,不仅对人民群众的生产生活、身体健康造成严重损害,社会反映强烈,群体性事件不断增多,并对中国国际形象造成严重负面影响,而且将对经济可持续发展带来恶劣后果和沉重负担,使我国发展的空间和后劲越来越小。习近平告诫说:"我们在生态环境负面欠账太多了,如果不从现在起就把这项工作紧紧抓起来,将来会付出更大的代价。"

(八) 国家安全风险思想

当前,国际局势和我国经济社会发生深刻变化。2014年4月习近平在中央国家安全委员会第一次会议上明确提出中国国家安全面临的威胁主要存在国家被侵略、被颠覆、被分裂的危险,改革发展稳定大局被破坏的危险,中国特色社会主义发展进程被打断的危险等三大风险。他强调指出,我们"必须清醒看到,新形势下我国国家安全和社会安定面临的威胁和挑战增多,特别是各种威胁和挑战联动效应明显"②。一方面国家改革进入攻坚期和深水区,社会矛盾多发叠加;另一方面,霸权主义、强权政治和新干涉主义有所上升,

---

① 中共中央宣传部:《习近平总书记系列重要讲话读本》,学习出版社、人民出版社2014年版,第123、124页。
② 习近平:《在中共中央政治局第十四次集体学习时强调 切实维护国家安全和社会安定为实现奋斗目标营造良好社会环境》,载《人民日报》2014年4月27日。

军备竞争、恐怖主义、分裂主义、极端主义、网络安全等传统安全威胁和非传统安全威胁相互交织。美国实施亚太再平衡战略，鼓动日本、菲律宾和越南频频挑起东海南海争端，掣肘中国发展，破坏地区和平。"台独""藏独""疆独"势力蠢蠢欲动，国际其他反华势力跃跃欲试，国际恐怖势力和国内恐怖分子遥相呼应，图谋制造新的事端。

三、结合我国风险防控建设的现实提出了风险防控的基本思路和基本原则

在领导改革开放和社会主义现代化建设的伟大进程中，中国共产党积累了丰富的风险防控经验。习近平从当前我国风险防控建设的现实出发，结合中国改革发展面临的各种风险，提出了防范风险的基本思路和基本原则，为防范和解决未来征程的风险提供了思想方法和理论保障。

（一）坚定不移地走自己的路，坚定中国特色社会主义自信

防范社会主义建设进程中的风险，走什么道路至关重要。各国的历史不同，国情不同，成长发展环境不同，发展道路自然也各有不同。"鞋子合不合脚，自己穿了才知道。一个国家的发展道路合不合适，只有这个国家的人民才最有发言权。"[①] 不人云亦云，不数典忘祖，不盲目照抄照搬别国模式是中国革命和建设取得成功，防范化解风险的关键之所在。党的十一届三中全会以来，我们解放思想，实事求是，与时俱进，实现了马克思主义理论与中国实际的第二次有机结合，找到了中国特色社会主义的成功之路，实现了国家的跨越式发展，有效防范了对社会主义中国的分化、西化、矮化和弱化，是化解防范当前我国面临的转型陷阱、中等收入陷阱、修昔底德陷阱的根本路径。找到这条好路历经坎坷、曲折反复，走好这条道路更是前途艰险、挑战严峻。习近平掷地有声地指出：我们"要始终保持清醒坚定，保持强大的前进定力，既不走封闭僵化的老路，也不走改旗易帜的邪路，不为任何风险所

[①] 习近平：《顺应时代前进潮流 促进世界和平发展——在莫斯科国际关系学院的演讲》，载《人民日报》2013年3月24日。

惧,不为任何干扰所惑"①。改革开放以来的发展进程雄辩地证明,中国特色社会主义道路、理论体系和制度是经得起长期实践检验的。我们对中国特色社会主义的自信,来源于实践,来源于人民,来源于真理,坚定道路自信、理论自信、制度自信、文化自信,才能"千磨万击还坚韧,任尔东南西北风",才能不断开创中国特色社会主义事业新局面。

(二)提高理论思维能力

所谓理论思维,是指在马克思主义世界观和方法论的指导下,以科学的理论为依据观察、分析和解决问题的思维形式。党的十八大以来,习近平多次强调党的各级领导干部要努力掌握科学的思维方法,防止出现"新办法不会用,老办法不管用,硬办法不敢用,软办法不顶用"②的情况。他认为,在中国这样一个有着13亿人口的大国执政,面对着十分复杂的国内外环境,肩负繁重的执政使命,如果"缺乏理论思维的有力支撑,是难以战胜各种风险和困难的,也是难以不断前进的"③。这就要求党的领导干部要原原本本学习和研读马克思主义经典著作,向书本学习,向历史学习,向实践学习,向群众学习,向世界学习,提高法治思维、底线思维、精准思维、辩证思维、系统思维等战略思维能力、综合决策能力和驾驭全局能力。

(三)全面深化改革

防范化解中国特色社会主义建设的风险,首先要搞清楚风险源。习近平认为这些风险和问题,有些是老问题,如消极腐败的风险,形式主义、官僚主义、享乐主义和奢靡之风的问题;有些是我们长期努力解决但还没有解决好的问题,如经济发展不平衡、不协调、不可持续的问题;有些是有新的表现形式的老问题,如国际上反华势力的各种挑衅行为;更多的更大量的是新出现的问题,如文化产业的竞争力问题、网络安全风险问题、

---

① 中共中央宣传部:《习近平总书记系列重要讲话读本》,学习出版社、人民出版社2014年版,第16页。
② 《习近平谈治国理政》,外文出版社2014年版,第403页。
③ 习近平:《推动全党学习和掌握历史唯物主义更好认识规律更加能动地推进工作》,载《人民日报》2013年12月5日。

金融风险等问题。① 这些风险和挑战主要是我们的思想跟不上快速发展变化的国际国内形势，我们还没有从高度集中的计划体制中完全转化过来，我们还缺乏创新思维和创新实践。而要破解发展中面临的这些难题，化解这些风险挑战，"除了深化改革，别无他途"②。2013年11月，中共十八届三中全会通过了《中共中央关于全面深化改革若干重大问题的决定》，《决定》涵盖15个领域、60个大项、330个小项的具体任务，围绕经济、政治、文化、社会、生态文明、党建六个方面进行了深化改革的全面部署，吹响了全面深化改革的号角。

（四）全面依法治国

依法治国是党和人民治理国家的基本方式。当今中国特色社会主义风险源之一是法治权威不足，有法不依、执法不严、违法不究等现象明显。习近平要求各级领导干部"要提高运用法治思维和法治方式深化改革、推动发展、化解矛盾、维护稳定能力，努力推动形成办事依法、遇事找法、解决问题用法、化解矛盾靠法的良好法治环境，在法治轨道上推动各项工作"③。更好地发挥法治的引领和规范作用，把法治作为治国理政的基本方式和有效载体，通过制度供给、制度导向、制度创新来解决制约改革发展的制度空白、制度缺陷和制度冲突，通过法治来克服在发展过程中个体行为选择和政府决策行为选择的功利化、短期化、表面化现象，纠正各种重速度轻效益、重总量轻质量、重效率轻公平、重局部轻全局、重当前轻长远的做法，通过提升法治思维、完善法律制度和严格法律监督促进法治国家、法治政府、法治社会一体建设，建立健全一整套支持、推动和保障科学发展的长效体制、机制和制度体系，从而为中国特色社会主义建设提供强大动力和制度保障，才能完成繁重的改革发展稳定任务，才能防范化解当前前所未有的风险挑战，维护社

---

① 中共中央宣传部：《习近平总书记系列重要讲话读本》，学习出版社、人民出版社2014年版，第40、40、85页。

② 习近平：《在纪念毛泽东同志诞辰120周年座谈会上的讲话》，载《中国青年报》2013年12月27日。

③ 习近平：《中国人民一定能够铸就更大辉煌》，载《人民日报（海外版）》2014年10月1日。

会公平正义,保障人民安居乐业。2014年10月,中共十八届四中全会通过了《中共中央关于全面推进依法治国若干重大问题的决定》,提出了180多项重要改革举措。

(五) 全面从严治党

2013年6月28日,习近平在全国组织工作会议上曾强调,面对复杂多变的国际形势和艰巨繁重的国内改革发展任务,实现党的十八大确定的各项目标任务,进行具有许多新的历史特点的伟大斗争,关键在党,关键在人。中国共产党肩负全面建成小康社会和实现中华民族伟大复兴的艰巨使命,任务重大,使命光荣,需要党必须始终加强自身建设。防范和化解党的理想信念缺失风险、组织建设涣散风险、"四风"风险、腐败高发风险和制度供给不足风险,迫切需要全面从严治党。"凡是影响党的创造力、凝聚力、战斗力的问题都要及时解决,凡是损害党的先进性和纯洁性的病症都要认真医治,凡是滋生在党的健康肌体上的毒瘤都要坚决祛除,通过持之以恒的努力,使党始终成为中国特色社会主义事业的坚强领导核心。"十八大后,新的中央领导集体提出实施"八项规定"、开展群众路线教育实践活动,整治"四风",倡导"三严三实"、加强理想信念教育、社会主义核心价值观教育和"两学一做"学习教育活动、强力反腐、严明政治组织纪律、扎紧制度的笼子等多项理论和实践举措,全面加强了党的思想建设、组织建设、作风建设、反腐倡廉建设及制度建设,增强了自我净化、自我完善、自我革新和自我提高能力。

总之,党的十八大以来,以习近平为核心的党中央领导集体对中国特色社会主义建设所面临的风险进行了全面深入的分析研判,提供了切实可行的方法思路,为我们防范化解风险积累了宝贵经验,增添了必胜信心,"过去,中国人民有志气有能力战胜各种艰难险阻、铸就我们人民共和国的辉煌。今天,中国人民也一定能够战胜可以预见和难以预见的各种艰难险阻,铸就我们人民共和国更大的辉煌"。中国特色社会主义将在攻坚克难的进程中砥砺前行,不断创造新的辉煌!

十八大以来共产党对意识形态认识的创新与深化[*]

李合亮　高庆涛

摘　要：党的十八大以来，基于对我国思想领域面临的新形势新任务的分析，习近平总书记就加强意识形态建设提出了一系列新思想、新观点、新论断，赋予意识形态建设新的内涵，对意识形态的重要地位、本质向度、阵地建设等问题进行了深入阐述。这些意识形态思想蕴含着丰富内涵和巨大价值，有着强烈的实践指导性，丰富、完善了马克思主义意识形态理论体系，在新的历史条件下为党的意识形态工作的顺利开展提供了方向指引和原则遵循。

意识形态关乎旗帜道路、关乎党和国家的前途命运。党的十八大以来，以习近平为总书记的党中央把意识形态工作视为引领社会、统一思想、凝聚人心、推动发展的根本性工作来抓。基于对我国思想领域面临的新形势新任务的分析，习近平总书记就加强意识形态建设提出了一系列新思想、新观点、新论断，赋予意识形态建设新的内涵，丰富、完善了党的意识形态理论体系，在新的历史条件下为党的意识形态工作的顺利开展提供了方向指引和原则遵循。

---

[*] 基金项目：国家社科基金项目"改革开放以来中国共产党意识形态建设研究"（项目号：14BDJ019）、齐鲁文化英才资助项目"中国共产党意识形态建设发展策略论析"。
作者简介：李合亮（1973—　），聊城大学政治与公共管理学院教授、博士；高庆涛（1988—），天津师范大学马克思主义学院2015级博士研究生。

一、习近平总书记意识形态思想提出的背景

任何思想的产生都有其历史条件与时代背景。习近平总书记关于意识形态工作的思想,是在继承与发展我党意识形态理论,对改革开放特别是十八大以来党的意识形态建设面临的新的形势特征全面分析的基础之上,而做出的对新形势下如何保障马克思主义意识形态的社会主导地位,实现意识形态建设与经济建设、政治建设、文化建设、社会建设等一体发展、和谐发展的科学回答。

改革开放以来,伴随改革开放的纵深发展与市场经济的加速运行,经济发展方式多样化、收入差距加大、阶层差别扩大、各种思潮纷涌、多种观点纷争、社会碎片化出现,马克思主义一元意识形态的社会主导地位受到的冲击加大。而党的十八大以来,国际经济深度调整、复苏乏力,地缘政治风险上升、外部发展环境不稳定,国内经济调整阵痛增加、社会矛盾与风险进一步显现,主流意识形态的社会整合力、吸引力、民众认可度都面临更大、更严峻的挑战。

其一,全面深化改革所带来的思想问题影响着党的意识形态工作的公信力。党的十八大以来,面对复杂的国际形势和繁巨的国内改革发展稳定任务,中央及时做出了全面深化改革的决定。全面深化改革不是某一方面、某一领域的变革,而是涉及政治、经济、文化等社会发展的各个方面,是在保持社会主义根本制度不变的前提下的一场全社会领域内的变革。不过,此时的中国改革,"已进入深水区,可以说,容易的、皆大欢喜的改革已经完成了,好吃的肉都吃掉了,剩下的都是难啃的硬骨头"①。全面深化改革必然调整已经成型的利益格局,必然触动一部分群体的利益,必然对人们的思想观念产生巨大影响。长期以来人们形成的对社会主义的坚定之心,受此影响有动摇之势,因为很多人会进行比较选择,会进行利益的考量。与此同时,在社会生活中,公平和效率已成为人们关注的焦点,利益分配不均,社会矛盾不断激化。未受益或受益较小的群体和个人,甚至部分实际获益较大但其自身却认

---

① 《习近平谈治国理政》,外文出版社 2014 年版,第 101 页。

为未得以满足的群体和个人,可能会对党和政府产生敌对情绪,对马克思主义、社会主义不信任甚至排斥。此时,如果我们的意识形态不能做出正面回应,不及时进行引导,那我们意识形态工作的公信力在民众心目中的地位会逐渐下降,甚至影响到党的执政地位。

其二,资本主义意识形态渗透影响着我国意识形态的竞争力。党的十八大以来,虽然世界社会主义运动已开始恢复与发展,社会主义国家的政党和人民也正在低潮中奋进,但与资本主义相比,社会主义意识形态的国际竞争力还较弱,在竞争策略方面还有许多不足。资本主义意识形态的全球扩张战略与新的渗透方式,已经对社会主义意识形态的竞争力造成了较大威胁。而更应警惕的是,当前资本主义意识形态渗透与侵蚀的最大特点是隐形化,即不再是赤裸裸的侵略,而是以文明与文化对话的方式,化装成全球"普世观念""普世价值"试图一统人们的思想。资本主义对社会主义的斗争,不再是武力的对抗,而是思想的较量,并且以"巩固"社会主义的面目出现,即借用社会主义国家的改革之势,将资本主义之思想包装成社会主义之"必需",通过所谓的"代理人"之嘴发布出去,从而变身为形式上、表面上为社会主义实则为资本主义。

其三,信息技术与媒体发展影响着党对意识形态的控制力。当今世界,信息技术革命日新月异,信息技术已深入每一个国家与家庭,正深刻改变着人们的生产生活,有力推动着社会发展。"谁掌握了信息,控制了网络,谁就拥有整个世界。"① 虽然党和政府已经意识到了网络信息传播是把双刃剑,在给人们的生产生活带来方便的同时,也造成了舆论导向的虚假性与思想管理的复杂性,对此亦采取了一系列措施加强管理,取得了一定成绩。但是,面对虚拟的空间,一直善于从事思想教育与引导的社会主义意识形态却没能及时做出回应,面对网络交流与传播,意识形态建设有种无力感,许多意识形态管理部门面对铺天盖地的信息传播,也有点不知所措。特别是对于西方国家利用网络信息传播进行意识形态渗透的动机认识不到位,措施防范不及时;对于各国、各民族文化交流背后的意识形态性认识不清,往往乐于交流与借鉴,

---

① 〔美〕阿尔温·托夫勒、海蒂·托夫勒:《创造一个崭新的文明——第三次浪潮的政治》,陈峰译,上海三联书店1996年版,第31页。

忽略了思想的侵蚀与渗透。正是对网络传播的意识形态性认识不清，这才导致了资本主义意识形态对我国渗透的加剧。最终，网络信息技术发展带来的意识形态渗透的隐形化、网络交流的虚拟化、信息传播的无序性等，导致了思想领域纷繁芜杂，这一切都在挑战着社会主义意识形态对整个社会思想的控制力。

其四，自身发展不足影响着党所领导的意识形态的生命力。自成立之日起，中国共产党就十分重视意识形态建设，重视意识形态的研究与探索，并在实践中根据形势变化，不断调整意识形态策略，以保持意识形态体系的生命力，不断批判异种思想，积极回应现实问题，以增强意识形态的吸引力。但是，当前党所领导的意识形态建设还不能完全适应社会发展的需要，相对于经济建设而言还比较滞后，与理论设计、人民期待还有一定差距。这主要表现为：意识形态的吸引力较弱，只注重创造体系，而在体系的普及与宣传，特别是提升民众的认同感方面还不到位；意识形态的政治权威高于理性权威，缺乏说理支持，只是依凭政治强制力做保证，晓之以理退居后位，致使经过灌输与教育而建立起来的民众信仰经不起政治运动的折磨；意识形态的实践性较弱，即宣传宣扬的多，落实到实际中的少，特别是许多美好的承诺或设计，只是一种理想，现实却很残酷；意识形态的敏感性较弱，当发生问题时，往往从经济角度、社会角度区分，忽视了意识形态的隐性作用，对于掩藏于经济现象背后的文化、思想侵蚀缺乏警惕；意识形态教育的方式方法陈旧，说、讲、听的会议模式还是主流，新媒体的运用还停留在形式上。

二、习近平总书记意识形态思想的主要内容

党的十八大以来，习近平总书记把意识形态工作放在世界大变革的时代背景下加以思考，放在坚持和发展中国特色社会主义的新的伟大实践中加以运筹，他在一系列重要讲话中赋予了意识形态新的内涵，对意识形态的重要地位、本质向度、阵地建设等问题进行了深入阐述。

（一）明确定位：意识形态工作是党的一项极端重要的工作

意识形态与其经济基础是否相适应，体现了一个执政党、一个国家的性质和信仰，关系到旗帜、道路和制度等重大政治问题，与一个政权的生死存

亡密切相关。党的十八大以来，习近平结合国内外形势变化，对党的意识形态工作的重要性做了重要论述。2013年8月，他在全国宣传思想工作会议上对新时期意识形态工作的定位做了专门论述，认为"意识形态工作是党的一项极端重要的工作"，"能否做好意识形态工作，事关党的前途命运，事关国家长治久安，事关民族凝聚力和向心力"。① 2016年2月，他又对新闻舆论工作的重要性做了专门论述："做好党的新闻舆论工作，事关旗帜和道路，事关贯彻落实党的理论和路线方针政策，事关顺利推进党和国家各项事业，事关全党全国各族人民凝聚力和向心力，事关党和国家前途命运。"②

"党的一项极端重要的工作"，是习近平总书记站在党和国家全局的高度，站在推进"四个全面"、实现"五位一体"的社会主义建设新阶段，对意识形态工作赋予的新定位，是对意识形态"生命线"定位的创新发展，突出了意识形态工作的根本性、战略性和全局性。在我国社会发展步入新常态后，对中国共产党和中国政府而言，经济建设和意识形态建设不可偏废，经济建设是党的中心工作，起着强基固本的作用，而意识形态建设在党的各项工作中处于关键环节，有着凝魂聚气的作用。特别是在改革进入攻坚期和深水区，社会矛盾日益复杂与凸显，人们思想活动的自主性、选择性、易变性、不可捉摸性明显增强，社会思想文化和人们的需求多样化、复杂化的情况下，意识形态工作尤其重要。为此，在全面深化改革、一心一意搞建设的同时，党必须牢牢掌握意识形态工作的领导权和话语权，增强对意识形态的控制力，不断巩固马克思主义的意识形态指导地位，凝聚社会发展的共同的思想基础。

（二）本质向度：培育和践行社会主义核心价值观

对于一个民族、一个国家而言，核心价值观反映了社会民众共同的价值追求。"一个民族、一个国家的核心价值观必须同这个民族、这个国家的历史文化相契合，同这个民族、这个国家的人民正在进行的奋斗相结合，同这个

---

① 中共中央宣传部编：《习近平总书记系列重要讲话读本》，学习出版社、人民出版社2016年版，第192、193页。

② 《坚持正确方向创新方法手段，提高新闻舆论传播力引导力》，载《人民日报》2016年2月20日。

民族、这个国家需要解决的时代问题相适应。"① 正是基于对历史传统与中国建设实际的考察，党的十八大从国家、社会、个人三个层面，分别用"富强、民主、文明、和谐"，"自由、平等、公正、法治"，"爱国、敬业、诚信、友善"等词语对社会主义核心价值观进行概括与表述。这一社会主义核心价值观反映了全国各族人民价值观的"最大公约数"，是对社会主义本质、中国特色社会主义制度与理论体系的集中反映、有效表达与精神彰显。当前，最关键的是充分发挥核心价值观凝魂聚气、强基固本的功能，"切实把社会主义核心价值观贯穿于社会生活方方面面。通过教育引导、舆论宣传、文化熏陶、实践养成、制度保障等，使社会主义核心价值观内化为人们的精神追求，外化为人们的自觉行动"②。

对于社会主义核心价值观的培育和弘扬，习近平特别强调要立足作为中华民族精神基因的中华传统优秀文化来进行。他指出："中华文化源远流长，积淀着中华民族最深层的精神追求，代表着中华民族独特的精神标识，为中华民族生生不息、发展壮大提供了丰厚滋养。中华传统美德是中华文化精髓，蕴含着丰富的思想道德资源。不忘本来才能开辟未来，善于继承才能更好创新。"③ 在当前全国上下不断推进中国特色社会主义建设，全面深化改革的背景下，中华优秀传统文化的价值日益彰显，社会主义核心价值观、中国梦都能从中追溯到自己的理论渊源。为此，在马克思主义指导下，对中华传统文化进行挖掘性转化，使之与时代精神相适应，与当代实践相结合，与人民口味相吻合，真正让中华优秀文化服务人民大众和社会主义建设。

（三）理论武装：回归经典，返本开新

科学理论武装是马克思主义学习型政党的本质特征。习近平高度重视党的建设，尤其是党的思想理论建设，不断强调要丰富和发展马克思主义理论，以此来武装全党头脑，指导实践。为此，他一再指出认真学习马克思主义基

---

① 习近平：《青年要自觉践行社会主义核心价值观——在北京大学师生座谈会上的讲话》，载《光明日报》2014年5月5日。
② 《习近平谈治国理政》，外文出版社2014年版，第164页。
③ 《习近平谈治国理政》，外文出版社2014年版，第164页。

本理论,掌握马克思主义基本原理,是做好各项工作、办好一切事情、实现工作制胜的看家本领。党员干部尤其是高级干部要系统掌握马克思主义基本理论,要老老实实地学,要原原本本地学,要认认真真地学。

那如何学习马克思主义理论呢?一是"返本",就是重温马克思主义经典文本,通过认真研读原著,真正掌握马克思主义的精神实质和思想精髓。早在2011年5月,习近平就指出:"马克思主义经典著作蕴含和集中体现着马克思主义基本原理,是马克思主义理论的本源和基础。只有认真学习马克思主义经典著作,系统掌握马克思主义基本原理,才能完整准确地理解中国特色社会主义理论体系,才能创造性地运用马克思主义立场观点方法去分析和解决我们面临的实际问题,不断把中国特色社会主义事业推向前进。"① 2013年12月,他在中央政治局集体学习时强调,要原原本本地认真研读马克思主义经典著作,学习掌握历史唯物主义的基本原理与方法,更好地认识历史发展规律,有力推进各项工作。2016年5月,他又在哲学社会科学工作座谈会上强调:"对马克思主义的学习和研究,不能采取浅尝辄止、蜻蜓点水的态度。有的人马克思主义经典著作没读几本,一知半解就哇啦哇啦发表意见,这是一种不负责任的态度,也有悖于科学精神。"② 二是"开新",就是在坚持马克思主义的基本立场、观点和方法的基础上,把握时代精神与我国实际,用不断发展的马克思主义理论来指导实践,解决改革发展中的实际问题。习近平认为,"空谈误国,实干兴邦",学习的根本目的在于运用,在于增强工作本领,提高分析与解决实际问题的能力与水平。

(四) 阵地建设:守好意识形态建设的主阵地

在我国,当前意识形态领域的主流是好的,马克思主义处于指导地位,健康积极的正面声音占据着重要领地。然而,意识形态领域也存在着一些消极腐朽的社会思潮和唱衰抹黑中国的负面声音,试图与以马克思主义为指导

---

① 《认真学习马克思主义经典著作,不断推进中国特色社会主义事业》,载《人民日报》2011年5月14日。
② 习近平:《在哲学社会科学工作座谈会上的讲话》,载《光明日报》2016年5月19日。

的社会主义意识形态分庭抗礼。此外，还存在一些由立场摇摆、声音模糊的思想言论所构成的"中间地带"。习近平对此有着清醒的认识，近年来他在许多场合都强调要坚守社会主义意识形态主阵地，把意识形态的领导权和话语权牢牢掌握在党的手中。他对军队、高校、互联网、宣传思想等领域的意识形态建设均提出了明确要求。

"党指挥枪"是中国共产党在长期的革命实践中形成的关于军队建设的基本原则，也是党维护执政地位、保障国家利益的力量保证。习近平对此认识深刻，多次强调要始终将思想政治建设放置于军队各项建设的首位，努力强化党对军队的绝对领导，确保军队在任何时候任何情况下都必须坚决听从党中央的指挥。2014年10月，为在新形势下充分发挥政治工作在军队建设中的生命线作用，加强和改进军队政治工作，全军政治工作会议在古田召开，习近平在会上发表重要讲话，强调了加强军队政治工作的重要性与必要性。他指出："当前，国内外形势发生深刻复杂变化，面对深化国防和军队改革这场考试，我军政治工作只能加强不能削弱，只能前进不能停滞，只能积极作为不能被动应对。""坚持党对军队绝对领导是强军之魂，铸牢军魂是我军政治工作的核心任务，任何时候都不能动摇。"①

高校是培养社会主义建设者和接班人的重要场所，同时也是各种思想言论的集散地，青年师生是敌对势力进行渗透分化的重点人群，是社会思潮的寒暑表和主要争夺对象。高校的特殊地位使它处于意识形态斗争的风口浪尖。2014年12月，第23次全国高校党建工作会议召开，习近平做出重要指示："高校肩负着学习研究宣传马克思主义、培养中国特色社会主义事业建设者和接班人的重大任务。加强党对高校的领导，加强和改进高校党的建设，是办好中国特色社会主义大学的根本保证。""办好中国特色社会主义大学，要坚持立德树人，把培育和践行社会主义核心价值观融入教书育人全过程；强化思想引领，牢牢把握高校意识形态工作领导权。"②

---

① 习近平：《发挥政治工作对强军兴军的生命线作用，为实现党在新形势下的强军目标而奋斗》，载《人民日报》2014年11月2日。
② 习近平：《坚持立德树人思想引领，加强改进高校党建工作》，载《人民日报》2014年12月30日。

近年来，随着信息技术的迅猛发展，世界各国的互联网际争夺战愈演愈烈，互联网已成为意识形态斗争的主阵地。尤其是以美国为首的西方国家，凭借其技术方面的优势掌控着"网络话语霸权"，被曝光的美国"棱镜""X关键得分"等计划，充分说明了网络意识形态斗争形势的严峻和复杂。对此，习近平指出，要充分认识网上舆论斗争的长期性与艰巨性，将网络安全与信息化建设放置于同等重要的地位，科学正确地处理安全和发展的关系，保发展、促安全，实现安全与发展的协调共进。当前，在坚定不移实施创新驱动发展战略，加大网络信息核心技术研发的同时，特别要下大气力做好网络舆论引导，牢牢掌控网络意识形态主导权，"本着对社会负责、对人民负责的态度，依法加强网络空间治理，加强网络内容建设，做强网上正面宣传，培育积极健康、向上向善的网络文化，用社会主义核心价值观和人类优秀文明成果滋养人心、滋养社会，做到正能量充沛、主旋律高昂，为广大网民特别是青少年营造一个风清气正的网络空间"①。

党的十八大以来，习近平把宣传思想工作看作是治国理政、定国安邦的大事，对此做出了一系列重要论述，确保了新时期宣传思想工作的精准有力。他认为坚持党性原则是宣传思想工作的根本原则，最重要的就是坚持党对宣传思想工作的领导，党和政府主办的媒体必须姓党。为此，宣传思想工作要牢牢坚持"团结稳定鼓劲、正面宣传为主"的基本方针，明确方向、站稳立场，体现党的意志与主张，反映人民的心声，维护人民利益，真正做到让党放心、让人民满意。

三、习近平总书记意识形态思想蕴含的价值

党的十八大以来，在全面建设小康社会的征程中，面对社会发展步入新常态，以习近平为总书记的党中央一方面毫不动摇地坚持社会主义制度，把马克思主义作为意识形态的主流与核心，把世界共产主义与社会主义运动、马克思主义理论发展作为精神来源，另一方面又根据世界社会主义运动的发

---

① 《在践行新发展理念上先行一步，让互联网更好造福国家和人民》，载《人民日报》2016年4月20日。

展,不断吸收世界各类马克思主义对资本主义社会的批判、对社会主义社会的反思、对社会发展的展望等认识成果,更为重要的是将对中国传统文化的批判、反思、继承与维护发展中国特色社会主义理论体系有机结合起来,推动社会主义意识形态在当代中国健康发展,实现了党对意识形态认识的创新与深化,从而形成了马克思主义意识形态理论在当代中国的最新发展成果——习近平总书记意识形态思想。这一思想蕴含着丰富的理论价值与实践意义。

(一)彰显了鲜明的与时俱进的理论品质

与时俱进是马克思主义最重要的理论品质,也是中国共产党最可宝贵的理论品格。我们党自成立之初就把马克思主义确立为指导思想,并在领导中国革命的长期实践中,坚持把马克思主义基本原理同中国革命的具体实际相结合,创立形成了毛泽东思想;改革开放以来,又立足于中国改革开放与社会主义建设的新实践,运用马克思列宁主义、毛泽东思想分析解决中国经济社会发展中出现的新情况新问题,不断进行理论创新,形成了邓小平理论、"三个代表"重要思想、科学发展观,以及习近平总书记系列重要讲话精神等既一脉相承又与时俱进的马克思主义中国化的重大理论成果。

党的十八大以来,以习近平为总书记的党中央在"以强烈的历史使命感,最大限度集中全党全社会智慧,最大限度调动一切积极因素,敢于啃硬骨头,敢于涉险滩,以更大决心冲破思想观念的束缚、突破利益固化的藩篱,推动中国特色社会主义制度自我完善和发展"①的过程中,高度重视意识形态建设,不断丰富和发展党的指导思想,在全社会形成了培育和践行社会主义核心价值观、同心共筑中国梦的浓厚氛围。社会主义核心价值观是对中华价值观和中华传统美德的创造性转化和创新性发展,也是对马克思主义中国化理论成果的丰富和发展。而习近平所提出的"实现中华民族伟大复兴"的中国梦则指明了中国特色社会主义的奋斗目标和前进方向,是新的历史条件下弘扬中国精神、凝聚中国力量的最大公约数。社会主义核心价值观的凝练与表

---

① 《中共中央关于全面深化改革若干重大问题的决定》,载《人民日报》2013年11月16日。

达、中国梦的提出与形象表述,均是党在对中国特色社会主义建设实践全面认识的基础上进行意识形态创新的鲜明体现。

(二) 体现出深厚的马克思主义哲学根基

马克思主义哲学深刻揭示了客观世界和人类社会发展的一般规律,是关于世界观和方法论的科学体系,是中国共产党人的世界观和方法论。"我们党自成立起就高度重视在思想上建党,其中十分重要的一条就是坚持用马克思主义哲学教育和武装全党。学哲学、用哲学,是我们党的一个好传统。"[1] 党的十八大以来,习近平围绕意识形态建设所做出的相关论述,有着巨大的思想性、理论性和创新性,闪耀着辩证唯物主义和历史唯物主义的光辉。

其一,坚持运用"世界统一于物质、物质决定意识"的原理和社会存在决定社会意识的原理分析中国的意识形态问题。习近平强调物质文明与精神文明、经济建设和意识形态建设两手都要抓、两手都要硬,主张从我国仍处于社会主义初级阶段这个客观实际出发制定政策,牢牢坚持经济建设的中心地位不动摇。同时,又充分认识到意识可以反作用于物质,上层建筑同样可以反作用于经济基础,进而把思想建设摆在党的建设首位,"毫不放松理想信念教育、思想道德建设、意识形态工作,大力培育和弘扬社会主义核心价值观,用富有时代气息的中国精神凝聚中国力量"[2]。

其二,坚持运用唯物辩证法分析处理繁杂问题。习近平认为当前社会利益复杂,要正确处理好局部与全局、当前与长远、重点与非重点的关系,需要我们增强辩证思维能力,权衡利害关系,做出有利的选择。特别要善于掌握并运用好事物矛盾运动的基本原理,深刻分析党和国家事业发展中存在的主要矛盾与矛盾的主要方面,"对各种矛盾做到心中有数,同时又要优先解决主要矛盾和矛盾的主要方面,以此带动其他矛盾的解决。我们提出要协调推进全面建成小康社会、全面深化改革、全面依法治国、全面从严治党,是当

---

[1] 《推动全党学习和掌握历史唯物主义,更好认识规律更加能动地推进工作》,载《人民日报》2013年12月5日。

[2] 《坚持运用辩证唯物主义世界观方法论,提高解决我国改革发展基本问题本领》,载《人民日报》2015年1月25日。

前党和国家事业发展中必须解决好的主要矛盾。我们既要注重总体谋划,又要注重牵住'牛鼻子'。在任何工作中,我们既要讲两点论,又要讲重点论,没有主次,不加区别,眉毛胡子一把抓,是做不好工作的"①。

其三,有效运用社会基本矛盾分析法探讨包括意识形态建设在内的上层建筑调整完善的必要性。习近平指出全面深化改革具有重要性与紧迫性,为此,我们要结合中国国情与发展实际,全面把握生产力与生产关系、经济基础与上层建筑的矛盾运动规律,从整体上认识社会基本矛盾,深刻认识社会发展全貌与发展方向。当前,全面深化改革,推进社会主义现代化建设,必须精准把握社会基本矛盾运动规律,不断适应生产力和经济基础发展要求,调整生产关系、完善上层建筑。他认为,社会基本矛盾不断发展,生产关系的调整与上层建筑的完善不会停止,全面深化改革就会持续不断地进行下去。"改革开放只有进行时、没有完成时,这是历史唯物主义态度。"②

其四,坚守群众史观,坚持人民主体地位。党的十八大以来,习近平多次强调人民群众是历史的创造者,是中国改革发展的主体与力量源泉,意识形态建设必须以人民为中心,"要坚持党性和人民性相统一,把党的理论和路线方针政策变成人民群众的自觉行动,及时把人民群众创造的经验和面临的实际情况反映出来,丰富人民精神世界,增强人民精神力量"③。这一思想不仅体现于宣传思想层面,在政策层面与实践操作中,我们党所做出并全力推进的建设中国特色社会主义"五位一体"的总布局就贯彻了以人为本、以民为本的思想,即经济建设坚持科学发展,不搞盲目的蛮干式发展;政治建设坚持一切权力属于人民,坚定不移走中国特色社会主义发展道路;文化建设重视人才培养,注重培养民族精神;社会建设立足基本国情,保障和改善民生,树立正确的幸福观,齐心协力建设和谐社会;生态文明建设走可持续发展之路,为人类发展做出应有贡献。

---

① 《坚持运用辩证唯物主义世界观方法论,提高解决我国改革发展基本问题本领》,载《人民日报》2015年1月25日。
② 《推动全党学习和掌握历史唯物主义,更好认识规律更加能动地推进工作》,载《人民日报》2013年12月5日。
③ 《坚持正确方向创新方法手段,提高新闻舆论传播力引导力》,载《人民日报》2016年2月20日。

（三）有着强烈的实践导向

习近平总书记意识形态思想是在学习和掌握认识与实践的辩证关系原理的基础上，坚持实践导向、一切从实际出发，运用马克思主义意识形态理论分析解决当代中国问题的产物，包含许多富有创见的新思想、新观点。这些思想不是理论的臆造，而是来源于实践、指导实践的真理。

习近平从中国的社会主义建设实践出发，强调在意识形态斗争中，要增强主动性、占领制高点、掌握主动权、打好主动仗；在对外传播中，增强传播能力，提升中华文化话语权，面向世界展示美丽中国，讲述中国故事、传播中国声音；在发展策略上，坚守由道路、制度、理论体系三位一体所构成的中国特色社会主义，既不封闭僵化，也不改旗易帜；在对待党的历史的态度上，正确看待改革开放前和改革开放后两个历史时期，坚持"两个不能否定"，坚决反对历史虚无主义。

习近平总书记意识形态思想的实践特性不仅在于其来自于实践，是以马克思主义基本原理指导中国实践的结果，更重要的在于它指导实践，要求意识形态建设必须融入中国特色社会主义建设事业的整体布局中，与经济建设、政治经济等诸建设相统一，在实践中得到巩固和改善。而在这其中，他特别强调要突出意识形态建设的中国色彩，要讲清楚文化传统、历史命运、基本国情决定了我们必然要走中国特色社会主义发展道路。"宣传阐释中国特色，要讲清楚每个国家和民族的历史传统、文化积淀、基本国情不同，其发展道路必然有着自己的特色；讲清楚中华文化积淀着中华民族最深沉的精神追求，是中华民族生生不息、发展壮大的丰厚滋养；讲清楚中华优秀传统文化是中华民族的突出优势，是我们最深厚的文化软实力；讲清楚中国特色社会主义植根于中华文化沃土、反映中国人民意愿、适应中国和时代发展进步要求，有着深厚历史渊源和广泛现实基础。"①

此文载于《马克思主义研究》2016 年第 7 期

---

① 《胸怀大局把握大势着眼大事，努力把宣传思想工作做得更好》，载《人民日报》2013 年 8 月 21 日。

四个不能：新形势下对待马克思主义的科学态度*

——学习习近平在哲学社会科学工作座谈会上的讲话

秦正为

摘 要：习近平在哲学社会科学工作座谈会的讲话中提出了"四个不能"，即：对待马克思主义，"不能采取教条主义的态度"、"不能采取实用主义的态度"、"不能把马克思主义政治经济学当作过时的理论"、"对马克思主义的学习和研究，不能采取浅尝辄止、蜻蜓点水的态度"。这是对我们党对待马克思主义科学态度的历史总结、再次强调和在新形势下的有针对性的全新阐释、深刻剖析，因而具有重大的理论价值和现实意义。为此，必须：坚持反对教条主义，创新发展马克思主义；坚持反对实用主义，实事求是地运用马克思主义；正确认识和创新发展马克思主义政治经济学；真学真懂真信真用马克思主义和原原本本学习研读经典著作。

2016 年 5 月 17 日，中共中央总书记、国家主席、中央军委主席习近平在北京主持召开了哲学社会科学工作座谈会（下文简称"座谈会"）并发表重

---

* 基金项目：作者主持的国家社科基金项目（13BKS022）、山东省社科基金项目（14CXJJ21）、山东省社科强化建设基地"山东师范大学马克思主义研究中心"项目（MJDXK0406）阶段性成果。

秦正为（1973— ），男，山东阳谷人，聊城大学政治与公共管理学院副教授，博士，中共中央编译局博士后，山东省中国特色社会主义理论体系研究中心研究员。研究方向为马克思主义基本理论与中国特色社会主义。

要讲话。其中,习近平讲了四个大方面的问题,即坚持和发展中国特色社会主义必须高度重视哲学社会科学、坚持马克思主义在我国哲学社会科学领域的指导地位、加快构建中国特色哲学社会科学、加强和改善党对哲学社会科学工作的领导。而在谈到坚持马克思主义的指导地位的问题时,习近平提出了"四个不能",即:对待马克思主义,"不能采取教条主义的态度","不能采取实用主义的态度","不能把马克思主义政治经济学当作过时的理论","对马克思主义的学习和研究,不能采取浅尝辄止、蜻蜓点水的态度"。这是对我们党对待马克思主义科学态度的历史总结、再次强调和在新形势下的有针对性的全新阐释、深刻剖析,因而具有重大的理论价值和现实意义。

一、"四个不能"的提出背景

"四个不能"的提出,既有对历史的深刻总结和反思,更有对现实的尖锐剖析和批评。因为,在历史上特别是在当前的确存在着许多不应该的现象。对此,在座谈会上习近平进行了分析。

第一,理论上存在的问题。习近平指出:"在对待坚持以马克思主义为指导问题上,绝大部分同志认识是清醒的、态度是坚定的。同时,也有一些同志对马克思主义理解不深、理解不透,在运用马克思主义立场、观点、方法上功力不足、高水平成果不多,在建设以马克思主义为指导的学科体系、学术体系、话语体系上功力不足、高水平成果不多。"[①] 作为人类文明优秀成果的集大成者,马克思主义对以往的哲学社会科学乃至自然科学进行了全面的批判继承和创新发展,因而无论是在理论体系还是在知识体系上均博大精深,这不仅是其永恒真理性和强大生命力的支撑,同时也给我们的学习、理解和掌握提出了挑战,不下大力气和苦功夫的确是难以掌握真谛、融会贯通的。尽管如此,对于作为我们指导思想的马克思主义的基本原理,对于改革开放30多年的中国特色社会主义理论体系的最新成果,我们的许多理论工作者和领导干部仍然存在上述问题,也的确是不应该的,值得深思和警醒。

---

① 习近平:《在哲学社会科学工作座谈会上的讲话》(2016 年 5 月 17 日)[EB/OL],http://news.xinhuanet.com/ttgg/2016-05/18/c_1118891128.htm。

第二，社会上存在的问题。习近平指出："社会上也存在一些模糊甚至错误的认识。有的认为马克思主义已经过时，中国现在搞的不是马克思主义；有的说马克思主义只是一种意识形态说教，没有学术上的学理性和系统性。"①在"苏东剧变"以后，整个世界社会主义运动陷入低潮。在思想领域，最主要的表现就是"马克思主义过时论""社会主义失败论""历史终结论"。不可否认，这种影响在社会上仍然存在。同时，随着中国改革开放的实施和推进，许多外国独资企业、中外合资合作企业、私营企业等大量涌入和涌现，许多坚持传统思想或别有用心的人认为和呼叫中国搞的不是"社会主义"而是"资本主义"、不是"马克思主义"而是"自由主义"，"中国特色社会主义"应该叫作"中国特色资本主义"。还有坚持冷战思维或对冷战思维有偏见的人认为，马克思主义仍然只是"意识形态"的说教，是宣传的工具，而没有看到马克思主义的创新发展，没有看到马克思主义的学理性、理论体系性。因而，对于这些问题，必须继续关注和进一步澄清。

第三，工作上存在的问题。习近平指出："实际工作中，在有的领域中马克思主义被边缘化、空泛化、标签化，在一些学科中'失语'、教材中'失踪'、论坛上'失声'。这种状况必须引起我们高度重视。"②马克思主义是指导思想，但长期以来在具体工作中形成了两种极端：一种是认为指导思想很重要，在关键时候和必要的时候必须引用一下，形成空泛化、标签化；另一种是认为指导思想只管宏观指导不管具体工作，因而便置之一边、不理不问，形成被边缘化。这些现象既表现在具体的实践工作中，更表现在具体的理论研究和教学工作中。2014年11月14日《辽宁日报》的文章《老师，请不要这样讲中国——致高校哲学社会科学老师的一封公开信》尽管引起了很大的轰动和争议，但其列举的许多事实是存在的。在当代中国，马克思主义的"失语""失踪""失声"现象值得深度反思、高度重视。

---

① 习近平：《在哲学社会科学工作座谈会上的讲话》（2016年5月17日）[EB/OL]，http：//news.xinhuanet.com/ttgg/2016-05/18/c_1118891128.htm。
② 习近平：《在哲学社会科学工作座谈会上的讲话》（2016年5月17日）[EB/OL]，http：//news.xinhuanet.com/ttgg/2016-05/18/c_1118891128.htm。

二、"四个不能"的理论内涵

对待马克思主义,不能采取教条主义的态度。在座谈会上,习近平指出:"对待马克思主义,不能采取教条主义的态度。"因为,"如果不顾历史条件和现实情况变化,拘泥于马克思主义经典作家在特定历史条件下、针对具体情况做出的某些个别论断和具体行动纲领,我们就会因为思想脱离实际而不能顺利前进,甚至发生失误。什么都用马克思主义经典作家的语录来说话,马克思主义经典作家没有说过的就不能说,这不是马克思主义的态度"①。实际上,马克思主义本身是创新发展的产物,并且从一开始就坚定地坚持反对教条主义。马克思曾明确表示:教条主义"会给我过多的荣誉,同时也会给我过多的侮辱"②。后来,恩格斯也曾讥讽道:"关于这种马克思主义者,马克思曾经说过:'我只知道我自己不是马克思主义者。'马克思大概会把海涅对自己的模仿者说的话转送给这些先生们:'我播下的是龙种,而收获的却是跳蚤。'"③ 列宁更为明确地指出:"马克思主义不是死的教条,不是什么一成不变的学说,而是活的行动指南,所以它就不能不反映社会生活条件的异常剧烈的变化。"④ 对此,毛泽东也指出:"马克思这些老祖宗的书,必须读,他们的基本原理必须遵守,这是第一。但是,任何国家的共产党,任何国家的思想界,都要创造新的理论,写出新的著作,产生自己的理论家,来为当前的政治服务,单靠老祖宗是不行的。"⑤ 邓小平还深痛地说:"一个党,一个国家,一个民族,如果一切从本本出发,思想僵化,迷信盛行,那它就不能前进,它的生机就停止了,就要亡党亡国。"⑥ 尽管如此,在当代中国,教条主义的现象仍然存在甚至十分严重。对此,习近平多次强调。如 2015 年 12

---

① 习近平:《在哲学社会科学工作座谈会上的讲话》(2016 年 5 月 17 日)[EB/OL],http://news.xinhuanet.com/ttgg/2016-05/18/c_1118891128.htm。
② 《马克思恩格斯全集》第 19 卷,人民出版社 1963 年版,第 130 页。
③ 《马克思恩格斯选集》第 4 卷,人民出版社 1995 年版,第 695 页。
④ 《列宁选集》第 2 卷,人民出版社 1995 年版,第 281 页。
⑤ 《毛泽东文集》第 8 卷,人民出版社 1999 年版,第 109 页。
⑥ 《邓小平文选》第 2 卷,人民出版社 1994 年版,第 143 页。

月他在全国党校工作会议上的讲话中指出:"加强党的理论教育,要坚持实事求是,坚持理论联系实际的马克思主义学风,坚持问题导向,注重回答普遍关注的问题,注重解答学员思想上的疙瘩,反对主观主义、教条主义、形式主义,防止空对空、两张皮。"① 由此可见,反对教条主义是马克思主义者和中国共产党人的一贯原则和鲜明立场,也是新形势下的重要任务。

对待马克思主义,不能采取实用主义的态度。在座谈会上,习近平指出:对待马克思主义,"也不能采取实用主义的态度"②。实用主义,也被称为"行动哲学",其核心理念就是"有用即真理"。中国的改革开放前无古人,正因如此,邓小平曾提出了"摸着石头过河""不管白猫黑猫,捉到老鼠就是好猫"的理论。但正是这种"摸论""猫论"被理解为实用主义,并被堂而皇之地用以解释马克思主义、中国特色社会主义及其指导下的具体工作,这实际上是误解和曲解。以实用为目的任意裁剪马克思主义,或将马克思主义混同于实用主义,都是根本错误的。对此,习近平批评道:"根据需要找一大堆语录,什么事都说成是马克思、恩格斯当年说过了,生硬'裁剪'活生生的实践发展和创新,这也不是马克思主义的态度。"③ 而是实用主义的态度。实用主义是一种产生于美国、以美国为活动中心的资产阶级的主观唯心主义哲学,过度强调主观的"有用性"和"功利性",而无视乃至抹杀客观存在性,因而与马克思主义有着根本的区别。实际上,邓小平的"管用",指的是"学马列要精,要管用"④,指的是要抓住马克思主义的精髓,并以此为指导去"摸"去"闯"。而要使马克思主义"管用",就必须掌握其基本的立场、观点和方法,用于解决真问题。我们反对教条主义,主张解放思想,但必须注意"解放思想,就是使思想和实际相符合,使主观和客观相符合,就是实

---

① 习近平:《坚持党校姓党根本工作原则 切实做好新形势下党校工作》,载《人民日报》2015年12月13日。

② 习近平:《在哲学社会科学工作座谈会上的讲话》(2016年5月17日)[EB/OL],http://news.xinhuanet.com/ttgg/2016-05/18/c_1118891128.htm。

③ 习近平:《在哲学社会科学工作座谈会上的讲话》(2016年5月17日)[EB/OL],http://news.xinhuanet.com/ttgg/2016-05/18/c_1118891128.htm。

④ 《邓小平文选》第3卷,人民出版社1993年版,第382页。

事求是"①。习近平也指出:"社会存在决定社会意识。我们党现阶段提出和实施的理论和路线方针政策,之所以正确,就是因为它们都是以我国现时代的社会存在为基础的。"② 所以,我们在运用马克思主义的时候,必须牢记这一基本原则。

不能把马克思主义政治经济学当作过时的理论。在座谈会上,习近平指出:"有人说,马克思主义政治经济学过时了,《资本论》过时了。这个说法是武断的。"③ 的确,在现实中,伴随着"马克思主义过时论",同时也由于对外开放中学习和引进西方政治经济学的影响,一些人产生了"马克思主义政治经济学过时论"。他们认为,马克思主义在搞政治斗争方面是可以的,搞经济建设就不行了;市场、商品、股份、红利等概念和相关理论都是西方的政治经济学,而这些东西对于当代中国是最有用和最适用的。实际上,他们忽略了乃至忘记了马克思主义政治经济学是在扬弃了资本主义的政治经济学基础上建立起来的。即使在新形势下,邓小平也明确指出:"我们搞改革开放,把工作重心放在经济建设上,没有丢马克思,没有丢列宁,也没有丢毛泽东。老祖宗不能丢啊!"④ 2015 年 11 月 23 日,中共中央政治局专门就马克思主义政治经济学基本原理和方法论进行第二十八次集体学习。习近平总书记在主持学习时指出,我们党历来重视对马克思主义政治经济学的学习、研究、运用,在新民主主义时期创造性地提出了新民主主义经济纲领,在探索社会主义建设道路过程中对发展我国经济提出了独创性的观点,特别是"党的十一届三中全会以来,我们党把马克思主义政治经济学基本原理同改革开放新的实践结合起来,不断丰富和发展马克思主义政治经济学,形成了当代中国马克思主义政治经济学的许多重要理论成果。这些理论成果,是适应当代中国国情和时代特点的政治经济学,不仅有力指导了我国经济发展实践,

---

① 《邓小平文选》第 2 卷,人民出版社 1994 年版,第 364 页。
② 习近平:《推动全党学习和掌握历史唯物主义 更好认识规律更能动地推进工作》,载《人民日报》2013 年 12 月 5 日。
③ 习近平:《在哲学社会科学工作座谈会上的讲话》(2016 年 5 月 17 日) [EB/OL],http://news.xinhuanet.com/ttgg/2016-05/18/c_1118891128.htm。
④ 《邓小平文选》第 3 卷,人民出版社 1993 年版,第 369 页。

而且开拓了马克思主义政治经济学新境界"①。事实也证明,马克思主义政治经济学并没有过时,反而与资本主义政治经济学形成鲜明的对比优势。"远的不说,就从国际金融危机看,许多西方国家经济持续低迷、两极分化加剧、社会矛盾加深,说明资本主义固有的生产社会化和生产资料私人占有之间的矛盾依然存在,但表现形式、存在特点有所不同。国际金融危机发生后,不少西方学者也在重新研究马克思主义政治经济学、研究《资本论》,借以反思资本主义的弊端。法国学者托马斯·皮凯蒂撰写的《21世纪资本论》就在国际学术界引发了广泛讨论。该书用翔实的数据证明,美国等西方国家的不平等程度已经达到或超过了历史最高水平,认为不加制约的资本主义加剧了财富不平等现象,而且将继续恶化下去。作者的分析主要是从分配领域进行的,没有过多涉及更根本的所有制问题,但使用的方法、得出的结论值得深思。"②习近平用活生生的现实反驳了这种"过时论"。

对马克思主义的学习和研究,不能采取浅尝辄止、蜻蜓点水的态度。在座谈会上,习近平指出:"对马克思主义的学习和研究,不能采取浅尝辄止、蜻蜓点水的态度。有的人马克思主义经典著作没读几本,一知半解就哇啦哇啦发表意见,这是一种不负责任的态度,也有悖于科学精神。"③ 长期以来,在对待马克思主义的学习和研究上,的确存在着"不多""不深""不透""不足"的问题。其中最重要的原因和表现,就是浅尝辄止、蜻蜓点水的态度问题。不可否认,马克思主义经典著作,知识丰富、体系完整、博大精深,特别是马克思、恩格斯、列宁等的著作理论深奥、逻辑严密、语言晦涩,给学习和研究带来了一定的困难。有些人学习和研究难以深入,其本身虽然是不应该的,尚可理解,但更为重要的是这些人却又不懂装懂、扯虎皮唱大戏,这就是无知无畏、贻笑大方、贻害无穷了。也正是基于这种现象,中央政治局专门多次带头组织学习了马克思主义的基本原理。对此,习近平指出:"我

---

① 习近平:《立足我国国情和我国发展实践 发展当代中国马克思主义政治经济学》,载《人民日报》2015年11月25日。
② 习近平:《在哲学社会科学工作座谈会上的讲话》(2016年5月17日)[EB/OL],http://news.xinhuanet.com/ttgg/2016-05/18/c_1118891128.htm。
③ 习近平:《在哲学社会科学工作座谈会上的讲话》(2016年5月17日)[EB/OL],http://news.xinhuanet.com/ttgg/2016-05/18/c_1118891128.htm。

多次说过,党的各级领导干部特别是高级干部,要原原本本学习和研读经典著作,努力把马克思主义立场、观点、方法学到手,作为自己的看家本领。2013 年 12 月和 2015 年 1 月,中央政治局分别学习历史唯物主义和辩证唯物主义基本原理和方法论,最近又学习了马克思主义政治经济学基本原理和方法论,目的就是推动中央政治局同志对马克思主义有更全面的了解,也促进全党重视学习和掌握马克思主义。党校要加强学员对马克思主义经典著作的学习研究,开出基本书目,引导学员读原著、学原文、悟原理,特别是要理解其中包含的马克思主义立场、观点、方法,不要浅尝辄止。"① 可以说,克服这种现象也是当前的重要任务。

三、"四个不能"的应对措施

针对"四个不能"所提出的四种现象和问题,必须有针对性地采取有效、有力的措施和对策。

第一,坚持反对教条主义,创新发展马克思主义。马克思主义不是教条,因为马克思主义的精髓是实事求是,因而必须根据现实实践不断创新发展马克思主义。2013 年 12 月 27 日,在纪念毛泽东同志诞辰 120 周年座谈会上的讲话中,习近平指出:"马克思主义基本原理是普遍真理,具有永恒的思想价值,但马克思主义经典作家并没有穷尽真理,而是不断为寻求真理和发展真理开辟道路。今天,坚持和发展中国特色社会主义,全面深化改革,有效应对前进道路上可以预见和难以预见的各种困难与风险,都会提出新的课题,迫切需要我们从理论上做出新的科学回答。我们要及时总结党领导人民创造的新鲜经验,不断开辟马克思主义中国化新境界,让当代中国马克思主义放射出更加灿烂的真理光芒。"② 为此,必须坚持"问题导向",因为"问题是创新的起点,也是创新的动力源。只有聆听时代的声音,回应时代的呼唤,

---

① 习近平:《坚持党校姓党根本工作原则 切实做好新形势下党校工作》,载《人民日报》2015 年 12 月 13 日。

② 习近平:《在纪念毛泽东同志诞辰 120 周年座谈会上的讲话》,载《人民日报》2013 年 12 月 27 日。

认真研究解决重大而紧迫的问题,才能真正把握住历史脉络、找到发展规律,推动理论创新"①。这实际上也是马克思主义本身从一产生就具有的本质性的鲜明特点。

第二,坚持反对实用主义,实事求是地运用马克思主义。马克思主义不是实用主义,但是由于马克思主义的生命力不仅在于"解释世界"也在于"改造世界",因而也必须"管用"。在实际工作中,必须注意马克思主义的"管用"在于其立场、观点和方法,必须注意是用马克思主义去指导实践、创新实践,而不是反过来用事件和现象来"寻租"和"硬套"马克思主义,进而再用马克思主义去生硬"裁剪"实践。为此,习近平指出:"坚持以马克思主义为指导,必须落到研究我国发展和我们党执政面临的重大理论和实践问题上来,落到提出解决问题的正确思路和有效办法上来。要坚持用联系的发展的眼光看问题,增强战略性、系统性思维,分清本质和现象、主流和支流,既看存在问题又看其发展趋势,既看局部又看全局,提出的观点、做出的结论要客观准确、经得起检验,在全面客观分析的基础上,努力揭示我国社会发展、人类社会发展的大逻辑大趋势。"② 只有这样,才能是实事求是地运用马克思主义,而避免陷入实用主义的窠臼和误区。

第三,正确认识和创新发展马克思主义政治经济学。马克思主义政治经济学,相对于资本主义的政治经济学具有比较优势和强大的生命力,并且始终在不断地进行创新发展。与马克思主义的中国化、时代化一样,马克思主义政治经济学也在不断地实现中国化、时代化。在中央政治局专门就马克思主义政治经济学基本原理和方法论进行的第二十八次集体学习中,习近平强调,要立足我国国情和我国发展实践,揭示新特点新规律,提炼和总结我国经济发展实践的规律性成果,把实践经验上升为系统化的经济学说,不断开拓当代中国马克思主义政治经济学新境界。为此,"既要坚持其基本原理和方法论,更要同我国经济发展实际相结合,不断形成新的理论成果。要坚持以

---

① 习近平:《在哲学社会科学工作座谈会上的讲话》(2016年5月17日)[EB/OL],http://news.xinhuanet.com/ttgg/2016-05/18/c_1118891128.htm。

② 习近平:《在哲学社会科学工作座谈会上的讲话》(2016年5月17日)[EB/OL],http://news.xinhuanet.com/ttgg/2016-05/18/c_1118891128.htm。

人民为中心的发展思想，这是马克思主义政治经济学的根本立场。要坚持把增进人民福祉、促进人的全面发展、朝着共同富裕方向稳步前进作为经济发展的出发点和落脚点，部署经济工作、制定经济政策、推动经济发展都要牢牢坚持这个根本立场。要坚持新的发展理念，创新、协调、绿色、开放、共享的发展理念是对我们在推动经济发展中获得的感性认识的升华，是对我们推动经济发展实践的理论总结，要坚持用新的发展理念来引领和推动我国经济发展，不断破解经济发展难题，开创经济发展新局面"①。只有这样，才能深入地研究世界经济和我国经济面临的新情况新问题，为马克思主义政治经济学创新发展贡献中国智慧。

第四，真学真懂真信真用马克思主义和原原本本学习研读经典著作。对于真学真懂真信真用马克思主义，习近平指出："我们党郑重提出的党员领导干部要真学真懂真信真用中国特色社会主义理论体系的要求，既要求真学真懂真信真用这一理论体系的基本内容，又要求真学真懂真信真用贯穿其中的马克思主义立场观点方法。"② 其中，基本内容包括要学习和掌握物质生产是社会生活的基础的观点、人民群众是历史创造者的观点、马克思主义关于人类社会发展规律及其历史趋势的基本观点、马克思主义关于生产活动是人类社会存在和发展根本前提的观点、社会主义经济政治文化社会协调发展的观点、中国特色社会主义理论体系中贯穿的马克思主义观点等，立场观点方法包括唯物辩证、实事求是、群众路线的思想方法和工作方法等。习近平还指出："真学真懂真信真用，关键是个'真'字。只要广大党员、干部做到这个'真'字，理论武装工作就能不断取得实实在在的效果，建设马克思主义学习型政党的任务就能扎实向前推进。"③ 对于原原本本学习和研读经典著作，习近平认为这是看家本领。他指出："马克思主义政党要准确掌握和自觉运用这一具有丰富知识含量、思想含量的先进理论，没有老老实实的态度、扎扎实

---

① 习近平：《立足我国国情和我国发展实践 发展当代中国马克思主义政治经济学》，载《人民日报》2015年11月25日。
② 习近平：《深入学习中国特色社会主义理论体系 努力掌握马克思主义立场观点方法》，载《学习时报》2010年3月8日。
③ 习近平：《关于建设马克思主义学习型政党的几点学习体会和认识》，载《学习时报》2009年11月16日。

实的功夫和持之以恒的毅力认真学习是不可能的。"① "领导干部学习马克思主义经典著作，尤其要注意学习马克思主义哲学。""马克思主义经典著作思想深刻，要深入理解马克思主义的精神实质和思想精髓，必须专心致志地读、原原本本地读，努力掌握贯穿经典著作中的马克思主义立场观点方法，学懂学通马克思主义基本原理。"② 为此，他还推荐将 10 卷本《马克思恩格斯文集》和 5 卷本《列宁专题文集》作为精读的教材。

此文载于《学习与探索》2016 年第 11 期

---

① 习近平：《关于建设马克思主义学习型政党的几点学习体会和认识》，载《学习时报》2009 年 11 月 16 日。

② 习近平：《认真学习马克思主义著作推进中国特色社会主义事业》，载《学习时报》2011 年 5 月 16 日。

执政党建设

全面从严治党：逻辑内涵、思维特色与价值指向

刘子平*

摘　要：从逻辑形式上看，全面从严治党是一个逻辑系统，是由全面性、目标性、标准性三个逻辑子系统组成的逻辑体系。全面从严治党，坚持继承性与创新性、战略性与策略性、严肃性与规范性、开放性与自主性的统一，呈现出动态发展、辩证统一、求真务实与全面逻辑的思维特色。全面从严治党的价值指向具有三维属性：就政党维度而言，它是推进党的先进性与纯洁性建设，巩固与拓展其执政基础的现实方略；就国家维度而言，它是推进全面深化改革与全面依法治国的根本保障；就社会维度而言，它是全面建成小康社会，实现社会和谐的有效路径。

十八大以来，以习近平为总书记的新一代党中央领导集体带领全国人民把中国特色社会主义事业推进到新的阶段。"全面深化改革，共筑中国梦"成为新时期我们党和国家共同面临的新任务。为完成党所肩负的历史使命，习近平总书记提出了"全面从严治党"的战略部署，后来又进一步把"全面从严治党"与"全面建成小康社会、全面深化改革、全面推进依法治国"[①]一起作为当代

---

* 刘子平（1979—　），男，博士，聊城大学政治与公共管理学院政教系主任、副教授、硕士生导师，山东省中国特色社会主义理论体系研究中心特约研究员。

① 习近平：《主动把握和积极适应经济发展新常态，推动改革开放和现代化建设迈上新台阶》，载《人民日报》2014年12月15日。

中国的治国方略，开拓了党的建设新思维，开创了党的建设新阶段与新常态。在新的历史条件下，科学全面地把握全面从严治党的逻辑内涵与思维特色，审视其现实价值对于我们提高对全面从严治党的科学认识，提高党的建设科学化水平，进而更全面、更准确地认识"四个全面"战略布局具有重要的意义。

一、全面从严治党的逻辑内涵

在现代社会，政党已经与国家紧密结合，成为现代政治生活不可或缺的组成部分。在当代中国，如何把中国特色社会主义事业建设好、发展好是我们党在新时期的历史任务与现实课题。作为执政党的中国共产党的自身建设是事关中国特色社会主义兴衰成败的关键。因此，以习近平为总书记的新一代中央领导集体在坚持"从严治党"光荣传统的基础上，进一步开拓党的建设新视角，提出了"全面从严治党"新思想。"全面从严治党"内涵丰富而深刻，是在对政党规律深刻认识与把握基础上对党的建设科学化的深化与升华。

从系统逻辑的视角来看，"全面从严治党"是中国共产党的建设理论创新的集中展现，它包括三个方面的逻辑内涵。

（一）全面从严治党的"全面性"逻辑内涵

"全面性"逻辑内涵体现在四个维度上。一是实现了党的建设内容与领域的全覆盖，既包括党的思想建设、组织建设、制度建设，也包括党的作风建设和反腐倡廉建设，从而发挥"五位一体"的党建合力，推动全面从严治党方略的顺利实施。二是全面从严治党的主体多。"全面从严治党涉及发起、落实和追责等各个环节的责任主体。"[1] 从发起的责任主体上看，以总书记为代表的中国共产党中央委员会无疑是主要责任主体，从落实责任主体上看，党的各级党组织及主要负责人无疑是落实责任主体，从追责主体上看，党的各级党组织的主要负责人无疑是第一追责主体。从监督责任主体来看，党的各级纪律监察部门、全体党员群众也是全面从严治党的监督责任主体。三是全面从严治党时间持久。要保持党的先进性与纯洁性，党的建设必须常抓不懈，

---

[1] 吕虹：《论全面从严治党的继承性与创新性》，载《理论学刊》2015年第7期。

全面从严治党必须常抓不懈，实现从严治党的制度化与常态化。全面从严治党不是我们推进党的建设的阶段性举措，而是具有长远性和长期性的战略部署。从现实看，全面从严治党业已成为中国共产党加强自身建设的新常态。四是全面从严治党的治理依据丰富。习近平指出："实现'两个一百年'奋斗目标，实现中华民族伟大复兴的中国梦，必须坚持党要管党、从严治党。"① 党要管党靠什么"管"？从严治党靠什么"治"？党纪党规、宪法和法律是其治理的基本依据。党纪党规是全面从严治党最基本的治理依据。作为党的一分子的个体党员主体必须遵守党的纪律、党内法规，这是每个党员应尽的义务和要求。另外，包括中国共产党在内的所有组织和个体都必须在宪法和法律许可的范围内活动，党员干部更应带头遵法守纪，因此，宪法和法律理应是全面从严治党的根本依据。

（二）全面从严治党的"目标性"逻辑内涵

全面从严治党的"目标性"逻辑内涵主要表现在两个维度上。一是全面从严治党的近期性目标。所谓近期性目标就是在最近一个战略阶段或时期所要达到的目标。"在新的历史条件下，党面临着执政考验、改革开放考验、市场经济考验、外部环境考验，面临着精神懈怠危险、能力不足危险、脱离群众危险、消极腐败危险。"② 解决在新的历史条件下党所面临的问题与挑战需要全面从严治党，这也是全面从严治党的近期性目标。二是全面从严治党的长远性目标。"全面从严治党"之"治党"的最终目标就是要"把中国共产党锻造成中国特色社会主义事业的坚强领导核心"③。中国共产党作为中国的执政党，担负着中华民族伟大复兴的历史重任，担负着实现最广大人民群众根本利益的历史使命。因此全面从严治党不是阶段性举措，而是长期坚持的战略选择。通过全面从严治党，不断加强党的执政能力建设，提高党的建设科学化，使我们党在"总揽全局、协调各方中发挥领导核心作用"④，实现国

---

① 《习近平谈治国理政》，外文出版社 2014 年版，第 390 页。
② 郭玥：《全面从严治党与新形势下党的建设》，载《理论与改革》2015 年第 3 期。
③ 张荣臣：《关于全面从严治党内涵及对策的思考》，载《人民论坛》2015 年第 21 期。
④ 黄小军、朱勇：《习近平全面从严治党思想的内在逻辑》，载《理论探索》2015 年第 3 期。

家、民族与人民赋予的历史使命。

（三）全面从严治党的"标准性"逻辑内涵

"从严"是全面从严治党的标准，也是全面从严治党的关键。"从严是我们做好一切工作的前提与保障。"① "从严"是以习近平为总书记的新一代中央领导集体对党的建设的长期性、艰巨性与复杂性的现实回应。"从严"体现在三个维度上。一是党员标准要严。党员质量的高低决定着中国共产党在中国特色社会主义事业中作用发挥的效果。因此，必须严格党员标准，厘理不合格党员，净化党员队伍，保证党的纯洁性与先进性。严格党员标准，要真正把优秀分子吸收到党组织中来，使他们成为各级干部队伍的骨干力量。二是制度要严。中国共产党自成立以来一直就强调从严治党要求，今天我们这里谈的全面从严治党中的"从严"不仅仅是一种严要求、一种严手段、一种严措施，更主要的是突出强调制度的严。"制度更带有根本性、全局性、稳定性和长期性。"② 习近平也明确指出："要遵循政党发展规律，推进制度建设，增强制度建设的严密性与科学性。"③ 严格的制度是各级党组织和党员必须共同遵守的规范，也是我们管好党员干部的根本准则，是营造良好政治生态的有力武器。三是执行要严。所谓执行要"严"，就是要真正做到"真管真严"。"真管真严"就是要以认真负责的态度把各项制度和要求认真贯彻执行下去，严格规矩，让制度和要求成为不可触碰的"高压线"，最终让"遵党纪守国法"成为每个党员干部的自然状态。

二、全面从严治党的思维特色

全面从严治党是"四个全面"战略布局的重要组成部分，在"四个全面"战略布局中是核心，是根本保证。没有全面从严治党，"全面建设小康社

---

① 习近平：《在党的群众路线教育实践活动总结大会上的讲话》，载《人民日报》2014年10月9日。
② 《邓小平文选》第2卷，人民出版社1994年版，第333页。
③ 习近平：《加强和改进新形势下党的建设的纲领性文献》，载《人民日报》2009年10月9日。

会、全面深化改革、全面依法治国"都很难实现。全面从严治党具有丰富的辩证内涵，正确认识全面从严治党的思维特色对于我们更全面、更准确地认识"四个全面"战略布局具有现实意义与理论价值。

（一）全面从严治党坚持继承性与创新性的统一，蕴含着动态发展思维

科学理论是对现实问题的回答与应对，现实问题的发展又要求科学理论在继承基础上不断创新。全面从严治党战略思想就是我们党在新时期探索如何永葆党的先进性与纯洁性这一重大问题的理论回应与实践总结，蕴含着动态发展思维。建党90多年来，针对不同历史环境与时代要求，我们党形成了两种各具特点的党建与治党模式：一是以毛泽东为核心的第一代中央领导集体形成的"思想建党"理念；二是以邓小平为核心的第二代中央领导集体形成的"制度建党"理念。十八大以后，以习近平为总书记的新一代中央领导集体坚持思想建党与制度建党的紧密结合，充分发挥思想建党与制度建党的优势，体现了继承传统与改革创新的结合，"增强了全面从严治党的逻辑性、创造性与实效性"①，使党的建设能够适应新形势下中国特色社会主义建设的需要，极大推进了马克思主义党建思想的创新与发展。

（二）全面从严治党坚持战略性与策略性的统一，体现了辩证统一思维

全面从严治党不是政党治理的权宜之计，而是党的建设的重大方略。之所以说全面从严治党是党的建设的重大方略，是因为它是新时期我们党经过缜密分析、科学论证而做出的党的建设的顶层设计。全面从严治党指出了党的建设的新方向、新目标。全面从严治党也展现出策略性的一面，它也指出了新时期党的建设的新方法、新路径，实现了战略性与策略性的协调，真正做到了标本兼治，在治标的过程中实现治本的目标。反腐治标与治本是紧密联系、辩证统

---

① 习近平：《在党的群众路线教育实践活动总结大会上的讲话》，载《人民日报》2014年10月9日。

一的两个方面,"治标为治本赢得时间和条件,治本则是要用制度铲除腐败滋生蔓延的土壤"①。十八大以后,我们党聚焦"作风"问题,通过开展群众路线实践活动对存在的"形式主义、官僚主义、享乐主义和奢靡之风"进行集中整治,对腐败问题保持高压态势,把权力关进制度的笼子里。全面从严治党真正坚持了战略性与策略性的统一,体现了全面从严治党的辩证统一。

(三)全面从严治党坚持严肃性与规范性的统一,彰显了求真务实思维

全面从严治党的提出与推进使得本应严肃的政治生态得以重塑,传统的批评与自我批评武器又重现过去的活力与威力。这是我们党坚持求真务实思维、认真发现问题、科学解决问题的结果。全面从严治党既坚持了严肃性,又坚持了规范性,实现了二者的统一,彰显出求真务实思维特色。主要体现在三个方面:一是以习近平总书记为代表的中央领导坚持严肃党内政治生活的政治自觉,他们带头发扬、落实,并亲自参加下一级党委班子的民主生活会,保证了民主生活会的效果。二是对贪污腐败采取"零容忍"的态度。对腐败问题不管涉及谁,坚持一查到底,使得反腐倡廉具有严厉性和严肃性。三是以制度来保障反腐倡廉的效果,通过制度创新来不断巩固并扩大已有成果。因此全面从严治党的推进既立足于解决现实存在的问题,又在解决问题的过程中进行制度机制的创新,实现了全面从严治党的严肃性与规范性、制度性的协调与统一。

(四)全面从严治党坚持开放性与自主性的统一,呈现了全面逻辑思维

全面逻辑思维就是把对事物的观察与决策既要关注决策对象自身,也要把决策对象与外部环境进行充分的联系,从而能够科学预测事物发展的趋向,进而做出科学的决策。全面从严治党的战略思想的形成正是坚持了开放性与自主性的统一,彰显出全面性思维特色。全面从严治党是党的建设的重大推

---

① 赵付科、季正聚:《习近平全面从严治党思想的辩证统一性》,载《中国特色社会主义研究》2015年第4期。

进，是党的建设的关键性内容。党的建设是动态发展的，是在改革开放的实践中不断适应新形势、新局面，不断进行改革与创新的系统工程。改革与创新的过程也是开放的过程，党的建设是改革与开放相统一的。作为党的建设的关键性内容，全面从严治党自然也具有开放性特色。这主要表现在三个方面：一是全面从严治党是在吸取原苏东共产党丧失政权教训的基础上，对自身建设进行反思与改革创新的结果。二是全面从严治党也是我们党对一些发展中国家社会动荡教训总结的结果。近年来，一些发展中国家社会动荡、政权更迭的重要原因就在于执政党的贪污腐化最终导致社会矛盾严重激化。三是全面从严治党也是对国外执政党政党建设成功经验的借鉴的结果。国外能够长期执政的政党无不是党的建设做得非常成功、廉洁为民的党，如新加坡人民行动党等。当然，我们党在坚持开放性的同时，更加注重总结自身经验教训，探索政党治理与建设规律，坚持全面从严治党的自主性。主要表现在四个方面：一是思想上始终重视把从严治党放在党的建设工作的首位。二是继续保持和发展我们党从严治党的优良传统。三是严肃党风党纪，加强领导干部队伍管理，充分发挥人民群众的主体监督作用。四是坚持思想教育与制度约束相结合，充分发挥二者的合力作用。因此，全面从严治党坚持了开放性与自主性的统一，呈现出全面逻辑思维特色，使全面从严治党既能保证逻辑内涵的科学性，更能保证推进路径的方向性。

三、全面从严治党的价值指向

全面从严治党是以习近平为总书记的新一代中央领导集体对马克思主义党建思想的重大创新，也是对中国共产党治党实践的重大推进。全面从严治党既是治党新思想，也是治国理政新方略，其价值指向涉及政党、国家与社会三个维度。

（一）政党维度：全面从严治党是推进党的先进性与纯洁性建设，巩固与拓展其执政基础的现实方略

对政党建设，特别是执政党建设而言，保持党的先进性与纯洁性既是个历史性话题，也是个现实性话题，并具有常说常新的意义。十八大后习近平

总书记提出的全面从严治党既是对我们党从严治党历史传统的旧事重提，也是对党的建设面临问题的现实回应。

如何永葆党的先进性与纯洁性是中国共产党推进党的建设伟大工程必须面对与解决的两个基本问题。先进性与纯洁性是无产阶级政党的本质特征，它是具体的、历史的，它体现在党的性质与宗旨中。中国共产党作为中国工人阶级的先锋队和中华民族的先锋队，"党除了工人阶级和最广大人民群众的利益，没有自己特殊的利益，党在任何时候都把人民群众的利益放在第一位"①。中国共产党始终把全心全意为人民服务作为自己的宗旨。正是中国共产党的性质与宗旨使得中国共产党能够走在时代的前列，能够保持先进性与纯洁性。从现实来看，目前中国共产党的总体状况与其所担负的历史使命是相符的，是适应的。但不可否认的是我们党内一些党员出现了理性信念动摇、贪污腐败、组织纪律松弛、官僚主义、享乐主义、潜规则流行等与党的先进性、纯洁性不符的问题。这些问题严重影响了党的执政形象，严重制约了广大人民群众对党的信任、认同，严重削弱了党的执政基础，正如邓小平同志所说："中国要出问题，还是出在共产党内部。"② 全面从严治党就是要解决党面临的问题，保持和发展党的先进性与纯洁性，使得党的执政方式与治理能力能够符合治国理政的要求，能够符合广大人民群众的要求，使党的领导得到坚持与改善，党的执政绩效得到提升，进而实现党的执政基础得到巩固与拓展。

（二）国家维度：全面从严治党是推进全面深化改革与全面依法治国的根本保障

全面从严治党有利于推进全面深化改革的顺利进行。当前，中国的改革开放已经进入深水区，全面深化改革涉及政治、经济、文化、社会、生态等多方面，"全面深化改革的总目标是完善和发展中国特色社会主义制度，推进国家治理体系和治理能力现代化"③。全面深化改革的任务是艰巨的，全面深

---

① 黄小军、朱勇：《习近平全面从严治党思想的内在逻辑》，载《学术探索》2015年第4期。
② 《邓小平文选》第3卷，人民出版社1993年版，第380页。
③ 刘宁宁、汪海燕：《论"全面从严治党"思想的理论与实践》，载《马克思主义研究》2015年第7期。

化改革的难度是空前的。这些都对党的领导能力提出了新的要求,因此,通过全面从严治党,完善和发展党的领导核心作用,最大限度地调动一切积极因素,为全面深化改革提供组织保障和政治保证。

全面从严治党是全面依法治国的有力保障。法治是现代国家治国理政的基本方式,是民主治国理念的制度化展现,也是国家治理能力现代化的制度支撑。全面依法治国是"新的历史条件下,提高党科学执政能力的必然要求,是党对社会主义执政规律长期探索的必然结果"[1]。全面依法治国的推进离不开党的领导,全面依法治国的关键在党。党的领导方式、党员的法治思维等都是依法治国的推进的重要影响因素。全面从严治党有利于培养党员干部的法治思维、有利于提升党的依法执政能力,保证党在宪法和法律的框架内活动,真正实现党的领导、人民当家做主与依法治国统一。

(三)社会维度:全面从严治党是全面建成小康社会,实现社会和谐的有效路径

全面从严治党是全面建成小康社会的力量之源。习近平指出:"到中国共产党成立一百年时全面建成小康社会的目标一定会实现。"[2] 全面建成小康社会需要中国共产党人的忧患意识与责任担当,需要我们党正确处理党所面临的问题,需要发展成果为全体人民所共享,需要充分调动人民群众的积极性与创造性。这一切问题的解决都离不开永葆先进性与纯洁性的中国共产党。因此,全面从严治党能改善党的领导,能保证全面建成小康社会的社会主义属性,能保证改革发展的成果为全体人民所共享,能进一步凝聚全面建成小康社会的共识,调动广大人民群众的积极性与主动性,为全面建成小康社会提供力量之源。

全面从严治党是实现社会和谐的有效路径。实现社会和谐是人类社会的共同理想,也是中国共产党人孜孜以求的目标。中国共产党是和谐社会构建的领导核心,党的总体状况与能力水平决定着和谐社会实现的程度。因此,

---

[1] 肖贵清、杨万山:《全面从严治党的时代意义及基本途径》,载《山东社会科学》2015年第7期。

[2] 《十八大以来重要文献选编》(上),中央文献出版社2014年版,第84页。

从某种意义上说，全面从严治党与社会和谐之间存在着一个基本的逻辑关系：全面从严治党可以推进社会和谐。一方面，全面从严治党可以解决当前党面临的各种问题，提高广大人民群众对党的政治认同，进而凝聚各方力量，为和谐社会构建提供动力支持。另一方面，全面从严治党可以优化党内政治生态，推动党内民主，实现党内和谐，进而由党内和谐推动社会和谐。

四、结语

党的十八大以来，以习近平为总书记的新一代中央领导集体，既继承与践行从严治党的优良传统与作风，又不断探索与创新，提出全面从严治党战略思想。这既是对我们党自身属性的深刻认知，也是对当前我们党面临新形势、新问题的现实回应。因此，全面从严治党不是我们党对自身问题处理的权宜之计，而是指导新时期党的建设的战略思想。全面从严治党具有严密的逻辑，是"全面性"、"目标性"与"标准性"的统一。全面从严治党的历史演进与现实生成更是展现了以习近平为总书记的新一代中央领导集体的高瞻远瞩。全面从严治党充分体现了继承性与创新性相统一的动态发展思维、战略性与策略性相统一的辩证统一思维、严肃性与规范性相统一的求真务实思维、开放性与自主性相统一的全面逻辑思维特色。全面从严治党也展现出政党、国家、社会三维度的价值指向。可以说，全面从严治党不仅仅是党的建设的指导思想，更是国家建设、社会发展的战略指针。

此文载于《社会科学家》2016 年第 9 期

领导干部家风建设与党内政治生态净化

邹庆国*

摘 要："家庭—国家"的逻辑理路是政治学研究的一个重要传统。家庭伦理秩序与政治生活秩序具有双向涵摄、互为建构的内在关系。当代中国政治体制架构的基本特点决定着党内政治生态是国家政治生态的核心。作为党内政治生活主体中的"关键少数",领导干部的家风具有政治性、先进性、示范性特征,其家风败坏是党内政治生态局部恶化的重要诱因。党内政治生态是党内政治系统各构成要素之间关联互动状态的综合映射,净化党内政治生态,应以领导干部角色冲突的调适为先导,促进党内政治文化心理的净化;以领导干部家庭内外关系为重点,促进党内政治关系的规范建构;以细化从严治家制度为保障,促进党内制度体系的健全完善和有效运行。

把家风建设作为领导干部作风建设的重要内容,是党的十八大以来全面从严治党的一个突出特点。习近平在庆祝中国共产党成立95周年大会上的讲话中正式提出"增强党内政治生活的政治性、时代性、原则性、战斗性,全面净化党内政治生态"①的重大课题。党的作风状况是党内政治生态质量的根本衡量标准。我国传统政治结构和文化心理的特点决定着领导干部的私人生活和公共生活、家庭治理和国家治理具有紧密联系,家庭"内生态"对政治秩序和公权力运行具有重要影响。在此背景下,作为"关键少数"的领导干

---

* 邹庆国,男,山东茌平人,聊城大学政治与公共管理学院副教授,博士。
① 《庆祝中国共产党成立95周年大会在京隆重举行》,载《人民日报》2016年7月2日。

部群体的家风建设，就成为全面净化党内政治生态的一个重要分析视点。

一、家风与政治生活的深度关联

在中国，漫长的自然经济和农耕历史持续强化着家庭的治理功能，衍生出根深蒂固的乡土观念、祖先崇拜的情感取向和"家国一体"的政治结构。家庭治理内嵌于国家治理之中，家庭秩序与政治秩序、家庭伦理与国家伦理交融互动的特征尤为明显。家风（亦称门风）是家庭、家族的一个派生概念。封建社会"家国一体"的政治模式及其运作实践使得"家文化"备受重视，成为中国传统政治文化的核心内容。家风作为一种重要的文化形态，绵延存续于中国传统文化的形成演进之中。家风是指家庭成员在参与政治、经济、社会和文化活动中所表现出的具有符号性、群体性、稳定性、承继性、渗透性的价值取向和行为模式，是先辈们的"过去"与"当前"的维系纽带，是家史记忆、价值观念与经验传递的基本载体。家风概念的抽象意蕴具象化于家规、家训、祖训等有形载体，内化于家庭（族）成员的观念体系之中，践行于家庭（族）成员的内外部活动之中。家风是家庭伦理的根本体现形式，是连接"私域"与"公域"的文化纽带，是一个社会中主流意识形态的微观缩影，是宏大国家叙事向社会领域传播的基础介质。在我国封建社会，历代统治者都高度重视涵养家风对统治秩序的维护功能。一个家庭或家族培育和践行着什么样的家风或门风，决定着这种功能的实现程度和实际效果。总体来说，德善立家、勤俭持家、耕读传家、和谐兴家的文化理念，以及家国天下、利国利家的政治伦理，构成了中国传统家风的主基调，对于封建社会政治秩序的形塑与维护，乃至中华文明的延续与繁荣，均起到至关重要的作用。在第二次世界大战前夕，欧洲学者对古代四大文明中唯一没有中断的中华文明进行长期研究后得出一个结论：中华文明得以承传下来，并且五千多年经久不衰，"这是中国人特别重视家庭教育的结果。历史证明，这的确是中华文明绵延不绝的重要原因"①。

---

① 刘余莉：《"将教天下，必定其家，必正其身"》，载《中国纪检监察》2016年第10期。

家风主要从实体结构和软性约束方面对政治生活产生影响。一个国家政治生活的整体质量外显为政治生态的优劣。政治生态反映的是不同制度条件下，政治体系内部各要素之间互联互动的基本状态。它是一个历史的范畴，民主政治时代与封建专制时代的政治系统要素及评价标准有着根本差别，家风对政治生态的积极或消极影响需要做辩证考察。一方面，随着现代民主政治的发展，家庭在实体性结构方面对政治秩序的影响日渐式微。在亨廷顿看来，人类的社会性、政治性特征起源于亲属关系，政治现代化的首要内容即是"权威合理化，并以单一的、世俗的、全国的政治权威来取代传统的、宗教的、家庭的和种族的等五花八门的政治权威"[①]。另一方面，不能忽略家风对国家政治生态的积极介入与良性作用。在建设中国特色社会主义政治文明的语境中，作为中国传统文化重要组成部分的家风，在意识形态层面为国家政治体系的合法性、政治秩序的稳定性、政治目标的民生性、政治结果的有效性发挥着论证与实践功能。此外，法治是现代政治的重要特征，而良好家风则是国家法治的有益补充。家风属于广义的乡风民俗的一部分，而家规、家训则可以归属于乡规民约的范畴。据学者考证，在当代，我国的一些少数民族地区，"以国家权威为背景的法律与政府并不能实质性地参与到村落纠纷的调解过程当中，而是被由宗族、姓氏以及'款约'建构起来的层次性认同边界排斥在村民内部生活秩序之外"[②]。家规家训中所蕴含的向善性、劝导性价值能够发挥"软法"的规范、惩戒和约束功能，可视为国家成文法的重要补充。

二、领导干部家风建设是党内政治生态的重要影响因素

家风和政治生态都是历史的、动态的范畴，随着时代的发展，二者的内容与联结逻辑会相应发生改变。归属于不同社会群体的家风与政治系统各要

[①] 〔美〕塞缪尔·P.亨廷顿：《变化社会中的政治秩序》，王冠军、刘为等译，上海人民出版社2008年版，第27页。

[②] 赵旭东、周恩宇：《国家作为"外人"——一个西南山地民族的认同边界及其纠纷调解过程中的国家角色》，载《社会科学》2013年第3期。

素关联的疏密程度不同,对政治生态的作用效力也存在较大差异。在我国,党的领导体制与执政体制是国家政治体制的核心构件,党内政治系统要素与国家政治系统要素高度趋同。党内政治生态是国家政治生态的前提和基础。作为党内政治生活主体中的"关键少数",领导干部的家风状况对党内政治生态的优劣发挥着直接性甚至关键性作用,进而又深刻影响着国家政治生态的整体质量。

(一)领导干部家风的主要特征及对党内政治生态的作用逻辑

突出强调领导干部家风对党内政治生态的关键性影响,缘起于对其特殊性的认识。任何时代的政治都不会孤立地存在,而是社会中的政治。党员干部不是生活在真空中,无法也不可能与世俗生活彻底切割。家庭是社会的基本单元,党员领导干部也要归属于具体的家庭,在家庭生活中满足普通人所必需的正常的生存、情感和其他社会需求。与普通家庭相比较,领导干部家风具有三个主要特征。一是政治性。公共权力是政治的内核。领导干部家庭与公共权力之间存在着必然的、无法彻底切割的联系。因为权力无论是作为一种符号资源还是实质资源,均不会随着领导干部进入家庭生活和社会生活之后就自动消失,这就使得领导干部家庭作为一个社会单元或社会力量的存在与作为,对政治信仰、政治形象、政治目的和政治内容的全面或一部分产生着直接或间接的影响,附有着、散发着更多的政治特性。二是先进性。领导干部家风的先进性表达着政治角色的应然诉求。无论是从领导干部作为共产党员的政治面貌,还是从其职位、职务的内在特点来说,都要求其个人及家庭成员在坚定不移的理想信念、公私分明的政治立场、清正廉洁的政治品格、为民牟利的政治情怀、遵纪守法的行为习惯等多个方面体现出先进性特质,成为优化党的执政形象、巩固党的执政基础的重要资源。三是示范性。领导干部作为公共人物,在民众心目中属于社会精英阶层,在很大程度上是人生价值的成功样本,代表着较高的社会地位和社会评价,也被寄予更高的道德期待。在此意义上讲,领导干部家风是社会风气的重要影响因子。领导干部及家庭成员应在社会公德、职业道德、个人美德方面做出表率,在践行社会主义核心价值观中发挥引领、导向作用,以优良家风带动社会风气的良性转变。

正是领导干部家风的上述特征，规定着其对党内政治生态发挥作用的内在逻辑。党内政治生态是党内政治生活环境和质量的整体展现，是党内政治系统各构成要素之间关联互动状态的综合映射。党内政治系统主要包括以下四个要素。一是党内政治关系，即党内各类政治主体（党组织、领导干部、普通党员）之间的关系。政治主体之间确立起透明、民主、合作的状态是优良的党内政治生态的基础构件。二是以民主集中制为核心的党内制度体系。包括政治纪律和规矩、党内法规、党内政治生活准则、组织体制与工作机制等，是党内政治生态的根本支撑要素。三是党内政治行为方式，即各级党组织及党员干部能否依照规则和制度程序开展和参与党内政治生活，依法依规行使权力，履行职责。四是党内政治文化。这是党员干部的政治信仰、政治伦理、价值观、事业观、政绩观、为官心态等方面的综合反映。这四个基本要素之间的良性互动与协调发展状态，是优良党内政治生态的根本表征，与领导干部的家风状况存在着深度关联。领导干部的家风失范，会对这些基本要素形成不同程度的损害，进而诱发党内政治系统的生态性紊乱。如果家风中"圈子"意识浓厚，其价值观念和行为逻辑就可能会蔓延至党内关系中，诱发拉帮结派、人身依附等解构党内同志式平等关系的风险；如果家庭成员的特权意识浓厚，就可能会以变通、僭越、篡改等形式破坏正式程序，消解党内制度的权威性和公正性，诱发"破窗效应"的执行困境；如果家庭活动与公共权力勾连过密，权力的作用范围无序扩张、无限膨胀，甚至异化为家庭成员谋取不当利益的工具，就会诱发党内政治权力行为的扭曲化风险；如果家风中充斥着"封妻荫子""一人得道，鸡犬升天"等落后观念，就会严重污染党内政治文化，蚀化政治心理，诱发政治伦理危机。

（二）重视领导干部家风对党内政治生态的影响是党的优良传统

从历史上看，在革命战争年代的特殊环境中，党和军队的很多领导干部根本顾不上也不可能有正常的家庭生活，因此，家风问题对党内政治生态的影响相对较弱。中国共产党执政以后，老一辈革命家清醒地认识到家庭关系对权力的侵蚀风险，并且身体力行，在培育优良家风方面做出了表率。毛泽东曾给自己制定了三条原则：恋亲不为亲徇私，念旧不为旧牟利，济亲不为亲撑腰。① 周恩来专门召开家庭会议，订下内容详尽的"十条家规"："一、晚辈不准丢下工作专程来看望他，只能在出差顺路时去看看；二、来者一律住国务院招待所；三、一律到食堂排队买饭菜，有工作的自己买饭菜票，没工作的由总理代付伙食费；四、看戏以家属身份买票入场，不得用招待券；五、不许请客送礼；六、不许动用公家的汽车；七、凡个人生活上能做的事，不要别人代办；八、生活要艰苦朴素；九、在任何场合都不要说出与总理的关系，不要炫耀自己；十、不谋私利，不搞特殊化。"② 陈云也提出："希望所有党的高级领导人员，在教育好子女的问题上，给全党带好头。决不允许他们依仗亲属关系，谋权谋利，成为特殊人物。"③ 习近平曾深情回忆父亲习仲勋的家教家风，他在一封信中写道："父亲的节俭几近苛刻。家教的严格，也是众所周知的。我们从小就是在父亲的这种教育下，养成勤俭持家习惯的。这是一个堪称楷模的老布尔什维克和共产党人的家风。这样的好家风应世代相传。"④

总体而言，改革开放之前的领导干部家风建设，在约束对象上主要是子女和近亲属，在内容上主要是围绕继承艰苦朴素作风和不搞特殊化，在动力上主要是依靠领导干部源自执政忧患意识的党性自觉和政治责任感，在方式上是以家规家训约束为主，强调对子女亲属的严格管制，强调由上而下的表率作用，较少涉及领导干部的个人道德包括夫妻道德、社会公德等内容。

改革开放之后，随着对制度建设的特别强调，领导干部家风问题也正式进入党规国法的约束范围，主要围绕四个着力点。一是防范特权现象。1980年2月通过的《关于党内政治生活的若干准则》（以下简称《准则》）中明确规定，要"加强对子女的教育"，"坚决克服一部分领导干部中为自己和家属谋求特殊待遇的恶劣倾向。禁止领导人违反财经纪律，任意批钱批物。禁止利用职权为家属亲友在升学、转学、晋级、就业、出国等方面谋求特殊照顾"。二是防范家庭关系对政治生活的不当干预。《准则》规定，领导干部

---

① 王均伟：《毛泽东的家风故事》，载《中国纪检监察》2016年第7期。
② 张东明：《周恩来的十条家规（党史一叶·家风）》，载《人民日报》2015年4月21日。
③ 《陈云文选》第3卷，人民出版社1995年版，第352页。
④ 齐心：《忆仲勋——纪念习仲勋同志100周年诞辰》，载《人民日报》2013年10月18日。

"不得违反党的干部标准和组织原则,将自己的亲属提拔到领导岗位上来;不得让他们超越职权干预党和国家的工作;不应把他们安排在身边的要害岗位上"。2006年1月开始施行的《中华人民共和国公务员法》,从公法层面对具有夫妻关系、直系血亲关系、三代以内旁系血亲关系以及近姻亲关系的公务员之间的任职条件、职务资格做出了详尽规制。三是切断领导干部家庭与市场的直接关联,规范政商关系。1985年发布的《关于禁止领导干部的子女、配偶经商的决定》,主旨即在于防范领导干部家庭成员利用特殊身份,在市场赢利性活动中违规违法运用权力资源获取不当利益。四是对领导干部家庭生活的制度性介入。2010年7月开始实施的《关于领导干部报告个人有关事项的规定》,把党员领导干部"本人婚姻变化和配偶、子女移居国(境)外、从业及财产等事项"规定为领导干部应当报告的个人事项。这些制度安排很大程度上是问题倒逼的结果,对于解决不同时期领导干部家风建设中暴露出的突出问题发挥了重要作用,而且也为此后的制度创新提供了文本依据和经验基础。

(三)领导干部的家风建设是执政党作风建设的题中之义

党的十八大以来,立足于"进行具有许多新的历史特点的伟大斗争"的时代背景,继承党的优良传统,突出强调领导干部家风建设对党内政治生态的影响,是全面从严治党理论与实践创新的显著特点。

第一,在理论层面,正式把家风建设确立为党风建设的重要内容。习近平明确指出,领导干部的家风,不是个人小事、家庭私事,而是领导干部作风的重要表现。之所以不是"小事""私事",是因为领导干部家风状况不但与党内政治系统的诸要素有着紧密联系,而且还是党风政风社会风气的风向标,是观察、评价执政党形象乃至民族形象、国家形象的重要窗口。2016年1月,习近平在十八届中央纪委六次全会的讲话中进一步提出:"每一位领导干部都要把家风建设摆在重要位置,廉洁修身、廉洁齐家,在管好自己的同时,严格要求配偶、子女和身边工作人员。"[①] 这一论述,强调"立德"与

[①]《在第十八届中央纪律检查委员会第六次全体会议上的讲话》,载《人民日报》2016年5月3日。

"治家"、律己与律亲的有机统一,特别是把对"身边工作人员"的严格管理作为重要内容,体现出对领导干部家风特点的深刻洞察,拓展了家风的约束范围,更加彰显出领导干部家风与政治生态的密切关联。

第二,在制度层面,不断强化对领导干部家风的制度性干预。2014年实施的《党政领导干部选拔任用工作条例》中规定,对于"配偶已移居国(境)外;或者没有配偶,子女均已移居国(境)外的"党员干部(惯称"裸官"),不得列为提拔使用的考察对象。2015年颁布的《中国共产党廉洁自律准则》,共有八条,其中对领导干部群体专门设定了"廉洁修身,自觉提升思想道德境界"和"廉洁齐家,自觉带头树立良好家风"的劝导性规范,体现出个人道德与公共道德、家庭伦理与国家伦理的贯通性和一致性。新修订的《中国共产党纪律处分条例》(以下简称《条例》)则以党规党纪的形式对领导干部家风问题做出强制性约束,集中体现在第八章"对违反廉洁纪律行为的处分"和第十一章"对违反生活纪律行为的处分"条款中。在这些条款中,党员干部家风涉及的主体对象包括本人的配偶、子女及其配偶等亲属,另外特别添加了"其他特定关系人"(涵盖领导干部近亲属、情妇/夫以及其他共同利益关系人)的表述。在内容上,《条例》围绕领导干部"职权或职务上的影响力"这个核心支点,列举出权权交易、谋取私利、"吃空饷"、婚丧喜庆大操大办、参与经营活动、谋求特殊待遇等多项禁止性条款。在对领导干部生活的纪律规定中,生活奢靡,与他人发生不正当性关系,违背公序良俗、社会公德、家庭美德等行为均被列入纪律追究范围。

第三,在伦理层面,把家风质量作为评价干部"德"的一个重要标准。党的十八大以来,把家庭美德同政治品德、职业道德和社会公德并列,作为干部考察的标准之一,是干部选拔任用中的新动向。我们可以看到,在各级纪检监察部门对有关违法违纪干部的通报中,高频率出现"违背社会主义道德""家风败坏""道德败坏""不正当关系""通奸"等表述。尤其值得关注的是,中纪委在对河北省委原书记周本顺的通报中指出,周本顺为其子经营活动谋取利益,家风败坏,对配偶子女放任纵容。在过去的同类通报中,"家风败坏"问题鲜有提及,足见党内高层对此问题的重视程度。这些新表述既是对领导干部的家风和私德方面提出的严正警示,更是对领导干部加强自我修养,带动整个家庭营造出向善的氛围,培育良好家风的道德期许和责任赋予。

三、领导干部家风败坏诱致党内政治生态局部恶化的多重面相

党内政治生态局部恶化的原因是复杂、多元的,我们可以从"局部恶化"的外在表征和多重面相中探究领导干部家风败坏的消极影响。

(一) 家族式腐败频发

家族式腐败根源于领导干部的家风不正、家教不严,具有群体化、集团化特征,是党内政治生态恶化的典型表现。习近平曾做出深刻总结:"从近年来查处的腐败案件看,家风败坏往往是领导干部走向严重违纪违法的重要原因。不少领导干部不仅在前台大搞权钱交易,还纵容家属在幕后收钱敛财,子女等也利用父母影响经商牟利、大发不义之财。有的将自己从政多年积累的'人脉'和'面子',用在为子女非法牟利上,其危害不可低估。"[①] 由此可见,恶劣家风的形成,首先是领导干部贪欲丛生、道德堕落、原则丧失、底线失守,个人言行不仅不能对子女、亲属产生道德规劝与行为约束作用,而且还会默许、纵容、放任他们利用自己的权力或影响力从事违法乱纪行为。长此以往,错位扭曲的价值观念和行为模式就会在家庭、家族成员之间恶性传播,导致家庭生态劣质化,进而对党内政治生态产生侵蚀与污染。

(二) 圈子文化泛滥

党的十八大以来,习近平多次谈到防止党内拉帮结派的圈子文化问题,并提出严肃告诫:"你有圈子,我有圈子,大家竞相找圈子、入圈子,把人际关系搞得越来越庸俗,一些干部甚至因此误入歧途,走上违法犯罪道路。这些不良习俗根深蒂固、无孔不入,很容易给党员、干部带来不良影响,绝不

---

① 《在第十八届中央纪律检查委员会第六次全体会议上的讲话》,载《人民日报》2016 年 5 月 3 日。

能小视。"① 对于领导干部而言，权力的光环不仅使他们容易成为被"围猎"的对象，而且其家庭成员也极易成为争相攀附的对象。在不良家风的驱动下，会衍生出以领导干部个人及家庭成员为"圆心"的各类圈子，这实际上是其家庭小圈子向政治、社会领域的蔓延与拓展。在政治生活场域中，具有封闭性、排他性特点的各式圈子，演变成形形色色的山头、团伙、帮派，使正常的政治关系异化为利益关系、金钱关系、裙带关系等交织叠加而生成的非正常关系网，对良性政治生态的破坏力是不容忽视的，严重到一定程度甚至会诱发政治危机。与此同时，领导干部家风败坏的恶果还会向社会其他领域渗透蔓延，使得圈子文化的不良价值观念与行为逻辑无节制扩散，党内不正之风与不良社会习气交叉传染，撕裂社会价值共识，诱发整个社会层面上"集体无意识"的道德危机。这种道德危机，既是对公序良俗的严重损害，也是蚀化党内政治文化心理、污染党员干部从政环境的重要根源。

（三）潜规则严重存在

领导干部家风败坏还是党内制度约束力弱化、潜规则盛行的重要原因。据统计，2015年2月13日至12月31日间，中央纪委发布的34份省部级以上领导干部纪律处分通报中，有21人违纪涉及亲属、家属，比例高达62%。② 这一数据揭示出，领导干部主动或被动违纪的主要心理动机和利益偏好大都集中于家庭、家族成员。突破党纪红线，是一些领导干部运用手中权力为家庭、家族成员谋取特殊利益的必备条件，直接后果就是弱化党内制度的刚性权威。在不良家风的氛围中，领导干部的纵容或默许，使得干部子女的特权意识膨胀，特权行为无节制。"官二代"成为一个具有贬义指称的社会群体，即是对领导干部家风不正，子女仰仗其权力，运用潜规则享受特权行为的一种映射。长此以往，会使党内政治生活中显规则运行不畅而潜规则大行其道，严重损害党内制度的运行环境。此外，潜规则的盛行，还会扭曲社会公平的

---

① 《习近平关于党风廉政建设和反腐败斗争论述摘编》，中央文献出版社、中国方正出版社2015年版，第81—82页。
② 王军仁：《领导干部要把家风建设摆在重要位置》，载《中国纪检监察报》2016年3月2日。

价值导向，诱发"仇官""官员污名化"等复杂社会心态，带来一系列的社会问题。

（四）政商关系扭曲

习近平多次强调要构建"亲""清"的新型政商关系。现实中时有发生的官商勾结、权钱交易等现象表明，领导干部的不良家风与政商关系的污浊扭曲有着直接联系。尽管早在改革开放早期，我们党就专门对禁止领导干部子女和配偶经商做出专门规定，但是实际效果并不理想，领导干部家风不正是重要原因之一。政商关系的实质是权力与市场的关系。概括来说，因家风不正而产生"过密""不清"的政商关系，主要表现为三种状况：一是领导干部本人或家庭成员通过办企业或其他经营性活动，权力元素直接进入市场；二是通过参股、兼职等形式从事赢利活动，权力元素隐性参与市场；三是通过权力寻租形式，实现权力资本化。无论哪种形式，都是权力与市场之间边界模糊不清的产物，体现为权力对市场的非法干预和市场俘获权力两种行为的勾连与互动，是党内政治行为方式失范、权力异化的体现。

四、以领导干部优良家风促进党内政治生态净化的实践进路

在全面从严治党的背景下，领导干部的家风涵养与培育是净化、改良党内政治生态的一个重要切入点，关键在于使优良家风的理论化、应然性描述转化为具体实践，真正发挥其在改良优化党内政治生态中的应有功能。

（一）以领导干部角色冲突的调适为先导，促进党内政治文化心理的净化

在家风形成过程中，自觉进行角色调适，缓解角色冲突，是净化、优化党内政治文化心理的题中之义。一般而论，现代社会中的每个人都承负着三重基本角色：即政治角色、家庭角色、社会角色。每一种角色又都承载着不同的责任和义务，遵循着"角色赋予—角色领悟—角色期待—角色实践"的逻辑理路。对于从事不同职业、归属于不同社会群体的人来说，三种角色的

序列关系有很大差别。正是这种先后次序的选择，引发出普遍性的角色冲突（包括角色内冲突和角色间冲突）。这种冲突，在领导干部群体中表现得尤为明显。对于普通民众来说，一般都遵循着"家庭角色—社会角色—政治角色"的次序开展角色活动，角色内部和角色间的对抗程度并不剧烈。而对于领导干部而言，职业性质和职务身份决定着他们必须把政治角色放在首位，这样就很容易与其他角色所包含的责任和义务产生对立或抵牾，诱发出持久性的角色焦虑感。在角色平衡长期得不到维持的情势下，角色补偿就成为一些领导干部依靠手中权力为家庭成员谋取私利的原初性心理驱动因素。这一现象在大量案例中得到表现。很多领导干部年少时家境困窘，在培养自己成长过程中，父母或近亲属付出异常艰辛的成本，及至成家立业之后，又因整天忙于工作而放弃了很多家庭责任与义务。这些都会导致领导干部产生情感的亏欠感，在因角色冲突而使情感补偿无法满足的条件下，便会直接利用或纵容家人间接运用权力以实现利益补偿，不良家风也就由此而生，党内政治生态也由此而受到损害。

因此，领导干部涵养优良家风，应正视角色冲突的调适与缓解。一是不能回避，善于把握规律。领导干部要理性认识角色冲突的客观性和必然性，自觉引导家庭成员矫正角色领悟，降低某些角色的心理期待，善于获得家人的谅解与包容。二是不能动摇，增强政治定力。角色冲突实质上就是一个自我心理博弈的过程。随着外部环境的变化，如仕途的暂时挫折、政治进步前景的悲观预期、家境比较而产生的心理落差等因素，均可能使一些领导干部在角色排序中产生摇摆和犹豫，甚至做出错误的选择。这是政治定力不强的表现，需要通过自觉磨砺心理品质，始终保持坚定不移的政治信仰、刚毅乐观的人生态度，以良好的政治心理素质缓解、克服角色焦虑感，在传统与现代、人性与党性、政治标准与社会舆论标准、私德与公德等多重角色期待冲突的困境中做出正确抉择，为涵养优良家风，进而优化党内政治文化心理，提供价值观念和心理素质条件。

（二）以领导干部家庭内外关系为重点，促进党内政治关系的规范建构

良好的家庭内外关系是领导干部家风的根本体现形式，也是防范家庭关

系侵蚀党内关系、涵养党内政治生态的重要节点。领导干部家风的基本特征决定着必须在更为宽广的领域中，从内部和外部两个维度来分析其家庭关系的建构。

第一，由领导干部的先赋角色所产生的家庭内部关系。一是感情融洽、相互支持的夫妻关系。夫妻关系是作为社会基础单元的家庭的源发性、主导性关系，是基于共同价值观念和生活态度的深厚情感关系，并受到道德规范和国家法律的双重规约。夫妻关系是考察领导干部权力观、法纪观和道德观的重要维度。领导干部配偶的特定身份，决定着他（她）不可能彻底"绝缘"于权力，关键在于能否做一名"贤内助""廉内助"，杜绝"枕边风""夫人干政"等不良现象。如果配偶能给对方以权力规范行使上的真诚理解和及时提醒，感情和生活上的关切与照顾，并能力拒外界的收买拉拢，就能够为领导干部创造公正用权、依法用权、廉洁用权的良好家庭环境。此外，领导干部的婚姻道德也是家风的重要内容。近年来的大量案例表明，占相当比重的腐败官员涉及包养情妇、不正当关系、通奸等权色交易、钱色交易行为，甚至在局部官场中产生相互攀比的恶劣风气，而且与社会中一些低俗风气交叉传染，既违背婚姻道德，又会对党风政风社会风气形成恶劣影响，必须严加防范。二是既养且教、爱而不溺的亲子关系。亲子关系是由婚姻关系所派生的血缘关系，具有心理和情感上的天然黏合性，是领导干部家风建设的高危点。从现实来看，一些领导干部平时工作繁忙，难以顾及或主观忽略子女教育问题，存有重养轻教的错误倾向；有的领导干部对子女过度溺爱，把对子女的情感亏欠通过利益形式进行补偿，甚至纵容子女利用权力满足不正当或非法利益，导致很多干部子女心中那种天然的优越感无序膨胀，进而衍生出特权意识、特权思维和特权行为，构成对党内政治生态的严重损害。领导干部要善于运用以身示范、启发引导、言传身教等方式方法，教育和培养子女形成正确的人生态度、价值观念和良好的道德修养，形成既教且养、爱而不骄、爱而不溺的亲子关系。三是公私分明、有情有义的亲属关系。依靠血缘或姻缘与领导干部产生联系的远亲近戚，是家风建设中的一个重要群体。领导干部要树立正确的公私观、亲情观，理性处理亲属利益与国家利益的关系，做到公私分明，牢守人伦亲情与党纪国法之间的界限，把对亲属的情与义严格控制在家庭活动领域内，重点防范亲属成员利用自己的权力影响力在工作调动、晋升提拔、升学就业、经商赢利等环节上谋求不当利益，并善于从维护家族形象的角度做好亲属的思想工作，以获取理解和支持。

第二，由领导干部的后致角色所衍生的家庭外部关系。一是文明高雅、健康洁净的人际关系。领导干部自觉抵制庸俗化、功利化的人际关系，构建文明洁净的人际关系，既是领导干部家风的拓展与延伸，也是防范其私人关系入侵党内关系的重要防线。领导干部在履职过程中所需要接触的对象的身份背景、社会角色越来越复杂化、多元化，包括与市民、农民、商人、学者、文艺界人士等各种工作关系的接触，还有建立在乡缘、业缘、学缘、趣缘等基础之上的同乡、同事、同学、战友、朋友等各类人际关系，均会对党内政治关系产生蚀化风险。习近平曾提出告诫："同学、同行、同乡、同事等小圈子聚会也值得警惕，搞不好就会形成宗派主义、山头主义、小圈子。"① 即是说，掌握公共权力的领导干部身处错综交织、复杂多样的社会关系网络之中，很容易成为一些人争相攀附的"围猎"目标，如果缺失政治定力，就容易沦为"圈子文化"的附庸者和奉行者。为此，领导干部要对自己及家庭成员的社会交往关系保持高度谨慎，增强鉴别力，严守政治角色和社会角色、私人领域与公共领域、工作关系和社交关系的边界，强化责任意识和自律意识，自觉管理好"八小时之外"的生活，严格监督家庭成员的言行和社会交往活动，建立起文明高雅、健康洁净的人际关系。二是民主平等、分工协作的同事关系。这里所说的"同事"，主要是指领导干部身边的工作人员。由于职位性质和工作内容的特殊性，秘书、司机等人员不可避免地需要较多介入领导干部的家庭及社会活动中，处理不当也会对家风质量产生损害。周永康案中所暴露出的"秘书帮"现象即是佐证。此外，近些年党内同事间存在的一些不正常称谓也值得关注和反思，比如，以"老板""老大""哥们""兄弟"等替代"同志"称谓，这些掺杂着雇佣关系、孝悌关系、拟血缘关系的称谓，折射出对既有政治角色和身份符号的认同感弱化，是党内关系被侵蚀、发生变异的危险征兆。领导干部要自觉加强对身边工作人员的管理，树立正确的职位观，严格依据党内制度定位和处理单位内部关系，建立民主平等、分工

---

① 《习近平关于党风廉政建设和反腐败斗争论述摘编》，中央文献出版社、中国方正出版社2015年版，第76页。

协作的同事关系。

（三）以细化从严治家制度为保障，促进党内制度体系的健全完善和有效运行

领导干部的家风涵养，需要在遵循家风建设一般规律的前提下，围绕权力规制这个核心，严防权力元素渗入家庭及社会活动中，完善细化领导干部家庭治理方面的制度设计，控制其对党内政治生活的不当干预和违规介入。

第一，重视家规家训的治理功能。一个民族或国家中，有很多社会规矩是严于国家法律的，包括被学者视为一种"软法"的家规家训。从严治家不能仅仅停留在思想意识层面，满足于就事论事的口头批评约束。领导干部要继承优良传统，善于结合社会变迁新趋向和家庭活动新特点，对家庭内外关系进行精细分类，立足于缓解公益和私利之间的紧张关系，制订符合领导干部家风特征，既能体现党纪国法要求，又能为释放人伦功能保留充分空间的家规家训，真正发挥其对家庭及近亲属成员的思想引导、观念矫正和行为约束功能，为涵养家风提供内在约束机制。此外，领导干部还可以采取定期组织召开家庭民主生活会的形式建设家风，既可以加强情感沟通，增进亲情，又可以及时把握家庭成员的思想动态和行为倾向，发现苗头性问题及时纠正，避免积小成大，使家风建设不偏离正确轨道。

第二，建立领导干部家风失范问责机制。相较于普通民众，领导干部作为公共权力的拥有者和运用者，内在地决定着其以家庭生活为主的私人领域理应遵循"隐私权相应减损"原则，自觉放弃和让渡法律规定应当享有的部分权利。领导干部家风败坏，不仅要有道德追诘，还应有政治问责。新颁布的《中国共产党问责条例》中，在应予问责情形中，列举了"党内政治生活不正常"、违反"生活纪律""团团伙伙、拉帮结派问题严重"等现象。这些现象均与领导干部家风败坏有着直接或间接关联。强化对家风失范的问责，是全面从严治党主体责任、监督责任和领导责任向政治生活与家庭生活交集领域的逻辑延伸。各级各类问责主体应坚持失责必须追究原则，不断加大对领导干部家风状况的监督、问责和追责力度，精细区分党纪责任与道德责任、主要责任与次要责任、纵容放任责任与失察责任等，采取书面检讨、诫勉谈话、典型问题通报曝光等方式，把家风问责的外在压力转化为领导干部从严

治家的内在动力。

第三，把家风建设纳入干部考核的标准体系。优良家风也是一种德，是领导干部政治伦理、职业操守和个人品德的反映。因此，家风建设是践行"德才兼备、以德为先"干部选任原则的重要方面，各级干部管理部门可考虑把听取对家风状况的社区评价、家属和邻里意见纳入干部的定期考评程序之中，并把考评结果作为干部晋升提拔、职位调整、褒奖激励的一个重要依据，以利于更加客观全面地考察领导干部的德行表现，这也是优化党内政治生态的题中之义。

第四，健全领导干部家风建设的监督制度。一是逐步确立起严格的官员财产申报制度。这一制度被公认为廉政风险预警制度中最核心、最关键的部分，也是领导干部家风建设的重要保障。在我国，由于在申报范围、受理机构、公开程度等方面存有争议，加之相关法律不完备、心理抗拒等多种复杂原因，领导干部家风建设的监督制度一直未能真正确立起来。党的十八届三中全会提出推行"新提任领导干部有关事项公开制度"试点，现已在省市层级取得实质性进展，被视为中国走向完全的官员财产公开制度迈出的关键一步，社会各界寄予殷切期待。在实践中，应不断完善相关流程，细化要素环节，确保制度设计的原初目标不偏离，发挥其在家风建设监督方面的重要功能。二是完善内外结合的家风建设监督制度。既要强化领导干部家庭成员、家族成员之间的内部监督，更要重视社会力量的外部监督，包括社区监督、邻里监督、媒体监督等形式，真正把领导干部家风培育和涵养作为带动党风政风社会风气良性转变、净化党内政治生态的一条重要路径。

此文载于《中州学刊》2016 年第 11 期

腐败治理中政策压力的传导效力问题论析

邹庆国　王世谊*

摘　要：高压反腐的政策压力在由上及下的层级传导过程中，在一些地方和单位呈现出效力衰减倾向，成为当前中国腐败治理的现实难题。对反腐目标的认知偏差、政策执行过程中的"涟漪效应"、基于规避连带责任追究的"共谋现象"、腐败治理体制改革的不到位、基层人情化社会结构与权力运行的内在张力是主要诱因。可从确立腐败治理新理念、强化巡视制度的震慑效应、严格问责追责、构建科学的纪检领导体制、加大反腐绩效的考核权重、建设法治型党组织等方面探讨对策。

党的十八大以来，以习近平同志为总书记的党中央坚持以法治思维和法治方式治理腐败问题，取得了高压反腐的阶段性成果。腐败治理的政策供给及实践效力，日益成为海内外各界观察、揣度和评价当代中国政治发展趋向的重要依据。习近平总书记提出的"持续保持高压态势，做到零容忍的态度不变、猛药去疴的决心不减、刮骨疗毒的勇气不泄、严厉惩处的尺度不松"[①]，是这种政策供给的根本要求和特征表述。高压反腐的政策手段成为匡正党风政风、净化政治生态的关键举措并取得显著成效。但应看到，腐败治理的政策压力在由上及下的逐级传导过程中，在一些地方和单位仍不同程度地存在

---

* 邹庆国，男，山东茌平人，聊城大学政治与公共管理学院副教授，博士。

① 中共中央纪律检查委员会、中共中央文献研究室：《习近平关于党风廉政建设和反腐败斗争论述摘编》，中央文献出版社、中国方正出版社2015年版，第102页。

着执行效力衰减的问题。这与社会公众的反腐期许形成较大落差，成为一个备受关注和亟待破解的难题。本文试就此进行探讨。

一、政策压力的传导效力衰减：当前我国腐败治理的现实困境

近年来我国的反腐败斗争实践表明，惩治腐败的持续化、常态化、深入化，既要有高层的决心与魄力，还要有精密部署与刚性执行，更要有政策压力在党政组织的层级体系中由上及下的通畅传导。这种压力传导不是依靠利益吸引，而主要源自于责任驱动。正是基于此，党的十八届三中全会对"党风廉政建设责任制"做出科学规划，形成了一个立体化的责任体系，主要包括：横向的责任分配——党委的主体责任和纪委的监督责任；纵向的体制设计——以"两个为主"为核心支点推动党的纪律检查工作双重领导体制具体化、程序化、制度化；制度工具的配置——以"责任追究"为主要功能定位的中央和省区市巡视制度的全领域覆盖。上述党风廉政建设责任制的良性运行，取决于由责任追究而产生的驱动力能否通畅贯穿于整个责任体系之中并发挥实际效能。"层层传导压力"的要求正是缘起于对巡视工作的效果检视与问题反思。习近平总书记《在中央政治局常委会听取二〇一三年下半年中央巡视组巡视情况汇报时的讲话》中明确提出："中央巡视工作领导小组要切实加强对省区市巡视工作的领导，层层传导压力。"[①] 在此后的不同场合，中央相关负责同志多次强调这一要求，并逐渐推延至整个惩治腐败工作布局之中，体现出政策压力通畅传导的目标指向：地方和基层的"拍蝇"行动必须在力度与节奏上与高层的"打虎"行动相一致，形成上下联动格局。

惩治腐败是国家治理的重要任务，能否实现高压反腐压力传导的通畅化，是对国家治理能力的重大考验。高层对于反腐败工作中的上下联动脱节、压力传导不畅问题的认定是相当精准的，这个问题的确已经成为当前我国腐败

---

① 中共中央纪律检查委员会、中共中央文献研究室：《习近平关于党风廉政建设和反腐败斗争论述摘编》，中央文献出版社、中国方正出版社2015年版，第113页。

治理的现实困境。党的十八大以来，高层"打虎"行动成效巨大，社会普遍认为反腐败的效果有力震慑了中高层领导干部，而对基层官场生态还没有产生足够的冲击力，反腐败的政策压力在自上而下的层级传递中，不同程度地存在着边际效力衰减的现象。总体来说，"拍蝇"行动还有待于实现广泛而深入的推动。一些基层单位和部门的政策执行力不强，消解弱化高压反腐的力度。具体表现形式主要有：一是被动式反腐。有的地方对于反腐败工作缺乏主动性和自觉性，腐败问题的发现与惩治主要依靠上级组织的力量，处于"推一推就动一动""不推不动"的不作为状态，缺乏内在的反腐驱动力。二是应付式反腐。有的地方以"吼吼嗓子""做做样子""摆摆架子"的表面文章来应付反腐工作，上级组织督促得紧就临时抓几个反面典型来"凑数"（如媒体曝光的"搞灭火式追责和临时通报"等现象），处于消极应付的状态，缺乏基本的政治责任感。三是选择性反腐。有的地方对于本地的腐败问题采取"避重就轻"的态度，比如只通报上班玩游戏、迟到早退、办公桌上摆零食之类的琐碎事项，却对严重违纪违法的要害问题回避遮掩；或者仅处置个别偶发性的、与其他官员利益勾连不紧密的腐败分子，以防止个案线索持续延伸，涉及面过大而危及自身利益和前途，体现为一种政治投机心态。四是变通式反腐。有的地方搞"上有政策、下有对策"，通过对政治原则的任意曲解或法律底线的随意僭越，以变通方式消解高压反腐的力度。比如，有少数官员把反腐败工作异化为政客权斗的工具，当成排斥异己、发泄私怨的手段。再如，有的把国家公职人员逢年过节期间的敛财行为，纳入没有具体"请托事项"的"红包""礼金"等人际交往范畴而采取低调处理的方式。凡此种种现象，均会极大阻滞反腐力度向基层政权的通畅传导。

如果"层层传导压力"的政策目标出现"中梗阻"，高层与基层的反腐行动出现割裂，无法形成上下贯通的合力，将会直接销蚀反腐败的震慑力，致使腐败治理政策面临失效甚至失败的风险。具体表现在以下几个方面：首先，加重高层反腐的负担与压力。如果省区市党委不作为，不把腐败遏制在基层，让有问题的人逐级提拔，最后就会把问题全部推给中央。在反腐败问题上，只靠中央抓，不可能抓得过来。更何况，处于下游的基层腐败治理乏力，往往会使问题积小成大、积重难返。从近年来中纪委查处的中管干部违纪违法的现实情况来看,"很多都是发生在担任下级一把手期间;有的省已查处的领导干部中,半数以上属于带病提拔,有的一把手甚至带病 10 年、20 年,屡被提拔"①。因此,如果高压反腐的态势与压力不能通畅传导到省区市、地市县以及乡镇村的各个层级,就会错失很多把腐败问题遏制在萌芽状态的最佳时机,使上游的高层反腐处于持续的胶着状态,面临"越抓越多""越反越腐"的治理陷阱。其次,弱化执政党的公信力。高层"打虎"行动持续发力,社会关注度高,所产生的正向效应非常明显,受到社会各界的普遍认同和高度赞誉。但是,我们不能忽略的一种现象是,基层民众对于此类反腐行动的关注和认同,在很大程度上具有情绪宣泄的心态,是对现状不满的映射。从长远来说,基层民众对于国家治理的评价并不主要来自意识形态的宏大叙事,更多来自于基层单位或社区生活的切身体验。"中国老百姓对县以上的政治并没有直接的感觉,或者说县以上的政治与利益并没有直接的相关性。"②就是说,如果惩治腐败行动不能广泛深入与基层群众利益直接关联的区域,基层腐败得不到有效遏制,就会弱化执政党的政治公信力。再次,撕裂基本政治共识。习近平总书记深刻指出:"腐败是社会毒瘤。如果任凭腐败问题愈演愈烈,最终必然亡党亡国。"③ 当前,坚持以"零容忍"态度惩治腐败,"老虎""苍蝇"一起打,既坚决查处大案要案,又着力解决发生在群众身边的腐败问题,已经成为党风廉政建设的主基调和普遍共识。总体而言,无论是腐败存量还是腐败增量,地方和基层均是"重灾区",如果惩治腐败的政策压力无法通畅传导至这些区域,衍生出各种形态的地方主义、部门主义、分散主义等消极不作为或变相抵制行为,反腐败的空间布局就会失衡,业已凝结的政治共识就会被撕裂,会在很大程度上削弱高层反腐的整体性动员能力,减少腐败存量和遏制腐败增量的预期目标就会因半途而废而无法实现。

---

① 中央纪委、监察部:《上下联动全国一盘棋》,中央纪委监察部网站,http://www.ccdi.gov.cn/xsjw/series7/201504/t20150412_54631.html#Art5,2015 年 5 月 10 日。

② 杨光斌:《让民主归位》,中国人民大学出版社 2015 年版,第 260 页。

③ 中共中央纪律检查委员会、中共中央文献研究室:《习近平关于党风廉政建设和反腐败斗争论述摘编》,中央文献出版社、中国方正出版社 2015 年版,第 5 页。

二、腐败治理政策压力传导的阻力及诱因分析

前述政策压力传导中效力衰减现象的诱致因素是复杂的，既有显性因素，也有隐性因素；既有历史原因，也有现实原因；既有认知因素，也有体制诱因，是多种因素交织作用的结果。

（一）对反腐目标和功能的认知偏差

党的十八大以来惩治腐败的基本思路可以做如下陈述：在空间布局上是"老虎""苍蝇""狐狸"一起打；在时序安排上是前期以治标为主，为后期的治本赢得时间并创造条件；在逻辑理路上是以追惩性反腐行动的震慑力创造"不敢腐"的政治氛围，以"权力入笼"构建"不能腐"的制度环境，以构建优质的政治生态上升至"不想腐"的伦理境界。上述思路中既有治本层面的战略考虑，又有治标层面的战术安排。治标是治本的前提和基础，治本是根本目标和方向。地方和基层对既定反腐思路和目标的高度认同，是高压反腐态势持续深入的认知基础。然而，近年来，与中央精神相抵牾的"杂音""噪音"开始频现。在对惩治腐败的功能认知方面，出现"过头论"（认为打"虎"过狠，影响政权稳定和执政形象）、"刮风论"（认为反腐败就是"一阵风"，不会持久化、常态化）、"影响论"（认为反腐败影响经济发展及干部的干事创业积极性）、"矛盾论"（认为清廉为官与事业有为是矛盾的，当能官就不能当清官）、"工具论"（认为反腐败是借机打击政敌、排斥异己的整人工具）等诸多错误观点。在对反腐走向的认知方面，存在着"反腐终点论""反腐上限论""反腐拐点论""腐败反扑论"等偏激论调。这些话题争论与观念分歧成为腐败治理的政策压力通畅传导的思想障碍。

（二）政策执行中的"涟漪效应"

"涟漪效应"又称"衰减效应"，描述出这样一种现象：向平静的水面扔一颗石子，中心部位涟漪力度最大，在往边缘扩散传播过程中，速度逐渐降低，波纹力度逐渐减弱，甚至还会走样变形。政策的有效执行与其本身的性质类型、内容的合理性与适用性、政策接受程度、实施环境的优劣、执行主

体和目标群体的智识水平等多种因素密切关联。在这些因素的交互作用下，政策执行过程中便会体现出以边际效力减损为表征的"涟漪效应"。这种效应也客观反映在反腐政策的执行之中。首先，从政策性质来看，腐败治理本质上是一种利益剥夺型而非利益给予型的政策设计，即对特权利益或非法利益的限制和回收。作为政策执行主体，很多官员出于对既得利益的隐藏和保护动机，对政策执行产生心理和行为上的抵制，从而会削弱政策执行的效力。其次，从历时的角度来看，一般而论，执行主体和政策对象从政策执行中所获取的收益回报会随着时间的推移而逐渐减少，政策效力也相应弱化。反腐政策执行的回报更多体现为宏观的执政公信力和具有崇高价值属性的政治声誉。如果这些收益回报在领导干部的任期之内或相当长的时期内无法转化为职位升迁、褒奖激励等可感知的收益满足，便会对政策执行产生精神倦怠和认同弱化，缺乏政策执行的内在驱动力。再次，从执行载体来看，高压反腐政策的传导依托于"中央—省区市—地市县—乡镇"的科层化组织体系，遵循着由上而下层级节制的运行逻辑，政策传导每下沉一个层级，受信息不对称、具体实施环境差异等客观因素，以及政绩冲动、个人名声等主观因素的影响，执行力度在总体上也会呈现出不同程度的趋弱态势。

（三）基于规避连带责任追究的"共谋现象"

经济学研究中存在"共谋行为"的概念，被公共组织学领域的学者所借鉴并提出"共谋现象"的观点，即地方政府为防止责任追究而引发的连带效应，出于对不利后果的规避心态，"上下级政府间的关系也经历了一个微妙的**转换：从正式行政关系到非正式运作关系，从上下级关系到同谋关系。在这个角色转化的过程中，不同参与者的认知得以同化，形成共识，成为广为接受的合法基础**"[①]。这种现象客观存在于腐败治理政策的执行过程之中。在各项制度日益完善的条件下，绝大多数贪腐行动，仅仅依赖于独立个体是无法完成的，必须依托各种类型的"小圈子"实现协同寻租，遵循着"一荣俱荣""一损俱损"的组织逻辑。"共谋行为"就是在此条件下发生的，处于政策执行各个组织环节尤其是关键位置的"问题官员"，在与其有利益勾连者的

[①] 周雪光：《基层政府间"共谋现象"观察》，载《决策》2009年第5期。

贪腐行为被揭发时，为规避连带责任追究而危及自身利益，就会利用手中权力，采取各种手段消极抵制政策的有效执行，从而使政策执行受阻，成为反腐政策压力传导的重要阻力。近年来陆续暴露出的以"窝案""串案"为表现形式的"塌方式腐败""家庭式腐败"等现象表明，这种"共谋现象"如果得不到有效遏制，有可能进一步扩大腐败官员集体行动的范围和强度，造成严重后果。

（四）腐败治理体制改革的不到位

依托什么样的领导体制与方式开展党风廉政建设和反腐败斗争，是关系腐败治理效力的根本问题。改革开放之后，我们党开启了制度反腐的新路径并取得明显成效，同时腐败现象频发而得不到有效遏制的事实也暴露出一个问题：仅仅依靠碎片化的制度供给与权力推动是远远不够的，更需要从体制改革中探寻出路。就惩治腐败政策的执行效力而论，最大阻力来自于不科学、不完善的治理体制和权力结构，集中表现为纵向分权过度与横向过分集权。从纵向来看，"反腐机构呈现纵向多头管理的状态，往往导致机构林立、权力分散、条块分割、各守阵地、以机构对抗机构的局面"[1]。新加坡学者郑永年以"内部多元主义"来描述中国的反腐败体制特点，表现为机构的多元化和权力的分散化，"各机构之间互相制约、推卸责任，在造成巨大的制度浪费的同时，为腐败分子创造了很多机会"[2]。这也是自20世纪90年代以来普遍设立各级"反腐败工作协调小组"的根本原因。从横向来看，地方党委尤其是"一把手"权力过分集中的权力结构仍未得到根本变革，承载惩治腐败核心职能的纪委监察机构的权威性不足。在此情境下，反腐动员与政策执行仍过多依赖于权力的强制性推动，甚至在很大程度上取决于"一把手"的政治品格和决心魄力。腐败治理体制和权力配置结构属于基础制度或体制架构的范畴，而反腐政策则属于"具体制度"，"具体制度"的有效实施依赖于基础制度或体制架构的科学化、规范化。在体制改革不到位的情况下，反腐政策压力的

---

[1] 燕继荣：《中国腐败治理的制度选择》，载《哈尔滨工业大学学报（社会科学版）》2013年第3期。

[2] 郑永年：《民主，中国如何选择》，浙江人民出版社2015年版，第230页。

传导效力便会大打折扣。

(五) 基层人情化社会结构与权力规范运行的内在张力

近年来,屡屡暴露的"小官巨贪""苍蝇式腐败"现象使很多人面临困惑:为何在高压反腐态势的强力冲击下,很多基层官员仍不收手、不收敛呢?解答这一问题,离不开对基层社会结构特征的观察视角。法治化、契约化的社会基础是权力高效规范运行的前置条件。而中国的基层社会在结构形态上更接近于"熟人社会""人情社会",往往成为抵制法治的传统力量最为顽固的区域。在中国的乡村社会中,国家正式权力的非正式运作现象十分常见,以至于一些社会学家提出,国家供给的权力结构在基层失败,由此强调要重建宗族社会秩序。任剑涛认为:"基层的权力运作逻辑基本上还是一个本地逻辑。一般而言,一个非法治的人情社会是腐败的深厚土壤。人情社会跟权力运作的原则以及权力背后的分配逻辑联系起来,就是'苍蝇'出现的社会基础。这也是底层的权力运作很难撼动的原因。"① 在一个高度人情化的社会环境中,对贪腐官员揭发的正义行为,往往为重道德伦理的传统准则所不容。反腐败的政策压力传导到基层时,便会遭遇基层社会关系网络、人情压力机制的消极抵制。当前,相当严重的官员不作为主要存在于基层社会的现实状态,折射出反腐败的正义诉求与人情社会所涵摄的特定价值之间的内在冲突。基层人情化社会结构是反腐压力传导产生"中梗阻"的重要因素。从长远来看,消解阻力的根本途径在于对基层的"社会—权力"互动结构做出面向现代化的调整,这需要一个长期、持续的改造过程。

三、腐败治理政策压力通畅传导的路径探讨

腐败治理的高压态势已经形成并开始常态化,当务之急在于将政策执行的压力通畅传导至地方和基层权力运行之中,实现高层和中下层的互联互动,并能够实现压力向动力的有效转换,切实增强地方、基层反腐的主动性和能

---

① 张墨宁:《消除基层腐败的社会土壤——专访中国人民大学国家发展与战略研究院研究员任剑涛》,载《南风窗》2015 年第 11 期。

动性。

（一）以"反腐败斗争"向"腐败治理"的理念转变为根本前提

以革命战争方式获取政权的路径依赖，使我们党在执政以后相当长的历史时期内，习惯于运用运动的方式、斗争的理念来认识和处理腐败问题。实现从"革命党"向执政党的角色转变和功能转型，必然要求执政党建设的法治化、科学化，但迄今仍有不少领导干部以运动式的固化思维来认识当前的反腐政策部署，怀着"避避风头"的侥幸心理，以"等拖靠"的消极不作为方式，消解高层惩治腐败的政策传导力度。为此，我们应以理念变革为根本前提，因应国家治理体系和治理能力现代化的新要求，把现代治理的价值理念与运作机理嵌入反腐工作之中，将政治伦理学语境中的"反腐倡廉"带入国家治理和现代法治的思考框架之内，牢固确立"腐败治理"的新理念。在此理念中，惩治腐败是常态国家治理的必然要求，是一项重要的公共政策设计，而不是具有周期性、时限性的整党活动；反对腐败不仅是执政党的作风建设命题，也是社会风气改造、政治生态改良的题中应有之义；廉洁从政不仅是一种政治道德层面的应然诉求，更是依法执政、依规治党的实然状态；遏制腐败不仅是依靠"党内斗争"方式来解决的执政党的"家事"，更是维护公共利益、规范和约束公权力的公共事务。各级党政组织及领导干部只有牢固确立腐败治理的理念，才能把"党风廉政建设和反腐败斗争永远在路上"作为基本的治理原则来理解，促进反腐政策从"服从"到"认同"再到"内化"的程度升级，有效消解政策传导的观念阻隔。

（二）以巡视制度的强度震慑效应保持反腐政策传导的外在压力

不可否认，在当前的由侧重治标向标本兼治转变的特定阶段，腐败治理的政策压力传导仍须主要依靠高层的强力推动。换言之，在反腐败体制机制未能全面改善的条件下，高层的权威推动无疑是最为直接、有效的策略选择。巡视制度应当是现阶段实现权威推动的最佳制度工具。2015年8月13日发布的修订后的《中国共产党巡视工作条例》中，确立了中央统一领导、分级负责的基本原则，强调中央巡视工作领导小组对省、自治区、直辖市巡视工作的领导职能，以严守党的政治、组织、廉洁、群众、工作和生活"六大纪律"

为发力点,常规巡视与专项巡视相结合,实现巡视领域的"全覆盖"①,以党内正式法规的形式赋予巡视制度高强度的监督力和震慑力。由此,腐败治理的政策执行力度在由上而下的逐级传导过程中,地方和基层组织在行动选择上就有所忌惮,从而为政策传导提供持续化的外在压力。诚然,这种权威推动为主的政策压力传导方式并不是未来的方向,而仅仅是特定阶段的策略选择,随着各方面条件的完备成熟,必然转入法治化、制度化反腐的理性轨道上来。

(三)以严格的问责和追责机制强化官员的责任意识和对党纪国法的敬畏意识

政策压力的层层传导,本质上是权力责任的渐次传递。客观来看,传统的权力体制架构存在着重授权轻监权、重权力行使轻责任承担的内在缺陷,在很大程度上成为一些领导干部任性用权、推诿责任的体制诱因,并形成"只要办成事便可不计后果"的责任意识不强、法纪意识淡薄的政治习性,由此衍生出一旦遇到压力或受到约束就不知所从,继而积极抵制或消极不作为的行为逻辑。笔者认为,腐败治理政策压力的通畅传导,须以严格的问责和追责机制为载体,着力强化官员的责任意识和对党纪国法的敬畏意识。具言之,要坚持权责对等原则,真正把各级党委在全面从严治党中的主体责任和纪委的监督责任落到实处,贯穿于每位领导干部政治生命甚至自然生命的始终。2015 年中共中央办公厅印发的《推进领导干部能上能下若干规定(试行)》,提出要加大领导干部问责力度,明确规定了落实从严治党责任不力、抓作风建设不力、本地区本部门本单位或者分管领域用人上不正之风比较突出等五个方面的问责标准,并给予责令公开道歉、停职检查、引咎辞职、责令辞职、免职等不同方式的处罚②,为责任追究提供了基本制度依据。下一步的着力点在于确立自上而下、贯通到底的责任体系,使"两个责任"附着于权力链条的每一个环节,对应于每一个具体职位,保障党风廉政责任制的高效运行,塑造权责对等、崇尚法纪的政治生活环境。

---

① 《中国共产党巡视工作条例》,载《人民日报》2015 年 8 月 14 日。
② 《推进领导干部能上能下若干规定(试行)》,载《人民日报》2015 年 7 月 29 日。

（四）以科学的纪检领导体制作为政策压力通畅传导的基本保障

各级纪检机关的主要职能在于监督执纪问责，是腐败治理的核心机构和基本载体，必须赋予其足够的权威性与独立性。党的十八届三中全会明确提出："强化上级纪委对下级纪委的领导。查办腐败案件以上级纪委领导为主，线索处置和案件查办在向同级党委报告的同时必须向上级纪委报告。各级纪委书记、副书记的提名和考察以上级纪委会同组织部门为主。"① 落实"两个为主"的新要求，应坚持干部提名考察权优先的原则，使各级纪委能够最大限度地摆脱与同级党委的权力纠葛。下一步的改革发力点应围绕三个基本问题来展开：一是对纪委业务事项进行精细分类并确定报告时序。即何种性质的事项应先向上级纪委报告，何种性质的事项应先向同级党委汇报，必须做出详尽的制度安排。二是加强腐败治理的部门协作与合作。地方纪委在履行职责过程中，如何协调与地方权力关系紧密的审计部门、预防腐败局、反贪污贿赂局等机构之间的关系，防止出现"决策部门紧而执行部门松、牵头部门急而配合部门拖"的不良现象，形成强大的反腐合力，仍是需要深入讨论的突出问题。三是强化对各级纪委权力的监督与制衡。在打破原有权力格局的情况下，如何防范纪检监察权力的过度膨胀与无序扩张风险，实现党的纪律与国家法律的有机衔接，也成为亟待破解的新命题。根本目标在于通过深化改革，尽快架构起科学规范、运行高效的纪检工作领导体制，提供通畅传导政策压力、提升政策效力的体制保障。

（五）加大廉政绩效在承担主体责任和监督责任的干部考核中所占权重以激发内生动力

政治伦理学认为，政治主体的行为选择遵循着"效用排序"和"价值排序"原则，表现出赞同或抵制某项政策的"偏好转换"特征。地方和基层执行腐败治理政策的驱动力主要源自崇高政治信念和责任感，与其切身利益的依存关系并不紧密，与行政性分权或资金拨付等政策所带来的价值效用相比

---

① 《中共中央关于全面深化改革若干重大问题的决定》，载《人民日报》2013年11月16日。

较，更易于偏好后者，而对前者做出消极性的行为选择。如何有效激发承担党风廉政建设主体责任和监督责任的地方和基层干部执行反腐政策的内生动力，改变主要依靠外在压力推动的被动状况，是持续深入开展腐败治理工作的重要节点。为此，应把执行反腐政策的绩效真正与这类干部的职级升降紧密连接起来，作为政绩考核的重要标准并适度加大所占权重。当务之急在于健全党风廉政建设责任制的考核标准体系，既要摒弃过分关注"拍蝇"数量的"唯数字化"倾向，又要防范荫庇遮蔽、粉饰太平的虚假清廉现象；既要有不同地区、部门的横向对比，又要结合本地实际在历史的比较中体察进步还是倒退；既要看到执行高压反腐政策的显性成效，又要注重当地政治生态状况的综合考量。唯有确立起腐败治理绩效的科学考核体系，并真正与承担党风廉政建设主体责任和监督责任的领导干部的政治利益密切关联，才能有效激发出持续递增的内生动力。

（六）以法治型党组织建设为消解反腐政策传导阻力的治本之策

推进党内法治理论与实践创新，建设法治型党组织，是全面深化改革、全面依法治国、全面从严治党有机统一的内在要求。基层治理体现为基层的党组织、政府、市场、社会组织等多元主体，多维参与、多方协作的整体行动。作为基层社会领导核心和治理体系运行中轴的基层党组织，能否坚持以法治思维和法治方式治理腐败，形成崇法、畏法、用法、守法的政治生活氛围，不但深刻影响着其他治理主体的行为偏好和行动逻辑，而且还从根本上决定着高层反腐的政策压力传导的通畅程度。在此背景下，基层党组织应在服务型、学习型、创新型的基础之上，赋予法治型建构的属性定位和目标导向。值得一提的是，2014年12月，苏州市市委首次较为完整地提出了建设法治型党组织的构想，并出台《关于建设法治型党组织的意见》及具体实施方案，强调坚持依法治国和依规治党的一体推进，实现党建与法治相互融合。这一创新举措是基层党建工作的一项理论和实践创新成果，为全面提升依法执政水平找到了一个好载体。从党与法治的关系来看，党的领导是依法治国的重要前提和政治保障。沿循这一逻辑，建设法治型党组织也是基层治理法治化的根本保障，是全面从严治党的题中应有之义。法治型党组织体现为现代法治的价值、原则、机理向管党治党活动中的深度延伸与自觉运用，展示出理念、样式、形态等方面的多维演进与综合提升，贯穿于党的领导和执政行为的全过程，涵盖党的内部活动和外部活动的全领域。其基础价值或工具价值在于党组织建设模式的创新与重构，核心价值在于规制权力，根本价值在于保障党员和公民权利。在法治型党组织建设的视域中，党规国法的至上权威和普遍权威得以确立，政治生活中的"人治""权治"成分被逐步清除，法治成为基层治理活动中主导性的非人格化力量；权力行为不仅受到党内法规和国家法律的双重规制，还要接受党员和公民权利的依法监督与制约，权力不作为、慢作为等庸政、懒政、怠政现象，以及乱作为、胡作为等扭曲异化现象得以最大限度的遏制，更深层的意蕴在于能够对传统基层社会的"人情化"结构产生强力冲击与良性改造，基层社会治理生态得到整体优化。由此，腐败治理的政策压力传导不仅是组织意图和主张的层级传递，还是国家意志在治理体系中的贯穿与执行，反腐行为更具稳定性、持续性和可预期性；反腐政策的执行效力不但要接受"政治责任"传导的纪律性节制，还具有"法律责任"承负的国家强制力约束，法治成为消解政策传导阻力的根本路径。

最后需要强调的是，本文所讨论的腐败治理政策压力的传导效力问题，不仅是侧重治标阶段的特殊性问题，还将会是标本兼治及侧重治本阶段的长期性问题。解决问题的根本途径在于把惩治腐败纳入构建国家治理体系现代化的整体框架之中，完善党内法规体系，创新党内法治运行的体制机制，从侧重于政策压力传导转向依靠体制本身的自我纠错、自我净化能力来实现干部清正、政府清廉、政治清明的治理目标。

此文载于《中共中央党校学报》2016年第2期

农村基层党组织社会影响力建设的现实梗阻及逻辑进路

刘子平*

摘　要： 农村基层党组织社会影响力就是农村基层党组织通过党的理论、路线、方针、政策及个体党员的现实行动影响群众的心理和行为的能力。农村基层党组织社会影响力建设有利于更好地推动农村基层党组织自身建设；有利于增强党的执政合法性，巩固党的执政地位；有利于维护农村的社会稳定，为我们党提供安稳有序的执政环境。目前农村基层党组织社会影响力建设面临农村主流意识形态建设的难题、农村基层党组织自身建设不力、党员干部腐败的危害性、可支配资源的减少、农村民间组织的冲击等现实梗阻。以加强农村主流意识形态建设为先导、以推进农村基层腐败治理为切入点、以加强农村基层党组织建设为核心、以提高农村基层党组织的执政绩效为关键、以拓展可支配性资源为保障是当前农村基层党组织社会影响力建设的逻辑进路。

从一般意义上说，社会影响力是指在现实社会生活中发生客观作用的控制力，是社会存在影响社会公众思想观念、心理活动和现实行为的能力。农村基层党组织社会影响力就是农村基层党组织通过党的理论、路线、方针、政策及个体党员的现实行动影响群众的心理和行为的能力，进而使广大群众

---

* 刘子平（1979—　），男，博士，聊城大学政治与公共管理学院政教系主任、副教授、硕士生导师，山东省中国特色社会主义理论体系研究中心特约研究员。

能够自觉自愿地接受、认同党的领导并紧紧团结在党的周围，为实现党确立的目标而努力奋斗。农村基层党组织是中国共产党在农村的代表，是党联系农村基层群众的桥梁与纽带，是党的理论、路线、方针、政策和任务在农村得以贯彻落实的战斗堡垒。可以说，农村基层党组织在农村经济社会发展中起着关键性作用。随着改革开放的推进，农村基层党组织所处的社会环境在不断发生变化，农村基层党组织对农村的社会整合能力下降，农村基层党组织的社会影响力在不断弱化，一些地区的农村基层党组织甚至处于边缘化状态。这严重影响了党在农村各项工作的推进，直接制约着党的凝聚力与战斗力的形成，不利于社会主义新农村建设与全面建成小康社会目标的实现。因此，充分认识农村基层党组织社会影响力建设的重要意义，分析目前农村基层党组织社会影响力建设面临的现实问题并采取有效应对路径，有效发挥农村基层党组织的应有功能，不断提升农村基层党组织的社会影响力，已成为当前我国农村基层党组织建设亟待解决的重大现实问题。

一、加强农村基层党组织社会影响力建设的重要意义

中国共产党自成立以来，始终重视党组织的社会影响力建设。中国共产党不断发展壮大的历史就是我们党不断加强社会影响力建设的最好明证。农村基层党组织是党的组织体系的"神经末梢"，其社会影响力建设自然是党的建设的重要内容。在全球化与改革开放的新时期，党在农村面临的现实问题更艰巨、更复杂，农村基层党组织社会影响力建设的重要性愈加突出。农村基层党组织社会影响力建设的效度是农村基层党组织建设成效的现实反映，也是中国共产党能否真正得到农村群众支持与拥护的"晴雨表"。因此，无论是从政党建设的角度还是从执政党执政规律的角度来看，加强农村基层党组织社会影响力建设都具有十分重要的意义。

（一）有利于更好地推动农村基层党组织自身建设

政党社会形象力建设是政党建设的重要组成部分。政党社会影响力建设对于政党的生存与发展至关重要。因为它与政党的前途命运紧密相关，它关系着政党能否在激烈的政党竞争中获得民众的支持与认可，能否保持自身的

优势，能否掌控政权，引领社会发展。政党社会影响力建设实质上就是"塑造政党形象，提升政党的综合素质和能力，扩大政党在公众中的影响力和认同度"①。农村基层党组织具有良好的社会形象就能够使农村基层党员对党组织具有较强的自豪感，进而进一步激发其为党组织奉献的决心。现实社会中，"成员对一组织的忠诚度及奉献度通常同成员对该组织的认同度成正相关关系"②。也就是说，农村基层党组织具有良好的形象，具有较高的社会影响，不仅可以实现党组织内部共识的达成，维持农村基层党组织的内部和谐团结，从而使基层党员能够"心往一处想，劲往一处使"，而且也可以使基层党员因自身是基层党组织的一分子而具有较强的自豪感。这种不流于形式而内化于心的自豪感不仅有利于党员能够自觉接受并服从党组织的领导与管理，带头遵章守纪，保证了党纪党规能够被有效执行，也有利于填补党章党纪未涉及的空白领域，促进基层党员能够自觉规范自我品德，约束自身行为，真正为党组织积极奉献。

农村基层党组织具有良好的社会形象，可以使我们农村基层党组织更具吸引力和认同度，吸引更多的优秀人才加入我们党的队伍中来，提高党员和党员队伍的整体质量。吸引优秀人才，不断补充新鲜血液是保持党的生机与活力的重要途径。如何吸引优秀分子加入党组织中来是任何一个执政党在推进和加强自身建设过程中都必须面对和解决的重大课题。毕竟政党是由不同的个体构成，个体的素质与能力对政党整体的能力与水平产生重要影响。随着现代民主政治的推进，在对政党组织的选择上，社会个体往往是根据政党组织的社会影响并结合自己的理性认知自主选择的结果。如果政党具有良好的社会形象，具有很高的社会影响力往往更易获得社会个体的青睐。如果农村基层党组织具有强大的内聚力、组织力与领导力，具有很高的社会影响力，就可以给优秀分子提供为党奉献、服务社会和施展才能的平台，吸引更多的社会优秀分子加入党组织中来，降低了优秀分子在多个组织间进行权衡和比较的机会成本，更有利于农村基层党组织充满生机和活力，更健康地发展。

---

① 王韶兴：《政党政治论》，山东人民出版社2011年版，第242页。
② 孙景峰、陈倩琳：《政党形象：概念、意义与建设路径》，载《探索》2013年第3期。

（二）有利于增强党的执政合法性，巩固党的执政地位

"合法性是指政治系统使人们产生和坚持现存政治制度是社会的最适宜制度之信仰的能力。"① 合法性决定了政治系统运作的效度，任何政治系统的有效运作都离不开合法性，执政党也不例外。所谓执政合法性就是执政党执政的合理性，具体表现为其受到公众信任、接受和拥护的程度。执政合法性是执政党顺利执政并实现有效运作的首要条件。可以说，执政党若想长期保持执政地位，就必须把执政活动建立在高度的合法性基础上。执政党在运用公权力开展执政活动的过程中所做的任何努力，最终都是为了增强其执政合法性。执政党执政合法性的直接来源就是执政党所拥有的社会信任度和认同度，也就是其拥有的社会影响力。

执政党社会影响力在当今的政党政治中发挥着重要的作用。执政党社会影响力是执政党执政的基础与前提，是事关执政党生死存亡的关键问题。社会影响力的高低反映了公众对执政党认知、信任与认同的程度，是对执政党执政绩效检验的标尺。执政党社会影响力建设的过程就是执政党通过各种资源与能力建设不断获得和扩大社会公众认同的过程。认同就是公众对执政党的信任、支持与拥护。"公共管理是对公共权利、公共事务的管理，是公众把自己的权利委托给自己可以信任的人去行使。"② 公共管理主体的权利来源于公众的授权。老百姓是讲实际的，他们只会把自己拥有的神圣权利委托给最有认同度和影响力的组织或个人去行使，而不会交给自己不信任、影响力很差的组织或个人。在现实社会中，执政党社会影响力、合法性与公众支持之间的逻辑关系是：执政党因为有一定的社会影响力，才获得了公众的信任与支持，公众的信任与支持产生了执政党的执政合法性，执政合法性使得执政党的执政地位更加巩固。很难想象一个人会支持与拥护他不信任的政党。执政党的社会影响力提升反过来又进一步扩大了执政党的执政合法性基础，拓展了执政合法性资源。农村基层党组织作为我们党在农村

---

① 〔美〕西摩·马丁·李普塞特：《政治人：政治的社会基础》，张绍宗译，上海世纪出版集团2011年版，第47页。

② 全华相：《论公信力与执政党建设》，载《探索》2006年第4期。

的代表，其社会影响力是我们党执政合法性的直接来源。加强其社会影响力建设有利于提升其在农村基层百姓中的信任度与认同度，充分发挥农村基层党组织的核心作用，增强党的执政合法性基础，丰富党的执政合法性资源，巩固党的执政地位。

（三）有利于维护农村的社会稳定，为我们党提供安稳有序的执政环境

构建和维护良好的政治秩序，实现社会和谐稳定是任何一个政党执政都梦寐以求的目标。因为没有良好的政治秩序和社会稳定，农村的和谐发展无从谈起。良好政治秩序是农村社会团结、和谐的前提，也是农村经济提升、文化发展、社会进步的基础与保障。良好政治秩序的形成有待于政治权威的牢固树立。政治权威的牢固树立一方面可以在政治领域形成较为合理的权威——服从关系，另一方面也可以有效消除威胁政治秩序的潜在冲突。在现代政党政治中，这两方面都与执政党社会影响力紧密相关。"农村基层党组织是农民认识和了解党的前沿'窗口'，是党的形象在农民心目中的直接体现。"[1] 农村基层党组织是我们党在农村基层百姓中的地位与影响得以实现的现实载体，农村基层党组织社会影响力的好坏决定着我们党在农村基层民众中的被认同度的高低。随着改革的不断深入推进，当前"我国农村既处于黄金发展期，又处于矛盾凸显期"[2]，日益显现的矛盾是否能够被妥善处理与解决事关农村社会稳定的大局。农村基层党组织是这些矛盾解决的根本与关键，农村基层党组织只有获得广大农村基层百姓的信任、认同与服从才能保证这些矛盾能够被妥善地解决。农村基层党组织社会影响力建设可以使其获得农村基层百姓的广泛信任、认同和服从，进而建立起农村基层党组织的牢固政治权威。农村基层党组织通过各种举措，不断提升自身社会影响力可以使农村基层的各种不满情绪得到消除，社会冲突得到缓和，社会冲突被保持在"秩序"之内。农村基层党组织建立了牢固的政治权威便具有强大的号召力和

---

[1] 陈宇宙：《农村基层党组织角色、功能定位及其实现途径》，载《长白学刊》2012年第2期。

[2] 朱正平：《新农村基层党组织的功能转换与实现路径探索》，载《湖北社会科学》2011年第12期。

凝聚力，能调动广大农村基层百姓对农村基层党组织的情感认可与拥护。当农村基层百姓对农村基层党组织拥有足够的信任时，即使我们党在农村社会治理中出现差池，农村基层百姓也会持宽容和原谅的态度，而不是落井下石。这将有利于党的各项方针政策能够被农村基层百姓自觉地接受并被更有效地执行。这就大大降低了我们党执政的现实风险与成本，有利于维护农村的社会稳定，为我们党提供安稳有序的执政环境。

二、农村基层党组织社会影响力建设的现实梗阻

农村基层党组织作为党在农村的组织基础，具有领导核心与战斗堡垒、发展现代农业带领农民致富、服务农民群众凝聚人心、维护农村稳定、促进社会和谐等应然性功能。这些应然性功能的实现需要农村基层党组织具有全面的执政能力，能够得到农村基层百姓的信任和拥护，拥有巨大的社会影响力。然而，诸多的现实因素导致目前农村基层党组织社会影响力弱化是个不争的事实。我们在推进农村基层党组织社会影响力建设中仍面临诸多现实难题，这与农村基层党组织应然性功能和社会影响力建设理想目标实现之间还有较大的差距。我们必须以开拓创新的精神，克服与解决各种现实梗阻，推动农村基层党组织社会影响力建设的新局面。

（一）农村主流意识形态建设的难题给农村基层党组织社会影响力建设带来不利影响

无论是社会主义革命和建设时期，还是改革开放的新时代，意识形态历来都是敌对势力与我们党开展激烈争夺的关键领域。农村是我国社会稳定发展的关键，农村意识形态建设更显重要、迫切。当前我国农村主流意识形态建设面临诸多难题，这给农村基层党组织社会影响力建设带来不利影响，严重影响我国农村基层党组织社会影响力建设的效果。主要表现在三个方面：一是农村基层党组织对意识形态建设的重视力度不足，导致主流意识形态引导说服难度加大。农村基层党组织既是农村各项事业的推进者，更是农村主流意识形态的建设者。然而由于在农村地区对主流意识形态建设的重视程度不够，导致我国农村的主流意识形态建设非常薄弱，使得农村主流意识形态

工作缺乏创新，不能贴近农村基层实际，加之在广大农村地区，小农经济仍然拥有很大的市场，经济上的分散导致人心分散，马克思主义意识形态的引导、说服难度越来越大。另外，随着网络技术的应用与普及，使得信息的传播更加迅速、便捷，也给农村群众表达意见、发泄不满提供了便捷的平台。这也挤压甚至替代了农村基层党组织的民意表达和利益表达的功能，大大加大了马克思主义意识形态对农村群众的引导、说服和整合难度，进而影响了农村群众对其的认可度和吸引力。二是宗教与封建迷信活动猖獗侵蚀主流意识形态的影响力。我国坚持宗教信仰自由政策，推动了我国宗教事业的健康发展。但在一些农村地区一些非法宗教组织、邪教组织往往打着合法的旗号开展违法宗教传播活动，蛊惑人心，与我们党争夺群众、争夺阵地。另外，封建迷信活动在农村地区又死灰复燃，出现了封建迷信活动公开化、规模化现象，这严重侵蚀了我们党的主流意识形态在农村地区的社会认同度和影响力。三是西方多元思潮传入引发主流意识形态分散化。改革开放的推进，在引进西方先进技术与管理理念的同时，也带来西方的新自由主义、民主社会主义、无政府主义等多元社会思潮。西方多元思潮的侵入使得农村主流意识形态的信仰比重减少，凝聚力和认同度下降。原本的社会主义意识形态优良传统被西方的拜金主义、享乐主义、极端个人主义所替代或影响，出现了逐步分散化的趋势。

（二）农村基层党组织自身建设不力给农村基层党组织社会影响力建设带来严重阻碍

农村基层党组织社会影响力建设的根本还是农村基层党组织自身。农村基层党组织社会影响力建设推进的广度与深度和其自身建设的效度成正相关关系。当前农村基层党组织自身存在的一系列问题严重阻滞了农村基层党组织社会影响力建设的推进。其突出的问题主要有：一是农村党员干部的能力与素质不能满足农村经济社会发展的要求。当前，农村基层党员干部的整体素质不高，突出表现为年龄老化、创新意识不强、能力弱化、先进性不突出，不能满足农村经济社会发展的现实要求。造成这一问题的主要原因一方面是农民对党组织的依赖性降低，入党动力不足，造成党员干部后备力量不足。另一方面是农村人口流动性增强，青壮年外出务工人数增多,加之一些农村基层党组织负责人为维护自己一己私利不愿意发展党员,导致农村党员青黄不接。二是农村基层党组织思想建设不到位。市场经济的强调物质利益给农村党员干部的思想观念带来很大冲击,出现了重经济轻党建、党员意识淡漠、理想信念动摇等不良现象,使得农村基层党组织呈现出弱化、虚化和边缘化倾向,导致广大农民群众对农村基层党组织的认同度降低,农村基层党组织社会影响力建设困难重重。三是农村基层党组织的组织建设滞后。农村基层党组织要有社会影响力,必须有凝聚力,这是前提。没有凝聚力就没有吸引力,更没有社会影响力。农村基层党组织要有凝聚力必须有一个坚强有力的党组织。然而目前的现实是社会发展带来的农村党员流动性比计划经济时代更大、更强,党员管理更加松散,流动党员在很多地方还无法过上正常的组织生活,甚至有些地方出现了"三不"党员和"口袋"党员,导致农村基层党组织组织涣散,凝聚力不强,这严重削弱了农村基层党组织的组织建设,致使农村基层党组织内部凝聚力不强,其现实功能无法有效实现,农村基层群众对农村基层党组织的信任感和认同度不高。四是农村基层党组织的制度建设亟待完善。邓小平同志曾明确指出:"领导制度、组织制度问题更带有根本性、全局性、稳定性和长期性。"① 因此,农村基层党组织制度建设相对于其他建设,更重要、更根本。当前农村基层党组织由于这样或那样的原因,导致其制度建设不完善,亟待加强。突出表现在基层党内民主制度建设不足和党群关系沟通协调机制不完善。基层党内民主制度建设的滞后,使得基层党内民主运转发生梗阻,导致农村基层党组织集体领导形同虚设,很多农村党员干部,特别是农村基层党组织负责人形成"大权独揽、专断专权、一言堂"的顽症,农村基层党员的民主权利得不到保障,农村基层党员对党组织的认同度下降,向心力降低。另外,当下党群关系沟通协调机制不畅通、不灵敏,往往会使党群关系出现的问题处理不及时,甚至呈现扩大化的不良趋势,导致党群关系进一步恶化,严重影响农村基层群众对党的信任,直接破坏农村基层党组织的社会影响力。

---

① 《邓小平文选》第2卷,人民出版社1994年版,第333页。

（三）党员干部腐败的危害性给农村基层党组织社会影响力建设造成极大破坏

从权力诞生那刻起，腐败就成为人类社会需要面对的现实问题。从一般意义上讲，腐败是指权力拥有者在异化观念支配下运用权力谋求私利的非法行为。腐败实质上就是以权谋私。在当代中国，腐败业已成为党、国家及社会各界高度关注的焦点问题，社会各界对腐败无不深恶痛绝。中国共产党自成立以来始终坚持反腐倡廉建设，特别是执政后更是积极推进反腐败斗争并取得巨大成绩。改革开放以来，随着社会体制的改革与发展，我们在取得中国特色社会主义建设巨大成就的同时，党员干部的腐败问题亦愈加突出，腐败呈蔓延态势。党的十八大以来，以党的纪律检察机关和公检法系统为主力对腐败采取零容忍态度，严查腐败，整顿作风并取得了良好的成效，但反腐败斗争形势仍然严峻。当前我国的腐败问题呈现出"数量迅速增加、涉案金额越来越大、职务越来越高、群体性腐败增多、腐败面扩大、小官大贪、顶风作案突出"等特点。原中央政治局常委、中央政法委书记周永康腐败案就是明显的一个例子。目前，基层农村腐败问题亦很突出，呈现出扩大化态势。随着社会主义新农村建设和城镇化推进，农村也成为改革的前沿阵地，国家对农村的扶持力度越来越大，大量资金、项目进入农村。在面对含金量日增的权力时，一些农村基层党员干部没有很好地把持住自己，成为权力异化者，沦为金钱的奴隶。他们往往通过"以权谋私、损公肥私、滥用职权谋取私利、弄虚作假骗取国家补偿、违规挪用侵占政府拨付的各类补贴、吃卡拿要"等方式实现自己的非法利益。腐败问题的顽固存在和滋生蔓延具有极大的社会危害性，它"是当下中国政治空气中最为严重的'污染源'"[①]，是中国现代化进程中的"政治之癌"，它不仅严重削弱党员干部对党组织的信任和认同，危害党内和谐，甚至直接危及党组织的稳定，而且还严重削弱党组织在广大人民群众中的威信，侵蚀党的执政合法性，严重危及党的执政地位。正如哈贝马斯所说，"任何一种政治系统，如果它不抓合法性，那么，它就不可能永久地保持住群众（对它所持有的）忠诚心，这也就是说，就无法永久地保持

---

① 张广辉：《政治信任的逻辑起点及战略选择》，载《理论导刊》2010年第1期。

住它的成员们紧紧地跟随它前进"①。农村基层党员干部腐败比中高级领导干部腐败在农村的危害性更为突出。因为他们的腐败就发生在农民群众身边，直接损害农民群众的切身利益，容易激化矛盾，引发农民集体或越级上访，甚至会引发群体性事件发生。这严重败坏了农村基层党组织的声誉，损害了农村基层党组织在农民群众中的形象，影响了广大农村群众对农村基层党组织的信任，给农村基层党组织社会影响力建设造成极大破坏。

（四）可支配资源的减少给农村基层党组织社会影响力建设带来巨大挑战

农村基层党组织社会影响力的功能赋予更多地来自于其掌握的权力。权力影响力是以拥有可支配资源为基础，以合法的强制为手段，以相应的社会规范为保障的社会支配能力。因此，拥有充裕的可支配资源是农村基层党组织社会影响力建设的基础。在计划经济时代，农村基层党组织控制着农村的管理权，掌握着农村的政治经济资源，在农村中拥有着绝对权威性和高效的社会动员能力，是农村的实际"执政者"。然而，随着改革开放和社会主义市场经济体制的逐步建立，农村社会的经济结构由过去的"一元"转变为"多元"，经济资源从集中向分散转变。随着农村个体经济的发展，集体经济发展受到很大影响，农村集体经济出现了"空壳"化，农村基层党组织掌握的资源越来越少。这一方面使得农村基层党组织掌握的可支配经济资源大幅减少，权力影响力因资源的减少而受到削弱，另一方面也使得农民对基层党组织的依赖性大大降低，农村基层党组织对农民在经济利益上的吸引力大大降低，致使凝聚力和动员力弱化，影响力大大减弱。

另外，20世纪80年代末期，随着《村民委员会组织法》的颁布与实施，农村村民自治成为我国基层民主政治建设的一个亮点和特色。村民自治的发展一方面大大提高了农民参与民主政治的积极性，另一方面也使农村党政关系由过去的一元权力结构转变为二元权力结构，农村出现了两个权力主体（农村基层党组织和村委会）。由于两个权力主体的权力来源不同（农村基层

---

① 〔德〕尤尔根·哈贝马斯：《重建历史唯物主义》，郭官义译，社会科学文献出版社2000年版，第264页。

党组织的权力来源主要是乡镇党委任命与党员推选,村委会的权力来源则是村民的授权),加之现行法律未能明确划分农村基层党组织领导权和村委会自治权的边界和范围,导致二者之间往往会产生矛盾和碰撞,在农村基层治理中关系紧张,矛盾与冲突不断。这一方面严重制约着农村经济社会发展的推进,另一方面使得农村群众对农村基层党组织的信任度减弱,权威性受到削弱,严重影响了农村基层党组织的社会影响力建设。

(五)农村民间组织的发展给农村基层党组织社会影响力建设带来全面冲击

随着改革开放的深入推进,伴随着现代化变迁而引发的社会转型,我国社会组织发展迅速,民间社会组织大量涌现。截至2014年年底,全国依法登记的社会组织达60多万个,其中社团30.7万个,基金会4044个,民办非企业单位28.9万多个。在农村也涌现出大量民间组织,主要有农村专业经济合作社、各类农村民办非企业单位和农民自发组织的团体等三大类型。"这些社团,无论在组织形式上,还是在主体上,或是在内容上,都是多样化的。有的是利益团体,有的是社会服务组织,有的目的是自律、自治和自助,有的则按照个人兴趣结合起来。"[①] 农村民间社会组织的兴起与发展,一方面给我们党和政府带来了机遇,另一方面也给农村基层党组织的社会影响力建设带来很大的冲击。随着农村民间社会组织的影响力越来越大,在一些地方的农村,民间社会组织甚至成为村务管理的主体力量,控制或影响了一部分农民群众。这就使得农民群众对农村基层党组织的依赖性大大降低,对农村基层党组织的社会认同度减弱。随着农村基层政权社会控制和权威性的减弱,使得一些宗教组织和怀有一定政治意图甚至具有黑社会性质的组织又重新出现并发展迅速,它们在农民中的话语权分量越来越重,它们严重分化了农民群众对基层党组织的吸引力、号召力和影响力。这些都给农村基层党组织社会影响力建设带来极大冲击,对农村基层党组织的权威性和影响力构成严重威胁。

---

① 王长江:《政党现代化论》,江苏人民出版社2004年版,第309页。

三、农村基层党组织社会影响力建设的逻辑进路

农村基层党组织社会影响力建设现实梗阻的破除,既需要中国共产党、国家和社会公众的空间关照,也需要农村主流意识形态建设加强、农村基层腐败治理、执政绩效提高、基层党组织建设力度提升、可支配性资源拓展的要素联动,走一条外在环境优化与自身建设加强紧密结合、联动发展,农村基层党组织与农村经济社会发展共存共荣的新路子。

(一) 以加强农村主流意识形态建设为先导

思想是行为的先导,意识形态是赢得民心的旗帜。社会主义主流意识形态是凝聚和激励全国各族人民实现中华民族伟大复兴"中国梦"的重要精神力量。要提升广大农民群众对党的信任与拥护必须首先加强农村主流意识形态建设,提高广大农民群众对社会主义主流意识形态的认同,夯实农村基层党组织社会影响力建设的思想文化基础。基本路径是:一是加强农村的思想政治教育,提升马克思主义的影响力,坚定农民群众的社会主义理想信念。当前农村宗教热、封建迷信流行,马克思主义在农村影响力下降,社会主义理想信念出现动摇的重要原因就是我们放松了对农民的思想政治教育。当前农民的思想政治教育基本上处于"三无"(无组织、无人负责、无活动)状态。对农民的思想政治教育是一项长期工作,一刻也不能放松。毛泽东同志说:"严重的问题是教育农民。"[1] 江泽民同志也曾明确指出:"越是搞现代化建设和改革开放,越是要重视对农民的教育。农村的思想阵地,社会主义思想不去占领,落后的、错误的思想就必然会去占领。这个问题务必引起各级党组织的严重注意。"[2] 因此,必须加强农村的思想政治教育,改变马克思主义在农村中的弱化地位,提升马克思主义在农民群众中的影响力,坚定农民群众的社会主义理想信念。当然对农民的思想政治教育不能为了教育而教育,

---

[1] 《毛泽东选集》第4卷,人民出版社1991年版,第1477页。
[2] 中共中央文献研究室编:《十三大以来重要文献选编》(中),人民出版社2011版,第546页。

为了理论而理论,必须避免生硬式灌输,采用灵活多样、潜移默化的方式,把思想政治教育与解决农民实际问题相结合,使农民坚定社会主义理想信念,自觉抵制腐朽、落后、错误思想的侵蚀。二是加强农村的精神文明建设,夯实文化自信的基础。农村的精神文明建设是建构文化自信的重要环节。农村精神文明建设既需要有科学丰富的内容建设,也要有形式多样的文化载体建设。因此,农村的精神文明建设必须以马克思主义为指导,以"社会主义核心价值观、以爱国主义为核心的民族精神和以改革创新为核心的时代精神"为基本内容,倡导文明新道德、新风尚,满足农村群众的多样化精神需求。同时,也要结合农村农民实际,采用农民乐于接受、喜闻乐见、形式多样的载体与形式,如电影电视、农村文化大院、农村文化体育活动等。农村精神文明建设好了,自然可以铲除农民对宗教、封建迷信等非主流意识形态寄托的思想根源,农民自然会远离错误思想观念,自觉转向主流意识形态,不断增强广大农民群众的精神力量。三是做好宗教的引领工作。"尽管宗教也是一种唯心主义有神论思想,但它与封建迷信却有着显著的区别。"① 因此,我们在严厉打击封建迷信、邪教的同时,必须加强对宗教的正确引导,最大限度地减少宗教的消极影响,使其与社会主义相适应并为社会主义服务。四是加强农村理论宣传队伍建设。主流意识形态建设的推进需要一支熟悉农村农民特点的高素质理论宣传队伍。这支队伍除了来自于高校、党校、讲师团等部门的专业讲师以外,也可以聘请在农民中享有很高威望的宗族长辈、道德模范及村干部为宣讲员,通过对他们进行相应的社会主义理论教育培训,发挥他们在理论宣传方面的优势与积极作用,为主流意识形态建设服务。

(二) 以推进农村基层腐败治理为切入点

腐败,尤其是农村基层腐败是农村广大群众关注的热点问题。农村基层腐败严重影响着农民对农村基层党组织的信任度,极易产生"塔西佗陷阱",导致农村基层党组织社会影响力受损,党在农村基层的执政合法性遭到削弱,危及党的执政根基。因此,必须加强对农村基层腐败的治理。习近平在中纪

---

① 程伟:《我国农村主流意识形态建设面临的问题及其对策》,载《河南社会科学》2012 年第 8 期。

委十八届六中全会上明确指出："推动全面从严治党向基层延伸，加大对农村基层腐败的查处与惩罚力度。"加强农村基层腐败治理必须从以下三个方面着手：一是坚持思想道德教育与人文关怀相结合，解决农村党员干部的后顾之忧。一方面必须加强对农村党员干部的思想道德教育，使农村党员干部坚定社会主义理想信念，进而使之树立正确的世界观、人生观、价值观和权力观，真正做到"权为民所用，利为民所谋"。在庆祝中国共产党成立95周年大会上，习近平指出："理想信念动摇是最危险的动摇，理想信念滑坡是最危险的滑坡。一个政党的衰落，往往从理想信念的丧失或缺失开始。我们党是否坚强有力，既要看全党在理想信念上是否坚定不移，更要看每一位党员在理想信念上是否坚定不移。"① 因此，对广大农村党员干部的思想道德教育尤其是理想信念教育一刻也不能放松，必须长期不懈地坚持。另一方面也要重视对农村党员干部的人文关怀，要从农村党员干部的工作和生活实际出发，建立起较为合理的薪酬机制，解决他们的后顾之忧，使之可以有充沛的精力投入社会主义新农村建设的工作中去。二是要加强廉政文化建设，营造良好社会氛围。廉政文化建设要以社会主义核心价值观和核心价值体系为统领，以继承传统优秀廉政文化和借鉴世界优秀廉政文化成果为基础，以创新和丰富廉政文化载体为依托，实现内容和形式的有机结合。三是构建党员群众共同参与的反腐系统。党员群众共同参与的反腐系统包括反腐制度体系和民主监督体系。党员群众共同参与的反腐系统可以提高农村党务公开，让农村基层党组织的权力在阳光下运作，可以充分调动农村基层党员群众的反腐积极性，加大对农村基层党组织权力的监督与制约，提升农村基层反腐的广泛性与有效性，使农村基层腐败无处遁形，曝光在"阳光"之下。

（三）以加强农村基层党组织建设为核心

农村基层党组织的社会影响力如何取决于其自身建设的状况。农村基层党组织作为我们党在农村的代表，其理应具有"推动发展、服务群众、凝聚人心、促进社会和谐"等功能。农村基层党组织能否把应然性功能赋予转化

---

① 习近平：《在庆祝中国共产党成立95周年大会上的讲话》，载《人民日报》2016年7月2日。

为实然状态关系着其是否能够得到广大农民群众的认可与支持。农村基层党组织具有强大凝聚力与战斗力是实现这一转化的基础与前提。因此，必须加强农村基层党组织建设，不断提升其凝聚力、战斗力与社会影响力。加强农村基层党组织建设是提高其在农民群众中社会影响力的重要内容。其基本路径是：一是建立科学化的教育培训长效机制，提升党员个体的影响力。党员个体影响力是农村基层党组织社会影响力建设的重要组成部分。个体党员的模范形象可以带动、辐射和影响周围农民群众，通过模范典型的方式增强农村基层党组织对农民群众的吸引力和向心力。建立科学化的教育培训长效机制，把农村基层党员教育纳入我们党的整体教育系统，运用灵活多样的教育培训方式，实现农村基层党员教育培训的长效化、规范化和制度化。二是加强农村基层党组织的组织建设，提升其组织影响力。首先要创新党员发展机制，严格党员发展程序，把农民中的优秀分子吸纳到农村基层党组织中来，着力解决"党员老化、党员家族化、党员派系化"难题。如山东利津县的"三步公推"法就是很好的探索。其次要加强农村基层党组织的班子建设，尤其是要选好党组织一把手，让"创新精神强、能力素质优、有奉献精神"的优秀人才成为农村基层党组织的一把手人选。再次要完善和创新农村基层党组织设置模式。改变原有的行政村限制，推动农村党组织跨区域、跨行业设置，形成"党组织跟着党员走，党组织渗透进民间社会组织中"的良好局面，不断增强农村基层党组织的社会影响力。三是要加强农村基层党组织制度建设。通过不断加强农村基层党组织相关制度建设，构建起农村基层党组织的组织、民主、考核、监督、党群关系沟通协调等立体化制度体系，推动农村基层党组织的健康发展，提升其在农民群众中的信任感和认同度，扩大其社会影响力。

（四）以提高农村基层党组织的执政绩效为关键

社会影响力本质上还是"人心向背"问题。执政党的社会影响力建设就是赢得民心，赢得人民群众的认同。社会影响力不是一种固态，而是随着时间和条件的变化而变化。执政绩效是赢得民心的关键因素。所谓执政绩效就是执政党执政的有效性，是执政党在执政过程中通过有效活动给政治经济文化和社会发展带来的符合其内在规律并能满足民众各种需要的实际效果。在现代社会，不断提高执政党的执政绩效是执政党社会影响力建设的根本途径。执政绩效和执政党社会影响力之间存在着互相促进的逻辑关系：执政绩效越好，执政党社会影响力越强；执政党社会影响力越强，执政党的相关政策就可以得到很好的落实，执政成本大大降低，执政绩效越好。农村基层党组织作为党在农村的代表，其社会影响力建设的关键就在于不断提高执政绩效，获得广大农民群众的认同。农村基层党组织执政绩效提高的基本路径有：一是重视经济社会发展，妥善解决农村民生问题。在现实生活中，农民对农村基层党组织的认同往往是从自身利益出发。因此，农村基层党组织必须坚持科学发展观，重视并推动农村经济社会的可持续发展，密切关注农民利益特别是经济利益，通过经济发展来解决农村存在的突出民生问题，让农民共享改革发展的实际成果。二是推动民主法治建设，实现科学执政。民主执政、依法执政、科学执政是农村基层党组织获得法理型权威的有效途径。在现代社会，只有法理型权威是维护社会稳定，实现长期执政的最可靠权威形式。只有民主法治才能保证农民有效参与农村社会治理，才能推动科学执政的实现，才能提高执政绩效，才能增强农村基层党组织的社会影响力。三是不断提升执政能力。拥有强大的执政能力是农村基层党组织获得最佳执政绩效的基础与前提。因此，农村基层党组织要有发展经济改善民生的能力、发展基层民主政治的能力、维持基层社会稳定的能力。四是构建科学社会利益整合机制。在当前农村"社会利益主体多元化、利益格局多样化、利益关系复杂化"的现实背景下，必须构建科学社会利益整合机制，正确协调公平与效率的关系，实现对农村各利益主体的有效协调与整合，实现社会公平，进而减少利益冲突，凝聚农村各方力量营造一个健康、和谐、稳定的社会氛围。

（五）以拓展可支配性资源为保障

可支配性资源是执政党执政的物质条件，是提升执政党社会影响力的关键因素。农村基层党组织的功能实现与其所占有的可支配性资源成正相关关系。也就是说，农村基层党组织拥有可支配资源的多寡与其社会影响力大小有着直接的关系。因此，通过多种方式、途径不断拓展可支配资源，为农村基层党组织社会影响力建设提供坚实的现实保障。农村基层党组织可支配性资源拓展的主要路径：一是大力发展农村集体经济，提高农村基层党组织的财政收入。农村基层党组织必须始终坚持以经济发展为中心,把大力发展农村经济作为关键性问题来抓,尤其要大力发展农村集体经济,增加农村基层党组织的资源配置量,保证其有充足的经济实力推进农村的公共事业发展,满足农村广大群众的生产、生活需要,进而提高农村基层党组织的社会影响力。二是协调处理好农村基层党组织与村民自治组织的关系,巩固农村基层党组织的领导核心地位。当前农村巩固农村基层党组织的领导核心地位最为重要的是要理顺"村级两委"的关系,避免二元权力主体"越权、争权"。因此,必须完善相关的法律法规,对农村权力资源进行科学合理的配置,合理划分"村级两委"的权力边界,明确"村级两委"的各自职责,保证农村基层党组织的政治权威。

此文载于《探索》2016年第5期

创新党员发展机制，助推农村基层党组织功能的实现[*]

——以山东省利津县"三步公推"为例

魏宪朝　刘子平

摘　要：农村基层党组织的功能实现有利于巩固党的执政基础、推进农村基层党组织建设、维护农村社会稳定与促进社会和谐。目前存在的农村基层党员干部的思想观念偏差、党员干部队伍的能力与素质欠缺、集体经济"空壳化"、农村基层党组织建设滞后等因素制约着农村基层党组织的功能实现。解决问题的关键在于首先从源头上把好党员发展的"质量关"，创新党员发展机制，提升党员素质。山东省利津县以"三步公推"法创新党员发展机制，对保持农村基层党组织的活力、充分发挥基层党组织的功能具有重要意义。

农村基层党组织在推动发展、服务群众、凝聚人心、社会治理、规范秩序、调节利益冲突、解决民生问题等方面的功能实现效果，最终取决于其组织"细胞"——党员个体的素质和能力的高低。创新党员发展机制，从源头

---

[*] 基金项目：山东省社会科学规划研究项目"农村基层党组织功能实现的问题分析与对策研究"（14CZZJ03），项目负责人：魏宪朝。国家社会科学基金项目"中国共产党社会整合史论"（13BDJ015），项目负责人：刘子平。山东省高校人文社科研究项目"基层党建科学化：现实问题与对策方略"（J13WA13），项目负责人：刘子平。

魏宪朝（1961— ），男，博士，聊城大学马克思主义学院党总支书记、教授、硕士生导师。刘子平（1979— ），男，博士，副教授、硕士生导师。

上把好党员发展的"质量关",充分发挥党员作用,是保障农村基层党组织充满活力及其功能实现的关键。

一、农村基层党组织功能实现的重要性

政党功能是政党作为政治组织在公共生活中理应承担的角色与职责。农村基层党组织作为党的组织体系的"末梢",其功能自然是政党功能在农村基层社会的延伸。无论从政党政治的角度还是从执政党执政规律的角度来看,农村基层党组织功能实现都具有极其重要的意义。

(一) 有利于巩固党的执政基础

党的十八大报告指出:"创新基层党建工作,夯实党执政的组织基础。党的基层组织是团结带领群众贯彻党的理论和路线方针政策、落实党的任务的战斗堡垒。"[①] 党的十八大以来,习近平总书记围绕"三农"问题,无论是在调研走访期间还是在重要会议上都发表过一系列重要讲话。2015 年 12 月,他在对做好"三农"工作的重要指示中,再次强调该项工作对于中国未来发展全局的重要战略意义。可以说,落实"四个全面"战略布局,基础在农村,难点也在农村。农村基层党组织作为党在农村基层的代表,其功能实现程度决定着农村社会的发展速度和质量如何、决定着党在农村社会的执政地位是否稳固。农村基层党组织功能实现的客体是农民群众,他们是最"接地气"的群体,更倾向于从切身体验和现实利益得失中去检验、评判我们党的路线、方针和政策,从基层党员干部的实际作为中去认知执政党的作风和形象。只有充分发挥农村基层党组织的功能,使农村基层党组织成为农村经济发展的领路者、农村基层利益的整合者、农村基层服务的实践者,真正做到"急民之所急、忧民之所忧、干民之所需",才能真正得到农村群众的支持与拥护,才能增强农村基层党组织的凝聚力与向心力,巩固党的执政基础。

---

① 胡锦涛:《坚定不移沿着中国特色社会主义道路前进 为推动全面建成小康社会而奋斗》,人民出版社 2012 年版,第 53 页。

（二）有利于推进农村基层党组织建设

农村基层党组织功能实现与农村基层党组织建设之间存在着相互推进的现实逻辑。随着我国全面深化改革的不断推进，农村经济社会已呈现出多元化发展趋势，这就给基层党组织功能实现提出了新的要求和挑战。一方面农村基层党组织功能实现客观地要求有一个坚强有力的基层党组织作为依托载体。农村基层党组织功能实现的主体是农村基层全体党员和基层党组织自身。没有高素质的农村党员队伍和坚强有力的基层党组织，其功能实现便失去了现实载体。而高素质的党员队伍和坚强有力的党组织必然要求推进农村基层党组织建设，保持党组织的内在活力，确保功能的充分履行。另一方面，加强农村基层党组织建设也必然会进一步推进农村基层党组织功能实现。因为农村基层党组织功能定位标示着农村基层党组织的价值取向，这是得到农村基层群众认可与支持的前提，也是吸引更多的农村基层优秀分子加入基层党组织内，使基层党组织充满生机与活力，进而推动农村基层党组织功能实现的根本所在。

（三）有利于维护农村社会稳定，促进社会和谐

我国是一个农业大国，农民人数占了人口的绝大多数，农村社会稳定与否关系着和谐社会构建的成功与否。"维护农村稳定，促进社会和谐，是农村基层党组织必须长期坚持的政治任务和政治责任。"① 农村基层党组织作为我们党扎根于农村社会的政治组织，其权力来源于基层群众的授权与委托，因此其理应成为农村"和谐共同体"的主导者和构建者。和谐的农村社会秩序构建离不开农村基层党组织整合协调功能的发挥。只有农村基层党组织充分发挥自身的整合协调功能，充当农村矛盾的化解者、农村分歧的整合者、农民利益的协调者，才能避免农村各种利益主体的利益摩擦与冲突，实现农村社会稳定，促进社会和谐发展。反之，如果农村基层党组织无视自己的这种功能，对农村冲突视而不见，不但会使自身受到损害，更会威胁农村社会稳

---

① 陈宇宙：《农村基层党组织角色、功能定位及其实现途径》，载《长白学刊》2012年第2期。

定，影响和谐社会的构建进程。

二、党员干部素质对农村基层党组织功能实现的影响

不可否认，从现实来看，农村基层党组织的应然性功能赋予与实然状态之间仍存在一定差距，在一些地方还相当突出。这种现象的产生是多种因素合力的结果。笔者以为，在诸多因素中，农村基层党员干部队伍的整体性和个体性素质仍然偏低，是一个值得高度关注的突出因素，直接影响着农村基层党组织的功能实现效果。

（一）部分农村党员干部的观念偏差制约着对党组织功能的准确认知

思想是行为的先导，只有有了正确的思想认识才有自觉、正确的行动。当前在农村基层党员干部存在的一些错误思想观念制约着对党组织功能的准确认知，进而对农村基层党组织的功能实现产生了消极影响。主要表现为：一是重经济轻党建思想严重，不能正确处理农村经济发展与党的建设关系。在这种思想支配下，导致农村党员干部往往把注意力放在农村经济发展上，在推进农村基层党建工作方面，精力投入不够，办法不多，严重影响了农村基层党组织的功能建设，不利于农村基层党组织功能实现。二是管理思维惯性突出，缺乏服务意识。随着社会的发展与市场经济体制的确立，人的身份也由过去的单位人转变为社会人，农村基层党组织的服务功能愈加凸显。随之而来的作为农村基层党组织运转主体的党员干部思维也应从传统的管理思维转变为服务思维。但目前农村部分党员干部存在的服务意识不足，习惯于搞包办代替、行政命令，导致农村群众对党员干部认为的"奉献"并不买账，导致农村基层党组织的功能不能很好地得到实现。

（二）部分农村党员干部的能力与素质不能满足农村基层党组织的功能需求

农村基层党员干部是农村基层党组织功能实现的主体性力量。农村基层党员干部的能力与素质是影响农村基层党组织功能实现的关键性因素。目前

农村基层党员干部的整体能力与素质偏低，这与农村基层党组织的功能定位之间存在较大的差距，不能满足农村基层党组织功能实现的主体素质和能力需求。一是在政治素质上，部分农村党员干部存在着"淡化政治"的错误倾向，出现了讲经济、讲效益多，讲政治、讲正气少的不良风气。一些农村党员干部往往不读书、不关心政治，没有政治方向，缺乏组织纪律性。有些农村党组织负责人不重视党员发展以及党的教育活动，党员对组织活动的理解、参与、拥护程度不断降低。这就使得农村基层党组织的政治领导功能无从体现，更谈不上实现了。二是在工作能力上，部分农村党员干部特别是农村基层党组织的主要负责人存在着知识老化、经验老化、管理老化的现实问题，导致其组织领导方式比较落后、工作方式方法单一、服务能力弱化、带头致富和带领群众致富的本领不强，不能适应农村基层组织建设新形势的要求。三是作风素质上，部分农村基层党员干部的领导作风与农村基层群众的现实期望与要求之间还存在较大差距。部分农村党员干部存在着"四风"问题，出现了贪污、权钱交易等腐败问题，这严重破坏了党在农村基层群众心中的形象，制约着农村基层党组织的功能实现。四是在民主素质上，一些农村党员干部的民主意识和能力偏弱，致使基层民主政治建设进程缓慢，党内民主不能引领带动基层社会民主的发展，甚至出现滞后的状况。调节党内关系，维持党内秩序是党内民主的主要功能之一。"党内生活是严肃的政治生活，党内关系是严格的组织关系，绝不能混同于一般性的社会生活和人际关系。"[①]有的地方基层党组织运行的民主质量不高，导致内部矛盾较大，一个重要原因就在于部分党员干部运用庸俗化的拉帮结派方式来处理党内关系，进而影响了农村社会关系，恶化了基层政治生态。

（三）部分农村党员干部的工作方式和方法不能适应基层社会治理的新要求

党的十八届三中全会提出国家治理体系和治理能力现代化的宏大课题，就基层社会治理而论，体现为党组织、村民自治组织、经济组织、社会组织

---

① 邹庆国：《探析党内关系异化的圈子文化之源》，载《北京行政学院学报》2015年第5期。

等不同主体的共同参与和多元互动。党组织作为基层治理的领导核心,能否适应由传统管理向现代治理的模式转型,不仅涉及体制机制的变革,亦有工作方式方法的创新问题。其一,一些党组织离开了权力方式便不会发挥领导功能。在计划经济、党政合一的社会背景下,农村基层党组织处于人、财、物等资源的主导性支配地位,是农村集体经济的实际掌握者与支配者。正是由于拥有雄厚的物质基础,农村基层党组织在农村社会中具有绝对权威性和非常有效的政治动员能力,其功能能够得到良好实现。随着社会主义市场经济体制的建立,在农村改革及政策变化中,农村集体经济出现了"空壳"化,农村基层党组织所掌握的资源愈来愈少,一些村级组织失去了赖以发挥权力作用的物质基础支撑,便不会发挥领导和服务功能,未能充分发挥思想和组织优势,致使凝聚力和动员力弱化。其二,一些党员干部不善于依靠法治思维和法治方式推进基层治理。法治是党治国理政的基本方式。"从法治国家建设的空间布局来看,处于社会'末梢'的基层往往是抵制法治的传统力量最顽强的区域,是法治建设难点最为集中的区域。"因为"基层社会在形态上更接近于'熟人社会''人情社会',对法治社会的挤压更为明显,突破法律底线的现象更为频繁。"① 在此情境下,农村党员干部的法治意识和法治能力的强弱,就成为解决问题的关键因素。基层治理实践中"没有强拆就没有新中国""决策无罪"等荒谬言论,折射出权力缺失底线约束时的疯狂,也反映出提升农村党员干部法治能力的重要性和紧迫性。

在这样的背景之下,农村基层党组织自身的角色只有进行转换,才能有利于村级党组织核心作用的发挥。首先,农村基层党组织应主动加强其自身建设,创新工作机制,真正使农村基层党组织成为带领广大群众全面建成小康社会、实现共同富裕的坚强领导集体,不断提升基层党建整体水平,发挥党员主体作用和先锋模范作用,从而推动农村经济社会持续发展。第二,农村基层党组织应在动员和组织生产并以组织的名义办理农村基层公共事务和公益事业的过程中,通过领导和支持"村民自治",引导村民对村务进行民主决策,实现由"为民做主"向"由民做主"、由"单位人"向"社会人"的角色转换。第三,农村基层党组织应向群众提供优质的服务来获取群众的真

---

① 邹庆国:《党领导依法治国的推进路向与制度构建》,载《新视野》2015年第2期。

心支持和拥护。为此，村级党组织应建立起以农村社会关怀和利益协调为轴心的功能结构，有意识地通过对群众提供精神关怀、政治关怀和生活关怀去拓展社会空间，巩固和扩大群众基础。

三、创新党员发展机制，助推农村基层党组织功能的实现：以利津县"三步公推"法为例

针对农村基层党组织功能实现遇到的挑战，山东省利津县通过实施村集体经济收入"破壳"工程①、开展"争当创业先锋"活动、创建"新型农民学校"②等，创新农村党员发展工作机制和管理方式，在推动农村基层党组织功能实现等方面进行了有益的探索。

（一）利津县创新党员发展工作机制的动因

党员发展是党的建设中一项重要的、经常性的工作，同时也是提高党的建设科学化水平、永葆党的青春与活力的根本保障。但是，如何把最优秀的分子吸收到党内来？面对新形势、新任务，解决党员发展质量问题、创新党员发展工作机制已经迫在眉睫，势在必行。

长期以来，农村党员发展工作把关不严、质量不高等问题十分突出，严重影响了党员队伍的整体素质。

---

① 中共利津县委确立了"一二三四"的总体工作思路，即：明确一个定位，站在事关党在农村执政基础的战略高度来认识增加村集体收入的重要意义；树立两种意识，责任意识和紧迫意识；抓好三个统筹，统筹做好农村基层组织建设、村级事务规范管理和新型农民学校创建工作；拓宽四个渠道，村级自身挖潜、下派帮扶、新型城镇化建设和构建新型农业经营体系等增收渠道。实现了土地开发增收、资产运营增收、产业化经营增收、社会化服务增收、招商引资增收。目前，全县512个村均已确定了具体增收的新路子，基本上消灭了集体经济"空壳村"，做到了"集体有收入，服务有本钱"。

② 为全面提升农民群众的创业致富能力，打造一支农村党员干部带头致富本领、提高服务农村群众水平的生力军，中共利津县在东营市委、市政府的号召下成立了校务委员会办公室，并按照"成熟一个、验收一个、命名一个"的原则和"一班一档、现场立档"的要求，创建了没有围墙的"新型农民学校"，从而为农村集体经济的发展和农村基层党组织建设储备了一批优秀人才。

这主要表现在以下三个方面：一是党员老龄化。有的村党支部书记害怕发展新党员冲了自己的位子，长期以各种理由不发展党员，造成党员队伍整体年龄结构不合理，老龄化现象日益严重，农村党员队伍缺乏活力，农村干部后继乏人。据统计，山东省利津县农村党员 10522 人，50 岁以上党员 5875 人，占到 56%。其中，50—59 岁的 2354 人，占 22.4%；60—69 岁的 2333 人，占 22.1%；70 岁以上的 1188 人，占 11.3%。从年轻党员情况来看，40 岁以下党员 2085 人，占 20%。其中，30 岁以下的 897 人，占 9%，比 70 岁以上党员总数还低 2 个百分点，且有 192 人是外地转入的学生和退伍军人。二是党员家族化。农村党员家族化是党员发展"近亲繁殖"的畸形产物，严重削弱了党在农村中的威信，影响了党群干群关系，危害极大。从利津县的情况来看，农村党员中与村党支部书记有直系血亲、三代以内旁系血亲以及近姻亲关系的亲属有 641 人，占 6%；有支部书记党员亲属的村 304 个，占 59%；有 39 个村的支部书记党员亲属占本村党员总数的 20% 以上，其中有 11 个村比例超过 30%；有 1 个村 9 名党员中有 6 名是村党支部书记亲属，比例超过 66%。党员"家族化"发展使支部大会成了"家庭会议"，从而导致了决策事项不公开、不公正、不公平，进而也就得不到群众的认可和支持，有的甚至出现家族与群众争利的极端现象。三是党员派系化。个别党员为了一己之私，搞团团伙伙、拉帮结派，严重违反了党的组织原则和工作纪律，形成了歪风邪气。特别是在农村党支部换届之时，派系之间争权夺利、相互拆台，干扰换届，影响极坏，严重破坏了农村的和谐稳定。以上这些问题的存在，都极大程度地影响了党在人民群众心目中的形象和威望，危及党在农村的执政基础。

农村发展党员工作存在的问题既有其长期以来积存下来的历史根源，也有其新形势下的现实因素。

一是存在党员发展中"少数人发展少数人"的工作机制。在革命年代，我们党是"地下党"，为保守秘密，必须采取"少数人发展少数人"的办法来发展党员、壮大队伍，这是当时的历史条件所决定的。但在新形势下，特别是在"地下党"成为"执政党"的情况下，"少数人发展少数人"的党员发展机制在"利益优先"的时风之下，也为少数人拉帮结派提供了条件（利津县委常委、组织部长张和森如是说）。特别是在农村，个别党支部书记为了培植亲信、保住位子，"唯亲"地发展党员，"优者无门可入"，党员质量下降，从而破坏了党组织的形象。二是缺少全过程具体细化可操作的顶层设计。随着形势的发展，党员发展工作也出现了一些新情况、新问题，如异地发展党员、非公有制企业中发展党员等，缺少具体可操作的办法和标准，存在着无法可依的现象，为发展党员工作留有"后门"和隐患。个别农村党员干部"暗箱操作""唯亲"发展，使"投机者"有机可乘。三是工作中存在落实不到位的现实问题。有些地方对党员发展工作机制进行了有益的探索，但在具体的操作中往往流于形式，要求不严、督导不力。甚至对申请人的群众基础、入党动机等考察不细、把关不严，从而导致了发展党员的质量不高。

为此，山东省利津县采取了"三步公推、民主择优"的工作新机制和管理方式，从源头上把好党员发展的"质量关"。

（二）利津县党员发展工作新机制

利津县"三步公推、民主择优"的工作新机制，即：通过"培训考试＋陈述推荐＋组织考察"的办法，在严格程序、发扬民主的基础上，对入党申请人进行综合考量，择优确定入党积极分子。

第一步，培训考试，严格把好思想认识关。在宣传引导、下发通知，做到家喻户晓的基础上，通过举办党的基本知识培训班，申请人自愿向村党支部递交入党申请书；培训结束一周后，全县统一组织入党申请人党的基本知识考试；考试结束后，成绩单以书面形式反馈到各党支部，并在各村公开栏张贴，所有参加考试的入党申请人全部进入下一个环节。

这一环节抓住了发展党员"源头"这个关键，创新工作思路，实行"关口"前移，对有意愿入党的群众集中进行党的基本知识培训，提高党性认识，自愿递交入党申请书。为确保真正优秀的人员都能够纳入入党积极分子队伍，考试成绩只占总分的20%，提交入党申请书的，全部进入下一个环节的综合考察。

第二步，陈述推荐，严格把好群众基础关。以村党支部为单位召开全体党员和群众代表参加的陈述推荐大会；大会由乡镇（街道）工作人员主持，邀请"两代表一委员"、村务监督委员会成员到会监督，并现场抽取并电话联系10名群众代表参会；会上入党申请人陈述个人基本情况、入党动机、现实表现和今后打算等，参会党员、群众代表进行无记名投票，现场唱票计票，按照（同意票数/参会人数）×100计算入党申请人陈述推荐环节得分。

此环节得分占总分的60%，比重较大，目的是让文化考试分低的、但又综合素质较高的、群众满意度高又有能力的人员得到发展的机会。

这一环节广泛吸收群众参与，整个过程在"阳光"下操作，充分体现了群众意愿，注重群众公认，确保了发展党员工作的透明度和公信力，从而得到了广大党员群众的普遍认可和全社会的广泛认同。

第三步，组织考察，严格把好综合素质关。各乡镇（街道）党（工）委成立考察组，对入党申请人进行全面考察。考察组主要通过三种方式：一是随机走访群众。按照总户数10%的比例抽取群众，最多抽取20户，主要考察申请人有关邻里关系、家庭和睦、孝敬父母等方面情况。二是面对面交流。进一步了解其入党动机和综合表现。三是征求执法执纪部门意见。主要通过书面形式征求公安、计生、信访、综合治理等部门意见，并实行一票否决。组织考察环节计分方法：同意人数/走访群众人数×100。

这一环节注重了党委把关的作用，考察组通过随机走访群众、面对面交流和征求执法执纪部门意见等，全面考察入党申请人的综合素质、入党动机等，更加准确地了解入党申请人的真实情况，从而避免了"唯分唯票取人"以及"人情票""利益票"的干扰，倡树了正气。

以上三个环节按照各占20%、60%、20%的比例计算最终得分，并参照上年度乡镇（街道）党（工）委发展党员的数量由高分到低分确定入党积极分子。入党申请人的综合成绩单及确定入党积极分子的情况报县委组织部审查后，公示7个工作日。公示期满无异议的，被确定为入党积极分子，纳入全县入党积极分子工作台账。

据统计，2013年，全县农村收到入党申请书2140份，参加党的知识培训3559人次，参加考试2942人次，在支部大会上进行陈述1671人次，共确定农村入党积极分子275名。

（三）利津县创新党员发展工作成效明显

利津县采取"三步公推、民主择优"确定入党积极分子的做法，充分体现了党在群众中的影响力和号召力。对解决发展党员中存在的根本问题、扩大基层组织民主和提高发展党员质量具有重要的启示意义。它不仅为农村党员发展开启了一扇公开、公平、公正的大门，极大地调动了群众向党组织靠拢的积极性，而且在党员群众中引起了强烈反响，取得了明显成效。

一是扩大了基层民主，提升了发展党员工作的群众认可度。整个过程下来，涉及的群众户数超过了80%，这不仅充分保障了群众的参与面，而且极大地调动了群众的积极性。新办法的实施，从根本上提高了广大群众对党员发展工作的认可度。二是创新了党员发展工作机制，解决了党员发展中的"少数人发展少数人"、支部书记"一言堂""暗箱操作"的现实问题，从而保证了党员发展的质量。整个过程公开透明，党委统一领导，党员群众全程参与，从而实现了党委把关、群众评判，创新了确定入党积极分子"关口前移"的工作机制，从而在源头上保证了党员发展的质量。三是扩大了入党积极分子队伍，把一批优秀人员吸纳到入党积极分子的队伍中来，为新农村建设储备了一批优秀的后备干部，为农村党组织增添了活力。据统计，在2013年确定的275名入党积极分子中，35岁以下人员比例提高了52个百分点，且女性比例提高了16个百分点，高中以上学历人员比例提高了41个百分点，致富能手提高了24个百分点。农村党员结构不断优化，整体素质明显提升。

目前，中共利津县为进一步提高党组织的凝聚力和战斗力，全面提升党员素质，发挥党员模范先锋作用，促进党群关系和谐，正在加速整顿、科学管理党员队伍，选派农村党建指导员，实施重选配、强储备的人才战略，建立了"严格党员发展程序、监督、培训、主题党日和老党员关爱制度"，通过开展"争当创业先锋"活动，对党员群众进行社会主义核心价值观的教育和引导，并通过参观全县党性教育基地（党史国史展厅）、新型农民学校培训和党员助学基金募集、发放等活动，为农村基层党组织的功能实现和农村经济社会的发展夯实基础。

四、结语

农村基层党组织的先进性，不仅表现在党员发展、开展党的活动上，更重要地体现在推动经济社会发展上。农村基层党组织只有不断地加强组织建设、注重自身功能的实现、坚持对农村经济工作的领导，才能巩固其在农村的执政基础。为此，农村基层党组织要善于把组织资源与农村经济资源对接起来，善于在农村经济制度与经济组织的变迁中推动经济的稳步发展，使农村基层党组织成为农村发展的优秀人才储备库和集聚地。同时，还要善于鼓励农村党员带头学习技术和经营管理知识，带头闯市场，成为致富能手，使党员在推动农村经济发展中发挥先锋模范带头作用，在创新和整合农村集体经济组织和社会组织中实现其功能。山东省利津县采取"创新农村党员发展"、"创建新型农民学校"和"村级集体经济收入'破壳'工程"等三大措施，"三位一体"加强农村基层党组织建设工作，全面提高广大农村群众的综合素质，构建新型农业经营和管理体系，扩大了民主，壮大了集体经济，赢得了民心，探索出了一条新路子，对于新形势下保持党的先进性和纯洁性，进一步夯实党在农村的执政基础具有重要的理论和实践意义。

此文载于《探索》2016年第1期

中国政治

人大代表参与社区治理的角色误区与归位

孟宪艮*

摘　要：人大代表参与社区治理工作机制的形成，为人大代表在闭会期间加强与选民的沟通联系创建了良好的履职平台。但由于人大代表在闭会期间的角色开放性以及相关规范的缺位，使其在参与社区事务过程中具有较大的行为选择空间，因此，各利益相关的行动者都试图依据自身的利益偏好，凭借各自的资源影响代表的履职行为。其结果往往导致人大代表的角色扮演偏离规范角色的基本价值取向。因此，需要规范人大代表参与社区治理的工作机制，改善人大代表的履职激励机制以使代表角色回归本位。

一、问题的提出

人大代表是人民代表大会的主体，代表人民参与行使国家权力，其角色职能主要是通过在人大会议与闭会期间的履职活动来实现的。随着国家不断推进法治建设以及公民政治参与意识的增长，对人大代表的角色担当与参政能力的要求也越来越高。然而，对于代表在闭会期间的履职行为而言，缺乏履职积极性与合适的履职平台是长期以来困扰各级人大组织的一个难题。近年来，随着社区逐渐取代传统的单位制成为居民的主要生活空间，社区治理

---

* 孟宪艮（1978— ），男，山东聊城人，聊城大学政治与公共管理学院副教授，山东省中国特色社会主义理论体系研究中心研究员。研究方向为人大制度与地方治理。

问题日益凸显。对此,许多地方通过建立人大代表联络社区工作站等形式,搭建起党委、政府、人大与社区之间的信息沟通桥梁,从而使参与社区治理活动成为人大代表在闭会期间履职的新渠道。对于这种工作机制的创新,研究者给予了高度评价,认为其优势在于加强人大代表与选民之间的联系,形成有序的政治参与,便于与政府的沟通,促进了居民的利益表达从对峙抗争到参与治理、从参与治理到合法性建构的转变。① 党的十八届三中全会提出了"推进国家治理体系和治理能力现代化"的政治发展目标,意味着国家治理模式从侧重行政主导到注重多元共治的结构转型,作为一种地方基层治理创新,人大代表参与社区治理工作机制旨在通过发挥人大代表的角色职能作用,为基层治理注入民主动力,也能够使其在参与社区事务中提高自身的参政能力,更好地促进角色实现。因此这种制度创新符合中国政治体制改革的发展趋势。

然而,伴随着人大代表参与社区事务的日益增多,新的问题也随之出现。通过对各地人大代表参与社区治理所承担的职能以及履职情况的观察,则会发现有些人大代表参与社区治理的行为虽然在表面上或形式上看是以人大代表的身份活动,但实质上却超出了代表的角色范畴。如有来自企业的人大代表给社区添置空调、办公家具改善社区工作条件②,来自医学界的人大代表为社区居民免费义诊。③ 此类直接借助代表从事个人职业所掌握的资源为社区居民服务的行为以各种不同的形式出现,并且作为彰显人大代表积极履职的表现在媒体上进行报道。然而,从规范的意义上看,此类行为是否符合人大代表的角色颇值得商榷。目前,学界对人大代表履职的研究多是对其"不作为"的关注,侧重于分析制约代表履职的体制因素和构建相应的激励机制,但对人大代表如何"作为"却缺乏足够的分析,从代表角色的规范来看,并不是所有为选民服务或者为社区谋利益的行为都属于代表职务范畴。那么,在人

---

① 邹树彬、张旭光:《权益性参与的理性运作——对"月亮湾人大代表工作站"实践的考察》,载《深圳大学学报》2008 年第 6 期,第 79 页。

② 《人大代表进社区,解决居民大问题来源》,延边新闻网,2013 - 11 - 7. http://www.ybnews.cn/news/local/201311/200066.html。

③ 《人大代表为社区居民送健康》,大同新闻网,2015 - 4 - 23. http://www.dt.gov.cn/zwgk/bmdt/201504/39781.html。

大代表参与社会治理的活动中，哪些是符合角色行为的，哪些已经超出了角色范围，对于人大代表的角色塑造会产生何种影响？现有的研究尚未有明确的分析，因此有必要从理论上加以澄清，以免引起角色错位与角色混淆，从而影响社会对人大代表的角色期待。

二、人大代表参与社区治理的角色误区

阿尔蒙德认为：「政治结构的基本单位就是个人角色。一个角色就是一种规则化的行为模式，它是通过人们自己的和他人的期望和行动而建立起来的。」① 角色一词本是来源于戏剧中演员行为的脚本，20世纪30年代，社会心理学家认为这个概念有助于分析人类行为，将其引入社会学领域用以分析人类行为。在社会学的意义上，角色的含义是与某一特殊位置有关联的行为模式。角色指出了个人在社会中的地位，角色也是人们对个人在社会中所处位置的行为的期待。② 由此可见，规范意义上的人大代表角色扮演主要是在由我国宪法和相关法律的制度空间发生的，因此相关的法律框架构成了代表角色的脚本。根据宪法和法律的规定，人大代表的规范角色是人民意志的代表者，是国家权力机关的组成人员。从相关法律对人大代表闭会期间的履职要求来看，主要是从事调查和视察活动以及接待人民群众来信来访。可见作为民意代表的角色在闭会期间更为突出。③ 这一角色对人大代表在闭会期间的最基本的要求是，积极收集民众诉求，并将具有共同性的问题，形成议案。从政治学的意义上看是实现从吸纳和整合民众的利益诉求，转换加工成政治议题的政治过程。但问题在于，人大代表的角色行为并不完全在制度空间的真

---

① 〔美〕加布里埃尔·A. 阿尔蒙德、小G. 宝厄姆·鲍威尔：《比较政治学：体系、过程和政策》，曹沛霖等译，上海译文出版社1987年版。
② 丁水木：《略论社会学的角色理论及其实践意义》，载《上海大学学报》1987年第3期，第49页。
③ 根据《中华人民共和国全国人民代表大会和地方各级人民代表大会代表法》第23条规定："县级以上的各级人民代表大会代表根据安排，围绕经济社会发展和关系人民群众切身利益、社会普遍关注的重大问题，开展专题调研。"第30条规定："乡、民族乡、镇的人民代表大会代表在本级人民代表大会闭会期间，根据统一安排，开展调研等活动；组成代表小组，分工联系选民，反映人民群众的意见和要求。"

空中运行，人大代表的履职行为往往受到现实政治环境的制约、政治文化的影响以及人大代表自身对角色的理解，从而在实际行动中不断改变着规范的人大代表角色，甚至使其偏离了角色的基本价值取向。

从目前人大代表参与社区治理所承担的主要职能来看，主要集中在以下几个方面：一是作为民意代表承担沟通选民与政治机构之间的桥梁作用。主要体现为集中和整合社区居民的利益诉求，并将其输入政治系统中，及时制定和调整政策，回应民众诉求。同时，也承担着向社区居民宣传和解释相关法律和政策的任务。二是调解社区利益矛盾，促进社会和谐。矛盾调解既涉及地方政府在推进某项工作中与涉及社区利益的社区居民所产生的矛盾，也涉及社区居民之间在社区公共空间中所形成的矛盾。三是融入社会综合治理体系，成为社会综合治理的组成人员。其活动的主要内容是治安、普法宣传以及保护环境卫生等。四是困难帮扶作用。活动的主要内容是改善居委会办公条件，走访困难家庭，给予一定的物质救济，资助困难大学生等。客观上说，这些职能对促进社区的稳定与改善社区环境具有积极的意义，但如果从代表角色的规范意义上来看，人大代表为完成上述职能所具体承担的许多任务和行为其实已经超出了人大代表角色范围，在这些超越角色的行为中，有不少行为虽然在客观上对改善社区环境，解决社区居民的实际困难有一定帮助，却并不是在履行其所应扮演的民意代表角色职能。

首先是人大代表作为民意代表的角色与政府管理职能相混淆所导致的角色错位。在人大代表参与社区治理的机制运作中，由于制度的生成主要是基于政府在社区治理中的实际需要，在组织实施具体活动时，往往通过人大常委会的组织动员，安排人大代表承担政府所要推进的工作任务，这使得人大代表参与社区事务时具有较强的地方政府代理人的角色特征。例如在调解政府与社区居民所形成的矛盾时，为了贯彻组织意图，过于偏重于政府的立场，过多地宣传和解释当地政府的决策合理性与正当性。此外，从现有地方人大代表参与社区事务的职能看，还有不少人大代表承担着与代表职责不相关事务的现象。诸如组织人大代表参与治安巡逻、鼓励招商引资等。这些行为实际上是地方政府为了缓解治理能力的缺陷或者节省行政成本的考虑，从而将人大代表纳入行政体制中，充实政府管理力量。从事这些职能不利于人大代表形成角色认知与角色认同，也容易误导代表的工作性质，从而形成代表的角色错位问题。

其次是人大代表角色与代表个人从事的职业角色之间的角色错位。这方面最突出的问题是把利用个人从事职业所掌握的资源或技能给选民带来利益与通过人大代表角色行为服务选民相混淆。从法理上讲，为选民服务是人大代表应尽的义务，但人大代表为选民服务的内容和方式未必都符合代表角色。从宪法和代表法对代表在闭会期间履职行为的相关规定来看，虽然具有较强的原则性，但其基本的价值取向是非常明显的，即通过深入选区进行充分调研，以更全面和准确地反映民意。参与社区治理事务本可以为人大代表提供良好的履职渠道，但我国的人大代表多为兼职，且来自不同的界别，时间和精力上的不足使代表无暇专注于在闭会期间的调研与民意收集工作，因此如何处理好代表个人所从事的职业工作与代表工作之间的关系一直是困扰人大代表履职的结构性因素。有些代表为了响应人大常委会对代表所提出的加强与选民联系的要求，同时也是彰显自己作为人大代表的责任，往往会利用所从事职业工作的便利或自身所拥有的资源为社区提供技术服务或给予物质支持。这些行为在表面上看似是在为社区居民服务，但这种借助代表所从事的个人本职工作身份直接为社区输送利益的行为与代表应当具有的基本属性之间并不存在必然的联系，换句话说，这些行为如果不具有人大代表的身份一样可以做到，实质上仅仅是代表个人职业角色在人大履职平台上的延续。因为这些行为更多的依赖代表个体所掌握的权力资源优势，而不是真正体现人大代表作为民意代表所应从事的行为，显然已经超出了人大代表的角色范畴。

代表这些资源投入虽然不会对社区利益造成损害，但会影响到选民对代表的评价，导致选民改变对人大代表的角色期待，甚至误导代表的履职行为。人大代表的政治权利虽然是通过会议期间向大会提交议案以及在会议上投票表决实现的，但要想真正有效地行使好这些权利，则需要代表对所投票的议案或决定具有准确的判断，而只有代表在闭会期间进行认真细致的调研工作，才能对选民的利益诉求以及公共事务的矛盾焦点形成科学的判断，从而使自己的投票具有意义，有助于解决长期困扰选民的问题，提高地方治理能力。但这些工作并不容易被选民所了解和感知，人大代表干得好不好，作为选民很少知情。而对于许多本职工作繁忙的代表而言，由于无暇顾及在这方面的履职活动。因此有些代表为了弥补这方面工作的缺失，则通过自身所能支配的资源为社区输送利益的方式以彰显起作为人大代表的责任。而且这种方式由于可以直接给社区居民带来利益，因此颇能获得政府和选民的好感。但其最大的问题就在于这种行为方式可能会改变社区居民对代表的角色期待，从而影响到代表在闭会期间履职价值取向。

三、人大代表角色错位的形成原因

造成人大代表角色错位的原因主要来自在其参与治理过程中，融入地方政府、社区居民以及人大代表自身的利益需求，并以各自所依赖的资源影响或改变着人大代表规范角色的实现。在制度结构与制度主体能动性关系的研究中，一个较为显著的问题就是当一种制度的规则与制度的主体以及受制度影响的利益相关者的利益要求存在一定差异时，各方面的行动者往往会选择采用在表面上看似符合或接近规则的行为方式达到实现自身利益诉求的目的。"即既能在行动的边界上不违反形式上的合理性，又能实现自己主观策略性的介入，从而造成一种形式上的名实相符和实际上名实分离的结果。"① 在人大代表参与社区治理的过程中，地方政府、社区居民对代表的角色扮演均存在不同的利益需要，而且受人大代表身份结构与行为习惯的影响，使代表角色的履职行为偏离制度的价值取向，无法实现规范的角色扮演。

（一）地方政府对人大代表角色的影响

从制度生成的视角来看，人大代表参与社区治理工作机制的最初形成是由于地方党政机关应对社区居民利益矛盾时所进行的改革性尝试。作为制度的主要推动者，地方政府对人大代表参与社区治理的期待是能够发挥人大代表作用，以缓解政府与社区居民的关系，增强对话与互信，从而提高社区治理能力，改善社区治理状况。该工作机制的有效性实际上取决于地方政府基于缓解治理压力的利益需求与人大代表作为民意代表角色之间具有较高的契

---

① 翟学伟：《个人地位：一个概念及其分析框架》，载《中国社会学科学》1999年第4期，第147页。

合性。客观地说，地方政府的利益偏好与人大代表的角色在多数情况下是可以协调的，而且通过这种工作机制，代表有了深度参与社区事务的机会，十分有助于代表在协调政府和社区居民的利益矛盾中提高履职能力。在早期形成的人大代表参与社区治理模式主要是基于这种矛盾调解的压力。例如浙江温岭的人大代表接访室、深圳月亮湾的社区工作站的形成都有如此特征。随着该工作机制运作成功的经验得到国家层面的认可与推广，尤其是党的十八大报告中明确提出完善代表联系群众制度以及加强人大代表联络机构建设之后，各地人大常委会先后在基层建立代表联络机构。但问题在于，对于一些社会矛盾尚未对地方政府形成足够的治理压力，或者政府依靠原有的政治运作方式尚能够应付社会治理的情况下，在推行该制度时就难免带有与代表角色不同的利益偏好。

由于工作任务的委托主要来自地方政府，而且在地方党政一元化领导的体制下，地方党政机构拥有更加便捷的制度渠道和有效的组织体系影响人大代表的价值立场从而实现需求的转换。根据邱家军的研究，我国人大代表的选举通过党的政治领导和组织建构组成了一个以执政党为核心，以人大机关、政府部门以及其他国家机关为外围组织，共同铸造的多重政治实体参与其中的选举组织体系。这种组织体系的建构，使得代表机关受到多重政治实体的委托并因而构成了一个多重代理机构，人大代表也就是一种"多重代理"的角色集。[①] 而在多重代理关系中，党委和政府的政治委托占据着重要的位置，这种"多重代理人"的身份使得人大代表在参与社区事务的矛盾调解中往往偏离其作为民意代表的角色。在实践中，正是这种地方政府的利益需要与人大代表角色之间的契合与冲突，容易造成代表的角色错位。一方面地方政府对人大代表参与社区事务的要求尽量以人大代表为选民服务的立场为依据，从而使其具有合法性，而另一方面又融入自身的利益偏好，从而使代表参与社区事务的活动具有双重特征，从表面上难以辨认超出代表角色范畴的行为。

[①] 邱家军：《人大代表选举中政治把关权的运行维度》，载《复旦政治学评论》2008年第11期，第120页。

（二）人大代表自身的角色冲突

代表角色的错位与人大代表自身的角色混淆也有着较大的关系。在我国的人大代表结构中，一个较为明显的特征是官员和企事业单位领导身份人大代表的比例过高，对此学界多有论证，在此不再赘述。① 前述通过为社区事务提供物质资源或者借助权力能够快速解决社区居民困难的主要是来自这些具有特定身份的人大代表。而其具备这样的能力主要是因为其作为行政或企业领导者身份所掌握的政治和经济资源，虽然人大代表的身份是促使他们积极参与社区事务以及为社区提供资源的重要动力，但如果不借助自己原有职务所掌握的资源，则难以实施这些行为。而且对于许多身居党政或企事业单位要职的代表而言，要想实现规范意义上的民意代表角色，需要经常到选区走访，深入了解民意诉求。但自身工作的繁忙又使其无暇顾及这些耗费时间和精力的调研活动。为了缓解角色冲突，只能通过这些占用时间少，又能引起社会关注的行为以彰显自己作为人大代表的角色体现。因而发生在此类代表身上的角色行为的错位并不仅仅是对代表角色理解不足的问题，而是没有产生实质性的角色转换，仍然以一个行政官员的角色意识来履行作为一个人大代表的职能。

另一方面，从人大代表参与社区治理效果的角度来看，人大代表的官员身份势必会影响人大代表参与社区事务中的信任建构与角色期待，不利于代表角色的塑造，也难以维系制度运行的可持续发展。在人大代表参与社区治理的活动中，尤其是在处理地方政府和社区居民之间的矛盾协调方面，正是由于人大代表作为选民利益代表的政治身份比政府官员更能贴近群众，才容易与群众建立信任关系。同时，相对于普通公民而言，人大代表也具有更便捷的渠道实现与政治机构的有效沟通。这正是该制度具有创新价值的意义之所在。如果人大代表多是作为政界官员或商界精英，那么就势必会影响其在参与社区事务中的角色扮演。

首先官员的身份背景难以让群众有身份认同感，难以建立相互间的信任

---

① 孔繁军：《代表去官化：人大制度权力制约机制的内在要求》，载《理论与改革》2010年第6期，第129页。

关系，使得其在利益协调中的立场往往会受到民众对代表角色的质疑。因而在矛盾调解中很难获得话语优势。难以消解群众的对立情绪，不利于矛盾的调解。其次，许多人大代表属于组织安排的"戴帽代表"，虽然这一群体具有较高的参政能力以及政治影响力，但由于对社区事务很少参与和深入的了解，在调解矛盾处理方面更是乏善可陈。再次，由于代表自身作为官僚系统中的成员，也不利于与政府的沟通。尤其是在面对更加强势的政府意志的时候，作为官僚体系中的成员，缺乏和上级平等协商的地位。这样一来则容易造成社区群众对人大代表的不信任，从而影响到这一工作机制的可持续发展能力。

（三）社区居民对人大代表的角色期望

在人大代表参与社区治理的过程中，社区居民也是影响人大代表角色扮演的重要利益主体。随着人大代表工作站以及工作机制的建立，使得社区居民有了更为便捷的表达利益诉求渠道，同时也给人大代表了解社情民意提供了良好的平台。但对于部分社区居民而言，往往出于自身利益的考量，希望人大代表能够像行政官员一样能够尽快解决自己的困难和要求，而这种期望与人大代表的角色是不对称的。

作为民意代表，代表角色的核心是代表性。这一角色对代表履职的要求是通过对零散的民众利益需求进行整合，转换为具有公共性价值的政治议题，进而影响地方的决策或通过与政府的沟通使问题得到解决。而在社区居民所提出的利益诉求中并非全部都涉及社区公共利益，甚至有些还不合法，但却都希望人大代表能够为其解决。而且希望人大代表能够做出迅速的承诺。可见社区居民这种基于个体现实利益而对人大代表的角色期待也与人大代表的规范角色扮演存在差异。如前所述，人大代表在参与社区事务中的任务和职能主要是听取民意诉求，而能否解决这些现实问题则主要取决于在人大会议期间对代表所提出议案进行审议和投票表决的结果。由于来自各选区的人大代表对议案所涉及的公共议题的立场和理解不同，因此许多议案可能会被搁置，甚至难以通过，因此在社区事务中，人大代表不可能向社区居民做出打保票式的承诺。

随着现代法治国家建设的逐步完善，政府运作会越来越重视法律程序，在防止政府越权的同时，也需要公众增加对法律程序的尊重。例如某项建议可能因为没有被列入年度预算，或者超出了本级政府的权限，就需要等待法律程序的通过。然而政治文化具有弥散性，发生在政治精英层面的问题，普通公民也同样存在。由于长久以来法治的缺乏，经常出现违背程序办事的现象，使得居民对办事效率的期待高于法律程序的信仰。因此社区居民对人大代表的角色期待往往会形成落差，加上有些官员代表可以利用自身资源，迅速解决问题，这更加容易使居民偏离对人大代表的角色期待。例如有些社区居民为了尽快解决自身某个方面的困难，通过频繁"找"与"靠"的方式施加压力，这不仅使代表疲于应付，还会使代表陷于两难的角色困境。

四、关于人大代表角色归位的思考

人大代表参与社区治理是提高代表在闭会期间履职能力的重要工作机制创新，对于代表了解社区民情民意、提高参政能力以及改善地方治理水平都具有重要的意义。但如果人大代表不能够在参与社区事务的工作中实现自身的角色职能，势必会影响到社区居民对人大代表的角色期待以及该工作机制的可持续发展能力。因此，能否确保人大代表在参与社区事务中的角色实现极为关键。笔者认为可以从以下几个方面实现代表的角色归位。

一是要增强人大代表参与社区治理的制度化与规范化。人大代表参与社区治理作为改善人大代表在闭会期间履职形式的制度创新，多数都是基于地方治理的实际需求，因此各地人大常委会对代表在参与社区事务中的要求存在较大的差异。从《代表法》的相关规定来看，针对代表闭会期间履职行为的内容只是做出了原则性的界定。这主要是因为如果将代表为选民服务的行为过于具体，将不利于人大代表的履职能动性，也不利于法律的周延性。然而，正是由于代表在闭会期间履职活动具有较大自由选择的空间，从而使地方政府可以在人大代表参与社区事务活动中根据自身的利益偏好影响和重塑代表角色。在各地实践中形成的诸多人大代表参与社区治理工作机制中，主要是以各种形式的代表联络机构作为载体，较为典型的是"人大代表工作站"模式。虽然相关法律对地方人大常委会在街道设立工作机构与相关职能做出了规定，但并未对代表工作站的法律地位与工作机制做出具体的部署。从各地的实践状况来看也是参差不齐，运行效果的好坏与地方党政领导的重视程度存在较大的关系。要想改变这种状况，需要以人大工作站的工作机制为依托，规范人大代表在参与社区治理中的履职活动，特别是需要明确代表行为的范围和边界，从而引导和规范代表的履职行为，防止代表角色职能的越位。

二是要改善人大代表组织提名考察机制。改善组织提名机制的主要目的在于增强代表与选民之间的沟通与联系，增强人大代表的选民意识。由于我国人大代表选举的竞争性不高，一般情况下获得党团组织提名的候选人都能得到成功的当选，因此人大代表提名就成为最为关键的阶段。要想加强人大代表作为民意代表的性质，就必须在这一阶段对代表的政治态度与参政能力进行慎重的考察与挑选，对于提名什么样的人才作为人大代表候选人应当有明确的标准。从代表的应然角色来看，对代表的提名必须充分考虑代表的政治素质、履职意愿、履职能力以及群众口碑。而现有的提名过多关注了代表的结构性和象征性。此外，在提名机制中高度贯彻组织意图，确保党组织推荐的候选人成为选举委员会高度重视的事项，在选举过程中，不提倡候选人以个人的名义与选民建立联系，这就往往使人大代表与选民之间的关系渐行渐远。因此需要改善人大代表的候选人提名机制，特别是党内人大代表候选人的推荐选拔机制。应当加强对候选人履职意愿的考察，事先做好充分的沟通，在推荐成为候选人之前，组织部门应对代表的履职意愿进行充分的沟通，其次要对其与选民的沟通能力与参政议政能力进行充分的考察。基层党组织需善于发现具备良好的群众基础以及政治参与能力的非领导职务的党员或社会精英，并动员或推荐其成为人大代表的候选人。

三是需要改善对人大代表履职的激励机制。人大代表参与社区治理这种形式为人大代表在闭会期间的履职搭建了一个良好的平台，但能否充分利用好这个平台实现代表角色则取决于作为人大代表的履职积极性。如果人大代表只是消极地到场应付人大常委会交付的任务，则难以建立与社区居民之间的信任关系，同时也会影响社区居民对这一工作机制的信心和参与，从而使该工作机制流于形式。对此，各级人大常委会也在积极构建相应的激励机制加强代表的履职绩效，例如建立代表履职档案、宣传积极履职的代表范例等。这些激励机制对于代表履职起到了一定的效果，但笔者认为要想实现对代表参与社区治理中履行角色职能的激励，最好的方式是利用执政党的政治录用功能，从代表履职中发现优秀的人大代表加以任用提拔。人大代表通过履职活动，不仅可以了解到基层的民意诉求，而且可以增进对中国政治体系运作的认知，获得大量提高自身政治素质的机会。各级党组织完全可以通过人大代表参与社区治理中的具体履职活动的考察，发现真正具有为人民服务的政治意识，良好的政治沟通协调能力以及较大发展潜力的人大代表，将其提拔到相应的党政机关岗位上，进一步培养或加以重用。这必将对人大代表提高履职积极性起到非常重要的激励作用，从而激活人大代表的履职动力而积极参与到社区事务之中，使该工作机制获得长久的运转动力。

结论

缺乏合适的履职平台与履职形式一直是影响人大代表在闭会期间实现角色职能的重要制约因素。根据我国宪法和相关法律的规定，代表在闭会期间的活动主要以参加代表小组的活动为主，而在实践中，代表小组的召集和活动的开展都受到各种条件的制约，从而限制了代表在闭会期间的角色实现。通过人大代表参与社区治理的形式，以人大代表工作站为载体，使人大代表融入社区事务中，不仅加强了与选民之间的联系，而且提高了自身的参政能力，具有较高的制度创新价值。但在实践过程中，由于各利益相关的行动者对该工作机制存在不同的利益需求，因而会在工作机制的设计和运作中通过各自的资源影响着人大代表角色的发挥，甚至改变了角色的基本价值取向，从而使人大代表在参与社区事务中容易产生角色误区，也不利于该工作机制的可持续发展。因此需要通过对人大代表工作站的工作制度进行规范，对代表服务选民的行为进行引导，同时还需要改革现有人大代表的提名机制和激励机制，使真正具有代表意识和参政能力的优秀人才在社区治理中发挥作用，从而保障人大代表参与社区治理工作机制的长效运作。

此文载于《探索》2016 年第 4 期

我国少数民族干部选用标准的实践误区及规避原则

于学强*

摘　要： 文章认为在少数民族干部选用实践工作中，存在着将少数民族干部与汉族干部选用标准同一化、将对于少数民族干部的比例照顾原则绝对化、将少数民族干部解决自身民族问题教条化、将少数民族干部选用标准政策规定务虚化的误区。作者提出健全少数民族干部选用标准应着眼于人事相适，保障事业的发展与人才自身素养的提升，要坚持针对性、科学性和操作性三条基本原则。

一、少数民族干部选用标准的实践误区

（一）将少数民族干部与汉族干部选用标准同一化

一般意义上讲，少数民族干部主要是针对干部的民族身份而言的，广义也指少数民族聚居区的干部。在少数民族干部选用标准与汉族干部选用标准方面有其特殊性：第一，少数民族聚居区改革开放较晚、经济社会发展相对滞后、少数民族干部有自身的文化背景和风俗习惯，客观上要求少数民族干部更应具备改革开放意识和发展经济能力。第二，多民族地区的发展与稳定

---

* 于学强（1973— ），男，山东茌平人，聊城大学政治与公共管理学院教授，研究生导师，聊城市社科院经济与社会发展"智囊库"特邀研究员，研究方向为中共党史。

关系密切，要求少数民族干部必须树立发展经济是首要任务的观念，正确认识发展与稳定的辩证关系。第三，西方敌对势力把分裂、颠覆社会主义中国的重点放在民族问题上，少数民族领导干部必须深刻认识民族团结的重要性，要有强烈的爱国意识。第四，多民族区域发展关键要靠科技与人才，少数民族干部必须有浓厚的科技意识和人才意识。第五，少数民族聚居区封闭保守，要求领导干部强化竞争意识，提高风险意识。另外，少数民族干部还要具备一些特定的知识，如了解少数民族传统文化和历史，掌握本民族语言和文字，准确地掌握党的民族宗教政策等。除了不能将少数民族干部与汉族干部选用标准同一化之外，还要注重多民族地区汉族干部也不能完全按照其他非多民族地区的汉族干部对待，而应从稳定多民族地区汉族干部队伍出发，解决他们的待遇问题。从现在的情况看，一方面，因东部地区优厚的工作、生活条件的吸引力，使一些汉族干部，特别是具有中高级职称的专业技术人才和具有突出才干的党政干部，千方百计往东部发达地区调动；另一方面，极少数工作能力强、业务精、具有领导才能的汉族干部长期不被任用而背上了思想包袱，产生了失落感，最终放弃了在多民族地区工作。

（二）将对于少数民族干部的比例照顾原则绝对化

1981年，中共中央提出在培养少数民族干部方面，要使每个民族自治地方逐步做到少数民族干部的构成与当地民族人口的比例大体相当。鉴于此，我国民族自治地方和民族事务部门在招考公务员时可以采取下列有限竞争的做法：其一，尽量使同一民族在同一岗位竞争考试时适当降低少数民族参试人员试卷的难度，减少题量，并适当控制少数民族干部的比例；其二，在不分民族的试卷中，对少数民族考生适当加分照顾，贯彻"同一尺度、适当照顾"原则；其三，规定报考少数民族的录取比例，在少数民族竞争者中择优录取。在日常干部选调配备方面，不少地方存在不同程度的对"无、知、少、女"（无党派人士、知识分子、少数民族、妇女）干部的照顾，甚至不少地方将其作为硬指标固定下来。"当前，全国少数民族干部人才总量进一步增加，已有约300万人。截至2011年年底，全国少数民族党政干部占全国党政干部的比例已高于少数民族人口占全国总人口的比例，全国市、县两级党政领导班子中配备少数民族干部的班子比例都呈上升趋势。"① 少数民族干部的增多一方面反映了党和国家对少数民族干部的关注,地方在贯彻少数民族干部政策方面有硬性规定;另一方面也反映了一些地方在贯彻少数民族干部政策时的指标化、绝对化现象。从发展的视角看,我们选用少数民族干部是落实少数民族权利,更是为了推进少数民族自身的发展。新中国成立以来,大量援边援疆的汉族干部为边疆多民族地区的发展做出了巨大贡献。所以,在多民族区域选用汉族干部与适当照顾原则并不矛盾。随着经济社会发展,一些少数民族干部除了民族身份与汉族不同之外,在其他方面与汉族基本相同,在这种情况下如果再予以特殊对待,将照顾原则绝对化则很难说是明智之举。这种做法从某种意义上理解是对汉族干部的不公平和对少数民族干部的歧视(因为照顾一般是针对弱势群体),所以,在少数民族干部选用实践中要坚持照顾原则,也要坚持干部选用标准的普遍性。

(三) 将少数民族干部解决自身民族问题教条化

党和政府重视选用少数民族干部是基于如下认识:其一,少数民族为国家和社会发展做出了贡献,社会的发展离不开少数民族;其二,少数民族有独特的文化背景和历史传统,少数民族干部更了解自身、更便于处理自身内部事务。但是,如果将多民族地区的发展完全寄托在少数民族干部身上则有失偏颇。如程守艳指出的,在干部选用方面过于崇尚民族化标准,则难以规避"干部民族化"的悖论:一个民主制度的实施却导致"反"民主和不公平的结果——从微观视角看,"干部民族化"运行环节中的利益干扰扭曲了制度的运作模式和少数民族干部的行为逻辑,而族群认同却成为实现特权可资利用的政治资本;从中观视角看,制度设计上的固有缺陷,如族别限制及党政结构内的体制弊端,导致"干部民族化"这一制度安排不能实现其价值预设,有悖于最基本的民主要求;从宏观视角看,我国传统政治文化中公民意识的缺失形成了一些与"干部民族化"这一正式规则不兼容的非正式规则,草根

---

① 许鑫:《我们致力于少数民族干部的培养》,载《中国民族》2012 年第 8 期。

民众的非理性影响了"干部民族化"的实际运作效果。① 从我们党的民族干部政策来看,除了强调少数民族干部要照顾和保持适当比例外,还应强调汉族与少数民族"两个离不开"的思想,在选用少数民族干部过程中将汉族干部的选用同时考虑,防止将选用少数民族干部教条化,克服干部选用方面的地方民族主义倾向。多民族地区要热忱欢迎汉族干部前来传经送宝、积极要求党和政府适当配备德才兼备的汉族干部以支持多民族地区的发展。党的各级组织要注意调动和保护汉族干部的积极性,帮助他们解决一些实际困难。各族干部之间,要继续发扬互相尊重、取长补短、共同进步的良好风气。

(四)将少数民族干部选用标准政策规定务虚化

少数民族干部选用标准需要政策规定,但是不能以政策来落实政策、以文件来落实文件,政策的落实离不开制度的完善与工作机制的推动。目前,少数民族干部选用政策的落实主要缺失两大机制:其一是切合少数民族干部实际的选拔任用机制。主要包括选举与选拔两个方面,也内含了干部正常的淘汰问题。在少数民族干部选举或选拔方面,没有根据少数民族干部的情况细化符合其身份和区域实际的选用标准,选用标准的规定与汉族干部及非多民族区域一致,对于少数民族干部的德才规定务虚化;应改进和完善选用方式,将选举与选拔结合、选用与淘汰结合,拓宽培养选拔少数民族干部的渠道和途径,确保少数民族干部能上能下。其二是切合少数民族干部实际的考核机制。落实少数民族干部选用标准应当建立和完善少数民族干部的考核机制,坚持通过实践检验人才,坚持从品德、知识、能力等方面综合考察少数民族干部,着重考察其在重大政治问题上的原则性;对多民族地区的干部还要注重考察其在少数民族群众中的威信和影响力,在改变少数民族聚居区落后面貌、改善少数民族群众生活方面所做的努力和成绩。正如少数民族干部选用标准需要务实化、具体化一样,少数民族干部考核标准也需要务实化。为此,还需要加强少数民族干部选用科学化的落实能力和有效制度的执行力,定期研究少数民族干部培养选拔工作制度、少数民族干部选拔任用部

---

① 程守艳:《民族自治地方"干部民族化"运作中的"三重张力"分析》,载《领导科学》2012年第32期。

门工作协调机制和监督检查机制,等等。我国少数民族干部大都在条件比较艰苦的地方工作,工作中面临的困难很多,党和国家要切实解决他们工作和生活中的困难,尤其要为他们提供学习和发展的机会,为他们升迁晋升提供条件。

二、规避少数民族干部选用标准认识误区的原则

(一)针对性原则

其一,少数民族干部选用标准必须针对其成长规律。从长远来看,推进少数民族干部选用标准科学化既离不开经济社会可持续发展的物质支撑,也离不开党和国家法律规范的政策支撑。具体要求为:一要加快多民族地区经济社会发展步伐,努力提高少数民族群众的生活水平,为少数民族干部的成长提供充足、持续的物质条件;二要继续加大党的少数民族干部政策的宣传力度,进一步探索、健全少数民族干部的工作机制,从依靠领导重视转变为依法加强少数民族干部队伍的建设工作;三要大力发展少数民族聚居区的教育事业,努力提高教育质量,提高少数民族群众的文化素质,增加少数民族人口受高等教育的比重,为少数民族干部的成长奠定较好的基础。从当前来看,推进少数民族干部选用标准科学化既要澄清少数民族干部选用方面的理论误区,也要规避少数民族干部选用方面的实践误区。具体要求为:一要解决少数民族干部选用标准的理论认识问题,这既要促使各级党委和政府提高认识、切实加强对少数民族干部队伍建设工作的领导,又要各级民族事务工作部门认真贯彻党的民族干部政策,当好各级党委和政府的参谋和助手,加强与有关部门的协调和沟通,解决目前存在的有些多民族地区少数民族干部数量偏少、比例偏低、干部人事制度改革工作与民族干部政策衔接不好等问题。二要解决少数民族干部选用标准的实践保证问题,"一方面注重在实践中,特别是地方和基层一线实践中,培养、锻炼和提高少数民族干部,切实加强少数民族优秀年轻干部的培养选拔工作;另一方面要继续有计划、分层次组织安排少数民族干部到党校、行政学院、干部学院、民族干部院校进行培训,不断提高政治素质和业务能力,增强抓好发展这个第一要务、履行好

维护稳定这个第一责任的本领"①。

其二，少数民族干部选用标准必须针对客观现实。针对少数民族干部的特殊性要做到"三个区别开来"：第一，将少数民族干部与汉族干部区别开来。其一，从国情看，我们承认少数民族在革命建设中的贡献，并且长期给予政策倾斜，这种经验不能丢。其二，从现实看，国际上我国经常受到资本主义阵营的干扰，西方国家干扰中国的惯常做法就是利用我们的民族问题；国内我国民族分裂势力还存在，并且与国外反华势力、国际恐怖主义势力、原教旨主义等极端恶势力相互勾结，严重影响国内的稳定与发展。第二，将多民族区域的少数民族干部与非多民族区域的少数民族干部区别开来。非多民族地方的少数民族干部同样具有一般少数民族干部的性格特点，由于工作中汉族干部占有绝对优势，往往会强化他们的民族意识，将自己的成败荣辱与本民族联系起来。由于非多民族区域与多民族区域的政策要求和少数民族干部的自身体验及素养不同，在制订少数民族干部选用标准时应充分发挥非多民族区域少数民族干部的优势，让其成为少数民族聚居地方配备领导干部的"人才库""智囊团"和"搭桥人"。第三，将不同门类和层级的少数民族干部区别开来。不同的行业、岗位或层级对于德才的要求也不尽相同，可制订符合要求的具体、科学和可操作的少数民族标准，才可能做到大才大用、小才小用、专才专用、奇才奇用、怪才怪用。基于此，一方面，在推进少数民族干部选用标准科学化时应关注三个方面：一是行业岗位及层级，二是人才素养的层次性，三是以上两者的有机结合；另一方面要特别关注少数民族干部的特殊性，对此习近平在中央民族工作会议上提出了"三个特别"的要求，即明辨大是大非的立场特别清醒、维护民族团结的行动特别坚定、热爱各族群众的感情特别真诚。②

（二）科学性原则

少数民族干部选用标准的科学性原则包括两个方面：一是选用标准制定

---

① 习近平：《进一步做好少数民族干部培训工作》，载《人事天地》2010年第23期。
② 《中央民族工作会议暨国务院第六次全国民族团结进步表彰大会在北京举行》，载《人民日报》2014年9月30日。

过程中，不同类别、不同层级的干部要配套科学，不能仅制定某一类别或层级的标准而不顾及其他类别或层级，因为在开放社会中人才是流动的。只有在制订选用标准体系过程中关注不同门类与层级人才的德才要求、细化或量化这些要求，才能为人才的流动提供科学、客观的依据。二是选用标准制定过程中，同一门类与层级的德与才的标准要求要符合岗位需求和民众期盼。之所以强调民众期盼，不仅仅因为民众的眼光一般而言是科学、正确的，还在于民众的认可有利于提高"能位相应"的合法性。为了达到科学性原则，在少数民族干部选用标准体系制订过程中需要关注以下几条：

一是拟定标准的普适性。干部标准的普适性，首先是指少数民族与汉族有共同的标准，习近平在全国组织工作会议上提出的信念坚定、为民服务、勤政务实、敢于担当、清正廉洁20字标准无疑也适用于少数民族干部。其次，少数民族干部选用标准的普适性主要指同一门类与层级的标准对于所有人都是适用的。所不同的是：针对性是讲在门类职责既定的条件下，选用人才一定要针对岗位职责；普适性是指在门类职责既定的条件下，选用人才的标准对于适合这一要求的所有人员都适用。职位类别的特殊性要求在坚持这一标准的基础上加强岗位适应性，而决不能以任何职位特殊性、专业性的理由而弱化这一标准。

二是拟定标准的平等性。少数民族干部选用标准的平等性是指标准一旦制定出来，对任何人都应一视同仁。目前，在不同门类与层级的人才选用过程中，虽然标准是一致的，但适用标准时往往出现不平等、不公平，甚至异化了标准本身的规定性，出现所谓"萝卜招聘"，即针对特定的招聘者解释既定标准，让其他人只能充当陪榜者。正是基于这种"萝卜招聘"，不少地方的"官二代""富二代"在竞争中占有绝对优势，甚至出现了招聘"拼老子"的现象。

三是拟定标准的相对稳定性。相对稳定性不是绝对稳定性，应注意因时代变化适当调适标准要求。例如，随着改革开放的深入发展，邓小平认为革命化的重要标准就是坚持改革开放，提出"要选人民公认是坚持改革开放路线并有政绩的人"①。同时，也要着眼于标准体系本身的相对稳定性。因为，

---

① 《邓小平文选》第3卷，人民出版社1993年版，第381页。

一般而言，人才的培养工作既是能力本位，贯彻以人为本的要求，也是就业取向，着眼于人自身的成长与发展。承认标准的相对稳定性，也就否认了标准的不断变化性。可以想象，如果少数民族干部选用标准朝令夕改的话，其教育培养的引导功能就会打折扣。

（三）操作性原则

正确评判少数民族干部的选用标准必须在设定德才指标时就考虑其可量化性、区别性与可评判性，从各方面对干部德才进行客观评价，才能推进少数民族干部选用标准科学化的实现。

其一，标准的可量化性。少数民族干部选用标准的可量化性除了一般意义上讲的德才指标体系需要量化之外，还有更为宏观层面的理解，即少数民族干部选用标准必须考虑少数民族干部的配备比例问题。1957年8月，周恩来在《关于我国少数民族政策的几个问题》中指出"民族干部应当有一定的比例"，强调少数民族干部的比例要与其人口所占比例大体相适应。但是，就目前少数民族干部选用方面而言，对这一比例的理解不能绝对化。从总体上看，少数民族干部在全部干部中所占的比例应与其人口在国家总人口中所占的比例相适应，但具体到一个地方，少数民族干部是否合适关键不在于是否与其人口相适应，而在于其素质是否达到标准。在这样一个宏观层面之下，少数民族干部的选用标准量化还要具体到德与才的素养方面。

其二，标准间的区别性。少数民族干部选用标准间的区别性体现在三个层次：第一，德与才的标准要有所区别，落实德才兼备，必须坚持以德为先。对于在重大事件中，政治立场不坚定、民族观点不正确，轻视政治理论学习、政策水平较差，对上级决策部署阳奉阴违，搞小圈子、拉帮结派，自私自利或与民争利、拒不履行公共义务，生活方式不健康、参与黄赌毒行为，不孝敬父母或存在家庭暴力、生活不检点，参与封建迷信活动等道德沦丧者，不管其才能多高也不能使用。第二，针对不同岗位德与才的要求要有所区别。一般而言，对于政治类、决策类少数民族干部必须特别强调以德为先，强调大局意识和战略眼光；对于技术类和执行类少数民族干部，由于方向已经有人把握，在监督比较完善的基础上更应强调其技能水平。第三，标准的可评判性。少数民族干部选用标准量化是可评判的前提，选用标准的可评判性实际上也包括三个方面：一是可以评判，标准务实化而非务虚化，标准可以测量；二是能够科学地评判，在民主条件下，科学的评判一方面是指评判的科学性，评判的结果尽量符合实际；三是评判的合法性，评判的人员必须有评判的资格，使评判结果尽可能为多数人认可。当然，评判的合法性有时与评判的科学性并不吻合。一般而言，在民主制度之下，作为执政党长期执政的首要选择是评判的合法性。所以，在设定少数民族干部选用标准时，必须将多数人参与列为重要的一条。

当然，规避少数民族干部选用标准方面的现实误区不仅要坚守科学的原则，还要建立健全选用标准体系，正确处理少数民族干部选用标准与汉族干部选用标准的关系、少数民族干部选用标准中德才能绩的关系以及多民族地区对干部要求与少数民族自身状况的关系，科学构建少数民族干部选用的有效机制。

此文载于《新疆社会科学》2016年第4期

传统忠义观现代化的问题及其引导

于学强*

摘 要: 在中国传统文化中,忠、义都具有公道正义之义。但随着社会的发展,二字连用后其方向性和内涵发生了变化。在现代官场中,形成了"忠"的狭隘化和"义"的异质化思想,影响了正常的上下级关系,破坏了党风政风,影响良好社会风气的培育。作者提出引导忠义观向着正确的方向发展,必须从认识、政策与制度方面着手,全面推进忠义观沿着正确的方向不断科学化。

忠、义在先秦之前是两个独立的概念。忠指的是尽心为人办事,不分对上与对下;义指的是办事准确,几乎包括处理一切人和人之间的关系问题。但随后的忠、义连用,使其方向性与内涵也发生变化。忠主要是针对上级忠心,义主要指兄弟朋友之间的义气。在现实中,这种忠义理念影响了世人的价值观,也深深地影响着当代人。在干部队伍中,这种忠义思想则有着双刃剑的作用,需要加以规约与引导,以促进传统忠义观的现代化。

一、传统忠义概念的历史流变

在传统文化中,忠既有尽心无欺的内在刚正之义,也有待人接物的外化

---

* 于学强(1973—),男,山东茌平人,聊城大学政治与公共管理学院教授,研究生导师,聊城市社科院经济与社会发展"智囊库"特邀研究员,研究方向为中共党史。

至善之举。前者主要强调诚实与正义，后者则主要强调良心与友善，可以说后者是前者的外化。在儒家思想中，又往往将忠的外化或推己及人称之为"恕"，所以"忠恕"一词，本质含义就是以对待自己的态度对待别人，万事不能强加于人，善于换位思考，即孔夫子所言"己所不欲，勿施于人"（《论语·颜渊》）。但是，在孔子那里，除强调忠的基本含义之外，也曾用"忠"字倡导一种和谐的君臣关系，指出"君使臣以礼，臣事君以忠"（《论语·八佾》）。其意思是君王任用臣子要符合礼的规范，臣子侍奉君主要用忠心。在这里，忠已经具有明确的方向性，主要是下级对上级而言的。这种思想在后来得到较充分的发展。但是，在春秋时期，君臣关系尚处于相对宽松的环境之中，君权至上的观念还没有出现，此时臣下对于君主的忠是理性的、有条件的。随着封建专制制度的加强，忠的内容日渐集中，由一种具有普遍意义的道德要求转变为一种具体的道德规范，由对君臣双方的道德要求转变为对臣下的单方面的道德约束，从而使忠的方向性由双向度变成单向度。

义作为中国古代一种含义极广的道德范畴，原本是指公正、合理或应当做的，即"义者宜也"（《礼记·中庸》）。孔子将义提到了很高的位置，指出"君子之于天下也，无适也，无莫也，义之与比"（《论语·里仁》）。意思是说，君子对于天下的人和事，没有固定的厚薄亲疏，只是按照义去做。孟子虽然没有直观地揭示义的含义，但也曾不止一次地指出，"仁，人心也；义，人路也"（《孟子·告子上》），"仁，人之安宅也；义，人之正路也"（《孟子·离娄上》）。在这里，孟子已经将义概括为人的思想和行为之路，而且是必由之正路。原本，义与利常连用，用以规约人的逐利行为，要求人"义以为上"（《论语·阳货》）。随着社会的复杂化，义字与气连用，有了"义气"一词。原初义气没有改变"义"的基本含义，仍是指为情谊而甘愿替别人承担风险或做出自我牺牲的气度。后来，此词更多地带有负面意义，特指由于个人或朋友之间的关系而克服困难、承担风险甚至牺牲自己的狭隘思想。

由此可以看出，忠与义本无贬义，原初都有公道正义之义。所以，在漫长的阶级社会之中，它们在维系社会中人与人尤其是官场内部关系方面起着调节器的作用，为社会的稳定发展发挥着正面作用。但是，自二字连用后，随着社会发展，其方向性与内涵发生了变化，忠义也便有了新的内涵。这种新的内涵实际上是对传统公道正义的践踏。正是这种变化了的内涵，导致一定时期内的官场变得乌烟瘴气，甚至严重影响到了现代社会。当下，干部队伍中发生变异的忠义观并不鲜见：对上愚忠、唯唯诺诺、唯令是从，不敢说半个不字；对下指手画脚、颐指气使、不可一世，不让人辩解半句。队伍中搞小圈子，老乡、朋友、同学、战友沆瀣一气、不分彼此，视原则如儿戏，为朋友两肋插刀，等等，都腐蚀着人间正道和官场环境。如果认识不到其危害，不采取有效措施来规约这种不当的异变，人间正道就会受到挑战，公平正义就会遭到诋毁，社会和谐就会遭到破坏。

二、传统忠义观现代化的问题

忠义观就是对忠义的看法，它是建立在对忠义概念理解和认识的基础上的。从上面忠义概念的历史流变可以看出，今天已经有不少人认同传统异化的忠义思想。这种异化的忠义思想既存在于普通的人际交往中，也存在于官场层级之间，对社会风气影响甚大。所以，正确认识分析当下官场中异化的忠义观，推进传统忠义观的现代化，不仅有利于规范吏治，也有利于引领社会风气的革新，从而促进社会的和谐发展。推进传统忠义观的现代化，首先要解决的是认识这一进程中的障碍因素，剖析传统忠义观现代化面临的问题。

首先是忠的狭隘化。传统之忠在广义或原初含义上不仅仅体现在对上一个方面，还体现在对下、对左右、对国家，如精忠报国之忠。但是，在现代化进程中，确实存在着忠的狭隘化，即相当多的人将忠简单理解为下对上的单向度效忠。如在集体决策时，按照制度设定应当是委员会集体讨论、一人一票、共同决定，但有些成员盲目服从班长，讨论不发言或者不发违背班长意志之言。这种随声附和的集体讨论，实际上还是一把手说了算。这种情况产生的原因，除了一把手的集权意识之外，委员会成员对忠的狭隘化理解也关涉其中。当然，忠的狭隘化既可能基于讨好上级，基于所谓自身的政治发展，也可能是为了消除杂音，确保统一意志和统一行动，但其客观结果是唯上是从，压制了民主的生存空间。再如，在政策执行中，一些干部不能很好地处理对上负责与对人民负责的关系，唯令是从，不会结合党和政府的需要与民众需求，人为地割裂了对党负责与对人民负责、对上负责与对下负责的关系，将让上级满意视为最大执行力，结果往往导致失信于民甚至民怨沸腾。

其次是义的异质化。传统儒家思想中的义指的是正路而不是歪门邪道,多是为了规避利而论及的君子之道,可理解为对国家的道义与责任。但是,在现代化进程中,干部队伍中却存在义的异质化现象,主要体现就是以亲戚朋友之义取代对党、对国家、对人民的道义与责任。比如,在干部任用过程中,讲战友情、同学谊,认哥们义气,混淆公私关系,导致任人唯亲、任人唯圈,将私人关系放在第一位,过分强调自己人、强调小团体的利益。再如,在决策和处理党政群体内部事务的过程中,强调圈子高于班子,搞所谓的"进了班子还要进圈子,进班子不进圈子等于没进班子,进了班子不如进圈子,进了圈子不进班子等于进了班子",将党政事务关系化、国家事务部门化、部门事务利益化。将义异质化并规约于圈子之内,往往导致党员干部热衷于研究庸俗的人际关系,营造所谓的人际关系网,视关系为生产力,大事小事通过关系搞定,找熟人、拉关系、请客吃饭送礼成为建立和巩固关系的常用手法,严重破坏了党风政风,影响了良好社会风气的培育。

三、传统忠义观现代化的引导

传统忠义观的现代化应有方向性,应与我们党和国家的性质相关联。这种方向性简单地讲就是必须向有利于党和人民的方向发展。无疑,通过上面对忠的狭隘化与义的异质化的分析可以看到,传统忠义观在现代化进程中仍然存在很多问题,尤其是方向性问题。引导忠义观向着正确的方向发展,必须从认识、政策与制度方面着手,全面推进忠义观沿着正确的方向不断科学化。

首先,要结合国情阐释忠义观。我们是共产党领导的社会主义国家,国家的一切权力属于人民,共产党以全心全意为人民服务为根本宗旨。因此,当下的忠义观从方向性上讲就是对人民的忠义,必须立足于围绕和实现最广大人民的根本利益。为此,在忠义理念的现代化过程中,既要挖掘中国传统文化中忠义观的正面含义,对忠义做出回归本位的解读,又要结合时代特点,对忠义的内涵加以拓展和创新。传统忠义观的内核还是维系阶级统治,带有明显的阶级性。今天,我们可以结合现代契约精神,从人类政治文明的角度来理解和发展忠义观,按照新一届中央领导集体反复强调的底线思维和红线意识来解释忠义,加强干部群体的社会责任心,真正将忠义提升到对党、对国家、对广大人民讲忠义的层面和高度。

其次,要制定政策引导忠义观。从社会发展的历史来看,忠义观在维系社会稳定中的作用不可或缺。今天,国家和社会依然需要将传统忠义观积淀的精神转化为现实力量。转化的切入点,就是制定政策,通过政策引导忠义观。忠义本属于道德范畴,只是随着政治的发展和需要而引入政治领域。引导忠义观,关键是构建社会主义道德体系,并将忠义的核心内容熔铸于社会主义核心价值观之中。党的十八大报告提出积极培育和践行社会主义核心价值观,并分别从国家、社会和个人层面揭示了社会主义的价值目标、价值取向和价值准则,其中也包含了传统的忠义理念。当然,报告精神还需要结合区域、行业等方面转化为具体的政策。在社会主义核心价值观政策化的过程中,一是推进核心价值观在政治领域的政策化,使之成为处理上下级关系应遵循的一般准则;二是推进核心价值观在社会领域的政策化,促成良好社会风气的形成。

再次,要通过制度规范忠义观。作为一种国家管理的纲领性理论,忠义之道兴盛了两千多年,其生命力是相当顽强的。传统忠义观之所以具有顽强的生命力,一是传统教育内化的功能不可小觑,二是传统政治制度在维系和发展忠义理念方面也有积极作用。通过汲取传统社会忠义理念维系发展的经验,今天要重塑这一理念,推进传统忠义观的现代化,同样需要在政策倡导和教育内化之外强调制度的规范。当然,从中国传统社会的性质方面分析,由于中国传统社会缺乏怀疑论的思想资源,无法真正衍生出与等级秩序观念相对立的现代平等思想,所以忠义观多被打上阶级的烙印,演化为一种对上级与君主的顺从。当下,在民主社会之中,通过制度来规范忠义观,应更多地强调上下级间的民主与平等,用制度与法治手段推进群体意识的培养和公民意识的培育,使忠义观能够破除唯上的单向性,获得新的时代内涵。

总之,在传统忠义观的现代化进程中,我们既要正本清源,挖掘和恢复传统忠义观的积极内涵,同时也要与时俱进,丰富和发展传统忠义观的时代内容,使其方向正确且时代色彩更加浓厚,进而真正在国家治理过程中彰显其新的生机与活力。

此文载于《领导科学》2016 年 3 月上

构建团队和谐领导力

吴芝君*

摘　要：领导干部在人们心目中一直都是比较强势的形象，但是在实际工作中，还存在一部分弱势领导。他们的工作能力或者自身素质离工作的要求还有一定差距，需要他们发挥自身优势、弥补自身不足，去掌控单位全局的发展。

领导干部在大部分人民的心目中一直是掌握特殊的权力、拥有丰厚的收入、得到他人尊重的令人艳羡的优势群体，但在干部队伍中，还存在弱势领导群体。弱势领导指的是工作能力无法胜任岗位需要或者自身身体、心理素质离工作的要求还有一定差距，如组织被领导人员能力不强、执行政策力度欠缺、干事创新缺乏锐意进取的精神，领导干部个人的支配力、号召力、影响力都低于公众的心理预期，在工作中处于弱势地位。

不可否认，即使是弱势领导，能够走上这一领导岗位，说明其自身必然还存在过人之处，如何发挥自身优势，弥补自身不足，掌控单位发展的全局，赢得各级尊重和社会认可，是弱势领导需要着力解决的问题。

---

* 吴芝君（1986—　），女，山东聊城人，聊城大学政治与公共管理学院中共党史专业研究生，研究方向为执政党建设。

一、发挥自身优势，进行局面掌控

一是面对强势的上级领导，弱势领导的"示弱"反而能更好地开展工作。强势的上级领导喜欢说一不二，做事情、下论断也过于武断，如果下属也是性格强势，跟领导唱对台戏，那么最终是不利于开展工作。弱势领导的弱反而能化被动为主动，当上级领导出于经验主义或者不了解具体情况而做出不符合本单位的指示时，弱势领导首先服从上级领导的命令，让领导能够得到尊重，维护住"面子"，这样在具体的执行过程中，弱势领导就其中有可能出现错误的地方巧妙、委婉地提出自己的建议，也比较容易被上级领导所接受。对于因为盲从领导的指示而出现的失误，弱势领导在适当的场合说成是自己误解上级领导的意思而造成的，进行自我检讨并提出正确的解决方案，使上级领导进行反思，吸取教训，在以后的工作中能够考虑该单位的具体情况而制定政策。这样，既有利于帮助上级领导改变刚愎自用的性格，又能够保持与上级领导的和谐关系，为本单位争取更大的发展空间，形成"双赢"的局面。

二是在与同级部门相处中，弱势领导的"示弱"能够争取更多的支持。每个单位都是集体的一部分，在工作中难免互相配合，共同合作完成某一项工作。如果领导过于强势，在与其他单位的合作过程中颐指气使，甚至不懂装懂，就会惹人生厌，甚至破坏良好的合作关系。与之相反，弱势领导在本单位与其他单位进行合作时，应该积极听取采纳其他单位的建设性意见，为部门的合作当好"润滑剂"；面对成绩，在充分肯定本部门人员辛苦付出的同时，也应当表现出谦虚、大气的态度，不争功、不抢功，使本单位能够得到大家的认可，并使其他单位乐意与本单位合作。

三是弱势领导能够更好地听取别人的意见和建议，集思广益。弱势领导往往给人一种"耳根软"的感觉，被认为是没有主见。但是在工作中，这一劣势可以转化为优势，即善于听取别人的意见和建议，集思广益。下属在基层从事具体的工作，对于工作有自己的理解和心得体会，更容易发现工作中存在的问题和解决方法，弱势领导乐于倾听下属的建议，集中群众的智慧，让下属为单位的发展献策出力。

四是弱势领导能够将亲和力转化为凝聚力。有些弱势领导缺乏决断力,更注重下属工作的细节和工作能力,有些工作可以放手让下属去做,充分发挥下属的积极性和主动性,也为自己培养出工作中的得力助手。弱势领导没有强势领导的咄咄逼人,应充分发挥亲和力的优势,在下属的工作和生活中扮演"贴心人"的角色,更容易得到下属的信任和爱戴,这种信任和爱戴能成为强大的聚心力,使单位众人心往一处想、劲往一处使,推动单位快速向前发展。

五是弱势领导能够更好地恪守职业道德,按照党纪国法严格要求自己。很多被查处的领导都牵涉出单位的其他人员,出现了"拔出萝卜带出泥"的"窝案",给本单位造成恶劣影响。弱势领导胆子小,害怕受到惩处,不敢违背党纪国法,在工作中兢兢业业,严于律己。弱势领导以自身为榜样,对单位的人员也都严格要求,下属不敢越雷池一步,没有"歪心""邪念",将重心都放在工作上,工作效率与成效都得到提升,单位整体将处于清正廉洁的氛围中。

二、弥补自身不足,进行局面掌控

一要加强学习,转变观念。当前,政绩考核制、干部问责制、一票否决制影响着领导干部的升迁,突发事件频发考验领导干部应对能力,群众无处不在的监督约束着领导干部的言行,这些都成为领导干部的压力。部分领导转变观念,将压力转变为动力,在工作中取得傲人的成绩;但是部分领导在压力前一蹶不振,感觉自己处于弱势地位,不敢干、不愿干,害怕承担责任,面对工作能推就推、能躲就躲,变成了"懒政"。领导干部应认真学习习近平总书记提出的"两学一做":"学党章党规、学系列讲话,做合格党员",加强思想政治建设,树立正确的世界观、权力观、事业观,把个人得失置之度外,摒弃将升迁当作奋斗目标的想法,面对压力毫不畏惧,带动单位全体人员干事创新,共同进步。

有些领导弱势是因为自身能力与学识无法胜任岗位的工作,或者是被分配到不适应或者不擅长的职位上,空有一身本领而英雄无用武之地。这些领导有着强烈的进取心,但是心有余而力不足,使自己处于尴尬的弱势地位。

对于这种弱势领导来说，多学习相关专业知识、多读与本单位工作相关的书籍、参加有关部门组织的培训，对于提升自我能力，全面细致地掌握本单位工作情况具有重要作用。

二要寻求支持，广纳资源。有些领导弱势是因为单位职权弱，手中掌握的资源有限，无法实现自己的抱负。有些单位与上级的联系性不强，或者与群众利益联系的相关性较少，处于权力的边缘地带，即使单位领导想要有所作为，但是受到资源限制等各种因素的影响，最终归于失败。

弱势领导不能因为单位职权弱就失去进步的动力，庸庸碌碌混日子，而应该主动出击，创新思维找到发挥作用的突破口和着力点，探索服务社会的新职能，赢得社会的理解和支持，为本单位发展争取广泛的资源。处于权力与资源弱势地位的领导应加强与上级领导的沟通与交流，毕竟上级领导的信任和支持是单位发展的动力。弱势领导应当集中单位集体智慧制定详细的发展规划并请上级领导过目，阐述自己的想法并真诚地请求上级领导的帮助，靠卓有成效的工作获得领导的肯定和认同。

三要合理分工，统筹规划。有些弱势领导不熟悉、不了解单位的具体业务状况，在工作中处境尴尬。领导是单位的总指挥，应该起到"船长"的作用，指挥单位运行的航向，而具体的工作应该由"大副""水手"来做，即领导应该在保证自己掌握主动权与支配权的情况下，对于自己不熟悉、不擅长的工作进行合理分工，根据单位人员的工作能力、专业水平进行统筹安排，保证各尽所能，而自己要起到服务和监督的作用，保证单位整体运行处于自己的掌控之中。

有些弱势领导在工作中过于细致，生怕下属工作失误，对每一项工作都事必躬亲，插手过多、过细。长此以往，下属形成依赖心理，有了工作都推卸给领导，消极怠工，拖延工作，推卸责任，最终使领导在单位工作中处于被动地位。弱势领导应该转变做事风格，适当放权，"该抓就抓，该放就放"，以开放的心态面对员工的智慧，相信下属有能力完成自己安排的工作。

在荣誉与表彰面前，领导要有大局意识，坚持按劳分配、按质分配，不争功、不偏袒，使单位人员能够公平合理地得到奖励，而这种奖励又会鼓励工作人员继续发挥自己所长，如此形成良性循环，保证单位工作顺利运行。

四要刚柔并济，提升魄力。有些弱势领导个人性格懦弱，在工作中缺乏魄力,明哲保身,生怕过于严厉会得罪人,长此以往,在下属心目中的地位下降,难以服众。部分下属觉得领导"好欺负""没能力",采取轻视甚至蔑视的态度对待领导,对于领导安排的工作也是能省就省、能拖就拖。这种弱势领导应当调整心态,毕竟政治工作需要坚定的信仰和意志,需要有魄力保证下属的服从和尊重。领导需要在工作中刚柔并济,既有刚毅果断的领导特色,又有柔和温情的亲和力,形成独特的领导风格和个人魅力,弥补自身缺陷。如果领导的弱势性格已经定型无法改变,那么采取灵活的处事策略也是提升掌控力的方法。对于不尊重自己的下属,弱势领导适当改变迁就的态度,按照制度规范严格要求,同时与下属多沟通,指出工作中的不足并给予指导,使下属明白领导能够胜任这个职位,对领导心服口服。通过树立自身的威信,弱势领导也能够体现个人魅力,将单位运转控制在自己手中。

现实生活中的领导并不是十全十美,大多数情况下都是非理想化的,虽然领导极力想发挥自己的最好水平,但是人无完人,在这种情况下,扬长避短,发挥自身优势、弥补自身劣势,是领导摆脱弱势地位,掌控单位发展的必要途径。

此文载于《领导科学》2016年8月下,原文标题为《弱势领导如何保持对单位发展格局的掌控》

高校领导干部应加强自身修养*

陈延庆　陈出新

摘　要："中国最帅校长"周文斌和"明星书记"王国炎腐败案表明，目前我国"高校贪官的两面人生"呈贪腐前后的"阶段性两面"和贪腐过程中的"阴阳性两面"两大基本形态，具有"主体高智性"、更高的"两面隐蔽性"和危害更大、"杀伤力"更强等特点，给人以高校反腐除应遵循反腐的一般规律、采取具有普遍有效性的反腐措施外，更需探索符合高校自身特点、反映高校反腐特殊规律的道路途径、方式方法等诸多重要启示。

2015年12月29日，江西省南昌市中级人民法院对南昌大学原校长周文斌涉嫌受贿、挪用公款案做出一审宣判，决定数罪并罚判处其无期徒刑，剥夺政治权利终身，并处没收个人全部财产。至此，历时13个月，引发社会和舆论高度关注的"中国最帅校长案"终于尘埃落定，所涉贪腐问题也最终得到法律确认。该案之引人注目，除贪腐案本身所独具的"眼球会聚"效应外，还与当事人"大学校长"的职业身份、"能干事儿"的性格特质及其"成就了事儿"的工作业绩所赢得的近乎神圣的光环——"中国最帅校长"密切

---

* 基金项目：山东省高校人文社科项目"传统文化中的廉政教育资源研究"（J14WA06）。

陈延庆（1962— ），男，山东省冠县人，聊城大学政治与公共管理学院、廉政研究中心教授、硕士生导师、博士；陈出新（1992— ），女，山东省冠县人，聊城复退军人医院党委办公室。

相关。

一、"最帅校长"和"明星书记"案引发热议

现代汉语里,"帅"是个外延极广且内含相当丰富的概念。就人而言,除指"有美好的外表形象"外,视听言动、举手投足等所有"美好"之处,几乎皆可以"帅"指称。因而,"中国最帅校长",除包含对其"形象外表"的肯定外,也无疑包含对其为人处世和生活工作等诸多方面的赞美。足见围绕在他身边的光环!

因此,周文斌案发后,人们自然联想到那位曾经拥有"全国优秀教师"、"赣鄱英才'555'工程领军人才"等诸多荣誉,享受国务院特殊津贴,在学术界也曾享有"明星"美誉的南昌航空大学原党委书记王国炎。他也因受贿罪被依法判处有期徒刑15年,而最终丢掉了围绕在身上的光环。

而伴随十八大以来,党着眼于新的形势任务,把全面从严治党纳入"四个全面"的战略布局,把党风廉政建设和反腐败斗争作为全面从严治党的重要内容,坚持老虎苍蝇一起打,着力构建不敢腐、不能腐、不想腐的体制机制,以有效遏制腐败滋生蔓延势头,一大批贪腐官员纷纷落马,截至2015年年底,中央纪委监察部网站共计通报了34所高校的53名领导。[①] 因而,继"贪官们的两面人生"成为学界和舆论热点之后,"高校贪官的两面人生"也成了人们热议的话题。

但"腐败问题如同一个黑箱,人们很难得到完整而详尽的腐败案件信息,虽然人们尽可能地收集高校腐败案例,也尽一切手段完善案例样本的详细信息,但所构建的案例库样本仍然十分有限,未必能代表高校腐败的总体情形"[②],而好在如毛泽东所言,"麻雀虽小,五脏俱全","管中窥豹,可见一斑(般)"。我们以为,在诸多已经披露的高校贪腐案中,周文斌与王国炎案

---

① 去年共通报53名高校领导一本院校成重灾区[EB/OL], http://edu.qq.com/a/20160103/006092.htm,2016-01-03。

② 曾明、郑旭旭、章辉腾:《治理结构,权力机制与高校腐败——基于117个高校腐败案例的分析》,载《廉政文化研究》2015年第2期。

既相对比较翔实，又比较具有典型性。故以此二案为例，就"高校贪官两面人生"的基本形态和主要特点予以讨论。

二、高校贪官两面人生的基本形态

与拙文《"腐败亚文化"与贪官们的"两面人生"——三论"腐败亚文化"背景下的廉政文化之路》已经指出的"一方面大谈'反腐'，另一方面大行'贪腐'；一方面'（自己）玩命干工作'，另一方面'（让儿子等）幕后收黑钱'；一方面有能力、有魄力，另一方面频收'雅贿'；一方面亲民、勤政、'接地气'，另一方面借'发明家'名号敛财"等"台上一套，台下一套，说一套，做一套；人前是人，人后是鬼"①的"贪官两面人生"大同小异，高校贪官两面人生的具体表现虽也光怪陆离，但归结起来，却不外呈现出贪腐前后的"阶段性两面"和贪腐过程中的"阴阳性两面"两大基本形态。

（一）高校贪官两面人生的阶段性两面

虽然腐败作为"公职人员滥用公共权力谋取私利、损害公共利益或公民个人合法权益的行为"②是人类自进入文明时代后就开始出现的，却没有任何人是天生的贪官。相反，无论是政府官员，还是高校领导，在其踏上公职岗位之初，堕落成贪官之前，一般而言，也都曾有坚定的信仰、创业的激情和不凡的业绩，皆是领导眼中的可造之材，同事身边的先进楷模，群众心中的好官良吏，自律敬业、勤政廉政的典范。于此，无论"最帅校长"周文斌，还是"明星书记"王国炎也不例外。

周文斌出生在普通工人家庭，1978年考入华东地质学院（现东华理工大学），以"勤奋、好学，也聪明，且学习成绩名列前茅"的优异表现，于毕业后留校任教，后又顺利考取硕士研究生。走上工作岗位后，亦因工作成绩突

---

① 陈延庆、陈出新：《"腐败亚文化"与贪官们的"两面人生"——三论"腐败亚文化"背景下的廉政文化之路》，载《廉政文化研究》2015年第5期。

② 邓频声：《中国特色反腐倡廉道路研究》，时事出版社2011年版，第2页。

出,从大学系副主任做起,逐渐步入仕途:1995 年,被任命为华东地质学院副院长,2001 年,成为该院院长。熟悉者皆称,其仕途所以顺风顺水,并最终平步青云,不像有些人靠"裙带",而主要是凭借了"工作能力强、魄力足"等特质。

因为他任华东地质学院院长期间,正值高校扩招。大规模基建工程使华东地质学院与全国大多高校一样,面临巨大资金缺口。在很多人束手无策、一筹莫展时,他摸索出一套被誉为"独创性思维"的校园建设模式,并在这种模式指引下,通过经营权置换社会资本投资,在学校未出一分钱的情况下,实现了对学校老食堂改造,也顺利完成学生宿舍建设。在任职院长不足两年的时间内,他先后顺利完成该校抚州、南昌两个校区的建设任务,被誉为"在当时的江西省属于史无前例"。他也因此赢得了"确实有两下子","有胆识、有魄力,也无私"的美誉,并受命担任南昌大学党委副书记、校长。不但成为江西省唯一一所 211 重点高校的校长,而且出任校长后,因喜欢和学生们互动,经常深入学生中听取意见,让学生深感其"亲和力"。因此,"中国最帅校长"的称呼不但在南昌大学不胫而走,而且在全国迅速传开。[1]

但之后的周文斌无论是工作还是生活作风上,开始逐渐转变。"工作作风变得霸道、独断专行,对别人的意见毫不理会",在学校重大问题上,也完全自己说了算。因此,从 2004 年开始,便有人不断向纪委举报他。此时,距其上任南昌大学校长仅隔一年。期间,他不但"力排众议",耗资 3000 多万,建成号称"亚洲第一校门"的南昌大学正校门,还耗资 1000 多万,塑造了"中华正气龙"等形象工程,仅面子工程就浪费资金数亿元。除通过大规模基建工程接受贿赂外,他还利用学者身价,打着"学术交流"的旗号,特别是利用国外学术交流的机会,体验并实践西方的生活方式,有情人 20 多个[2],

---

[1] 《南昌大学校长承认有 20 余情人称征服女人才算成功》[EB/OL],http://news.qq.com/a/20151229/057376.htm? pgv_ref = aio2015&ptlang = 2052,2015 - 12 - 29。

[2] 《南昌大学校长承认有 20 余情人称征服女人才算成功》[EB/OL],http://news.qq.com/a/20151229/057376.htm? pgv_ref = aio2015&ptlang = 2052,2015 - 12 - 29。

沦落成地道的"阳为道学,阴为富贵,被服儒雅,行若狗彘"① 的两面人。

而出生于江西省偏远农村的王国炎也是地道的草根,1982 年本科毕业于江西大学哲学系,1987 年中国哲学专业研究生毕业,历任南昌大学哲学系副主任、政法学院院长,江西师范大学教务处长、校长助理,南昌航空大学副校长、党委书记等职。他年仅 33 岁开始担任硕士研究生导师,次年,又破格晋升教授,是当时江西省哲学社会科学界最年轻的教授。案发前可谓著作等身、仕途平坦,各种荣誉称号纷至沓来,堪称"学术达人",粲然一颗"明星",是江西乃至全国知名的"明星书记"。但也是这位"起初自认为还是比较洁身自好,不仅自己拒收贿赂,还教育家人不能收受他人财物",业内也公认"有能力、有魄力的大学党委书记","随着职务的升迁,心态慢慢发生了微妙变化",理想信念开始动摇,认为"如今的社会,关系、金钱、个人能力一样都不能少"。因而,对工作少了热情,对生活没了激情。不但工作中独断专行、作风霸道、用权"任性",对"三重一大"事项个人说了算,甚至还因嫌校纪委领导"碍手碍脚",便以组织名义将其支去省委党校参加培训,还利用职务便利,在基建工程、合作办学、人事调整等工作中大搞钱权交易、权色交易,也最终走上一条前期勤政廉政、后期贪腐堕落的道路。②

可见,高校贪官两面人生的具体表现可能千差万别,但都呈现贪腐前后大相径庭,甚至泾渭分明的"阶段性两面"特征。

(二) 高校贪官两面人生的阴阳性两面

与贪官"一方面大谈'反腐',另一方面大行'贪腐';一方面'(自己)玩命干工作',另一方面'(让儿子等)幕后收黑钱';一方面有能力、有魄力,另一方面频收'雅贿';一方面亲民、勤政、'接地气',另一方面借'发明家'等名号敛财"③ 相同,高校贪官的两面性也呈现出鲜明的台上与台下、人前与人后表现迥异的"阴阳两面"特征。这在王国炎和周文斌身上也

---

① 中国政治思想史编写组:《中国政治思想史》,高等教育出版社、人民出版社 2012 年版,第 28 页。
② 李伟:《一个用权"任性"的高校一把手》,载《中国纪检监察报》2015 年 5 月 7 日。
③ 陈延庆:《贪官的"两面人生":腐败亚文化到底害了多少人》[EB/OL],http://politics.rmlt.com.cn/2015/0822/400035.shtml,2015 - 08 - 22。

均有鲜明体现。

身为高校党委书记的王国炎虽然长期从事中国哲学与文化、马克思主义理论与思想政治教育的教学研究，熟知马克思主义思想精髓，而且身披"学术达人"、"明星书记"等诸多"光环"，但在"台上一套，台下一套；说一套，做一套；人前是人，人后是鬼"的"两面人"特质方面却与其他贪官并无二致。如在校党委班子会和干部大会上反复强调"做事按程序来，错了我也不会批评你；要是不按程序来，对了我也不会表扬你"的他似乎是一位懂规矩、讲规矩者，但在实际工作中，却多次通过量身设置条件，甚至绕过组织程序等方式违规提拔使用干部；再如，谆谆告诫学生要"以哲学的姿态生活"，为人要做到泰然、淡然、坦然和自然，"以其无私故能成其私"的他，实际上却"欲壑难填"，羡慕花天酒地、声色犬马的生活，大搞权色交易、钱色交易，先后与多名女性发生不正当关系；还如，在日常生活中，他虽也经常关心职工生活，有人遭遇不幸或困难，也多嘘寒问暖、极力帮助，给人留下作风民主、平易近人和"蛮有人情味"的形象，但实际工作中，却"自负、狂妄、霸道，在南航一手遮天"①。可谓"'以堪称完美的表演'，成功掩盖了自己的各种不齿行径，生动演绎了高校贪官的'双面人生'"。

而无独有偶，周文斌在喜欢和学生们互动，经常深入学生中听取意见，给学生留下很强"亲和力"的同时，也"作风霸道、独断专行，对别人的意见毫不理会"，即便是在学校的重大问题上，也完全自己说了算；还利用其专家的身份，打着学术的旗号，"游学"海内外，满足自己虚荣心的同时，也满足其猎艳、猎奇的需要②，在"以帅掩丑"方面，成功实现了"帅与丑的完美对接"。

三、高校贪官两面人生的主要特点

中国社科院近年来的教育蓝皮书显示，高校已成为腐败犯罪新的高发区，无论在数量、程度、范围上都呈上升、扩大态势，与官场腐败的愈演愈烈、

---

① 李伟：《一个用权"任性"的高校一把手》，载《中国纪检监察报》2015 年 5 月 7 日。
② 《南昌大学校长承认有 20 余情人称征服女人才算成功》，见 http://news.qq.com/a/20151229/057376.htm? pgv_ref = aio2015&ptlang = 2052，2015 - 12 - 29。

不断滋生蔓延保持基本一致。尽管如此,高校贪官的两面人生与普通贪官比,还是有显著不同,主要体现如下。

(一) 主体的高智性

由于腐败的天然失理性和违法性,腐败主体尽管对其腐败行为可能自鸣得意,但历来都对外秘而不宣,不敢、不能,也不想以真实面目示人。因此,贪官的人生必然呈现分裂的"两面性"。于此,高校贪官与其他贪官并无实质区别。

尽管如此,王一江等人的研究表明,政府腐败案的当事人,受教育程度范围跨度较大,在其统计的 130 个案例中,大专及本科学历占到 69.69%,虽已呈现出相当的高学历特征[①],但与高校贪官相比,其学历水平还是明显偏低。由曾明等人的统计发现,高校贪官普遍具有更高的受教育水平,最低也是大专学历,本科及以上学历占有效案例数的 95.31%,特别是高达 29.69% 硕士学历和 26.56% 博士学历(包括 5 个博士后,占 7.81%)[②],使其高学历特征更加突出。

王国炎和周文斌除也分别拥有硕士和博士学位,具有高学历特征外,还都有教授职称,且分别是相关专业的硕士和博士生导师。可见,高校贪官已非"高学历"一词所能涵盖,故用"主体的高智性"言之。

(二) 更高的"两面隐蔽性"

如上所述,由于腐败的天然失理性和违法性,腐败者都对其腐败行为,总是讳莫如深,不敢、不能,也不想以本来分裂的两面示人。因此,其"两面性"在相当一个阶段,往往只呈现出"单面性"。因而,其"两面性"又具有天然的隐蔽性。于此,高校贪官和其他贪官也没有根本性不同。

正因如此,除却贪官因"台上一套,台下一套;说一套,做一套;人前

---

① 王一江、迟巍、孙文凯:《影响腐败程度的权力和个人因素》,载《经济科学》2008 年第 2 期。

② 曾明、郑旭旭、章辉腾:《治理结构,权力机制与高校腐败——基于 117 个高校腐败案例的分析》,载《廉政文化研究》2015 年第 2 期。

是人，人后是鬼"的"两面人生"在相当时间内迷惑了相当的干部群众，因而对其落马，人们感到"出乎意料"、"非常吃惊"和"十分突然"外，加之，中国悠久而浓厚的尊师重教、崇尚知识、景仰文化等传统，那些拥有高学历、具备高职称，且又极富"表演"天赋，因而把其两面性埋藏更深的高校贪官，就更具欺骗性，具有更高的"两面隐蔽性"。

这种特性在周文斌和王国炎身上也体现得相当充分。虽然2004年周文斌出任南昌大学校长仅一年就不断有人向纪委举报，但直到2013年5月，他因涉嫌严重违纪接受组织调查，却历时十年有余。而王国炎"潜伏"时间则更长，据萍乡市人民检察院指控，他先后非法收受、索取财物共计99次，长达14年之久，堪称"一路升迁一路腐败"①。其更高的"两面隐蔽性"不但在相当长时间内蒙蔽了广大干部群众，也躲过了专业的"组织审查"。

当然，因高智性及更高的"两面隐蔽性"，高校贪官的"贪腐潜伏期"更长，加之，其工作性质和单位相对稳定，往往可在一个单位"深耕"多年，极易形成盘根错节的关系网，造成"腐败窝案"，形成"塌方式腐败"，不但葬送自己的前程，也败坏一个学校的风气。可见，高校贪官的两面人生具有危害更大、"杀伤力"更强的特征。

四、结论与启示

犹如王国炎和周文斌案虽已有法律定论，却仍处于热议中一样，关于"高校贪官的两面人生"问题，在可得出一些基本结论同时，也给人们留下诸多启示，甚至更多问题需要进一步思考。也择其要者，归纳如下：

结论1 高校虽素来被视为"首善之区"，引风气之先，但也非"世外桃源"，受诸多因素共同影响，"高校贪官的两面人生"在具有贪官两面人生共同性的同时，更具特殊性。

结论2 因高校贪官两面人生具有"主体高智性"、"更高的'两面隐蔽性'"和危害更大、"杀伤力"更强等特点，所以，高校的反腐败形势可能会

---

① 胡锦武：《南昌航空大学原党委书记王国炎一路升迁一路腐败》，见http://news.xinhuanet.com/fortune/2013-09/22/c_117449179.htm，2013-09-22。

更严峻复杂，也需更深入持久。

启示 1 高校贪官两面人生的"阶段性"说明，坚定的理想信念和完美的道德人格，不会随着职务和地位的上升而自动提高，也不会随着年龄和党龄的增加而自觉提升。因此，迫切需要探索一条行之有效且贯穿人一生的终生党性修养锻炼模式与道路。

启示 2 高校贪官两面人生的主体"高智性"说明，坚定的理想信念和完美的道德人格也不会随着学历、职称的提高而提升，甚至不是简单多读些马列等经典作家的著作就可以形成。因此，也迫切需要在实践中继续探索新的学习实践模式和培养锻炼途径。

启示 3 既然高校贪官的"两面人生"另有特点，那么，高校反腐除应遵循反腐的一般规律、采取普遍有效性的措施外，更需探讨符合高校自身特点，反映高校特殊规律的方式方法。

此文载于《全面从严治党与国家治理论文集》（上册）2016 年 4 月，原文标题为《论高校贪官两面人生的基本形态和主要特点——以"最帅校长"和"明星书记"为例》

中国外交

复合相互依赖视阈下的中美领域合作

刘丽坤*

摘 要：作为世界上最重要的双边关系之一，中美关系的发展及未来走向备受关注。进入新世纪之后，中美关系越来越呈现竞争与合作交织，且以竞争为主的特征。西方学者从现实主义、自由主义及建构主义的角度对中美关系进行了各种解读，但是大多只强调中美关系竞争的一面，或者只强调合作的一面，而忽视了中美关系中竞争与合作交织的特征。针对西方国际关系理论的不足，本文提出复合相互依赖的理论框架解释中美关系的新特征，以及中美之间的领域合作。

21世纪后，中美关系无疑是世界中最重要的双边关系，同时也是双方都不得不认真处理的最"复杂"的双边关系。冷战后，美国成为国际体系中唯一的超级大国和霸权国，享受着单极红利。中国则被视为国际体系中唯一能对美国的霸权构成挑战的新兴强权。中国在改革开放之后的三十多年中，经济以年均9%—10%的速度增长，经济总量已经从2000年只占美国的1/8快速扩展到2012年的1/2左右。经济实力的增强使中国的国防预算迅速攀高，超越了许多传统的国防支出大国，跃居世界第二位。中国的快速崛起与2008年金融危机之后美国的相对衰落使中美关系被赋予崛起国与霸权国"权力转移"的意涵，因此，中美关系成为国内外政界、学术界辩论的焦点话题，相关论著与文章亦是汗牛充栋。虽然多数学者注意到摩擦、竞争与合作已成为

---

* 刘丽坤（1981— ），男，山东聊城人，聊城大学政治与公共管理学院讲师。

中美关系的基本特征,更是有学者指出,近年来中美关系的摩擦面趋于增大,但是鲜有学者关注这一基本特征的成因。

一、中美关系的基本特征

冷战后,随着苏联的解体,中美战略合作的基础消失,中美关系发生重大而深刻的变化,摩擦与竞争、协调与合作并存于中美关系之中:"一方面,两国在政治、经济、安全乃至价值体系等诸多领域展开日益激烈的竞争,双方特别是美国开始将中国视为首要竞争者,而中国也愈加感到美国是中国实现诸多国际目标的主要障碍;另一方面,双方仍然在全球、区域和双边层次进行着卓有成效的合作,双方的相互依赖关系不但没有减弱,反而进一步深化扩大,中美目前不仅没有进行大国战争的潜在欲望,而且都极力避免发生大规模、全方位的冲突和对抗,力求在竞争中维持双方关系并增强双边合作。"①

一方面,中国的快速崛起与国际影响力的增强使冷战后美国主导的亚太格局发生巨大变化,引起美国的疑惧与关注,美国在政治、经济、军事等领域采取了针对中国的制衡措施,加大了对中国的围堵之势。2001 年 9 月,布什政府发布的第一份《四年防务评估报告》将中国隐晦地界定为美国的"战略竞争对手",2006 年,布什政府发布的《四年防务评估报告》更是宣称:"在主要的新兴强权中,中国是最有可能与美国发生军事竞争的国家,也最有可能开发出破坏性的军事技术,如果美国不采取反制策略的话,久而久之,这些军事技术将挫败美国的传统军事优势。"②

2011 年,奥巴马政府正式推出亚太再平衡战略,将美国的战略重心转移至亚太,增强亚太的军力部署,构筑针对中国的军事安全网络。2012 年以来,美国公然介入中国与邻国的领土争端,中美在西太平洋上的摩擦面增大、竞争强度加剧。2014 年 4 月,奥巴马在访问日本期间,公开宣布《日美安保条

---

① 李巍、张哲馨:《战略竞争时代的新型中美关系》,载《国际政治科学》2015 年第 1 期,第 30—31 页。

② http://www.globalsecurity.org/military/library/policy/dod/qdr‑2006‑report.pdf.

约》第五条适用于钓鱼岛防卫。2015 年 7 月 14 日，美国濒海战斗舰"沃斯堡"号和导弹驱逐舰"拉森"号进入南海争议海域，实行联合巡航及配套演习，武力介入南海争端，积极支持菲律宾与越南，打压中国。同时，奥巴马政府大力推动将中国排除在外的"跨太平洋战略经济伙伴关系协定"，"奥巴马曾多次公开表示推进跨太平洋伙伴关系的目的，就是不让中国制定亚太地区经济合作的规则，因此这个不包括中国的亚太地区经济合作协定是美国与中国开展地缘经济竞争的重要工具，并具有地缘政治上的影响力"①。

另一方面，在竞争与摩擦加剧的同时，中国与美国亦谋求全面合作。奥巴马执政后，中美关系合作的深度、广度均达到冷战后的最高水平。中美携手应对气候变化成为两国合作的增长点。2014 年奥巴马访华期间，中美发表《中美气候变化联合声明》，明确了双方 2020 年后减排的行动目标，同意共同推动 2015 巴黎气候大会如期达成协议。2015 年 12 月 13 日，在中美两国的共同努力下，巴黎气候大会通过《巴黎协定》，这表明气候变化议题成为中美在全球治理上合作的成功典范。近年来中美之间的军事合作亦获得突破，两军的军事交流在机制化、轨道化上迈上新的台阶。2014 年，中美两军建立重大军事行动相互通报机制和海空相遇安全行为准则。2015 年，中国中央军委副主席范长龙访美期间，同美方签署了《中美陆军交流与合作对话机制框架文件》。两军还决定增加《海空相遇安全行为准则谅解备忘录》中关于空对空的内容。至此，中美军事交流机制与行为准则已基本实现陆海空全覆盖，标志中美军事交流的机制化建设进入新阶段。此外，中美在朝鲜核问题、阿富汗问题等地区安全与稳定上加大了合作的力度。

在奥巴马第二任期内，美国加大了围堵中国的力度，中美关系的摩擦面趋于扩大。在竞争与摩擦日益加剧的背景下，为什么中国与美国不断深化不同议题领域的合作？"二战"后，战时盟国苏联与美国曾因地缘竞争与利益冲突的加剧而滑向了冷战，导致美苏在各个领域全方位的竞争与对抗。冷战后，美国把中国的崛起视为新的地缘政治威胁，中国快速崛起触发的结构层面的紧张却并未引起中美两国全方位的对抗，两国的领域合作依然得以维持。中

---

① 吴心伯：《新常态下中美关系发展的特征与趋势》，载《国际问题研究》2016 年第 1 期第 2 期，第 15 页。

美关系与中苏关系发展轨迹的差异以及中美关系的新特点值得深思和探究。

二、主流国际关系理论的解释及批评

中美关系的未来走向是主流国际关系理论关注的焦点问题,现实主义、自由主义与建构主义分别从不同的视角对中美关系进行了分析和预测,这三大流派集中于关注"中国能不能和平崛起""中美之间会不会发生战争",鲜少关注中美竞争与合作背后的成因。

现实主义理论认为,国际社会处于无政府状态,没有一个统一的中央政府实施法律,裁决国家间争端,维护国际安全。国家是单一、理性行为体,通过成本收益的计算追求国家利益。军事和安全利益决定国家政策。在无政府状态的驱使下,国家关注军事权力与物质利益以维持生存。物质实力分配界定的国际结构决定国家的行为。对于现实主义者来说,中美关系的主要特征是中国不断增长的实力,中美实力对比的变化决定了中美关系未来的走向。

现实主义理论可分为防御性现实主义和进攻性现实主义,以华尔兹为代表的防御性现实主义者认为国家在国际体系中追求的是安全而不是权力,大国倾向于维持现状,因此会采取一些合作行为。他们常采用安全困境这一概念来分析中美关系的困局,认为即使中美两国倾向于维持现状,且目标都是防御性的,但是它们维护自身安全的防御性措施往往会降低对方的安全感,而招致对方的反制措施。美国官员把地区同盟体系看作维持国际秩序稳定的防御性壁垒,竭力否认任何包围或遏制中国的意图。毫无意外的是,中国战略家对美国的同盟体系秉持疑惧心态。冷战后,为应对中国实力的增长,美国致力于巩固和加强它与传统盟友的关系。尤其是 20 世纪 90 年代中期之后,美国大力扩展其在东南亚、南亚和中亚的同盟与准同盟体系。不管美国官员如何否认其遏制中国的意图,中国倾向于把美国扩展同盟体系的行为视为针对中国的,并与中国的利益相抵触。中国因此也会采取相应的反制措施。[①] 许多现实主义者认为,中国日益高涨的民族主义、军事现代化以及南海问题上

---

① Aaron L. Friedberg. The Future of U. S. -China Relations: Is Conflict Inevitable? *International Security*, Vol. 30, No. 2 (Fall, 2005), pp. 23 – 24.

日益强硬的姿态加剧了中美之间的安全困境，导致美国寻求相对收益，损害了中美合作的前景。

进攻性现实主义的理论体系建立在三个假定之上，即：一、缺乏凌驾于国家之上并能保护彼此不受侵犯的中央权威；二、国家具有进攻性军事力量；三、国家永远无法获知其他国家的意图。进攻性现实主义者认为，在无政府状态的压力之下，国家为维持生存而展开权力的争夺，国家压倒一切的目标是最大化地占有世界权力，一国获得权力是以牺牲他国为代价的，大国的最终目标不止是为了争当大国中的强中之强，而是成为霸主，即体系中唯一的大国。由于任何大国都不可能取得全球霸权，因此，整个世界充斥着永久的大国竞争。① 在进攻性现实主义者眼中，大国的行为与其国内制度无关，国际政治结构驱动大国的行为，大国注定进攻大国，这一规律既适用于民主美国，也适用于专制德国。塞缪尔·亨廷顿指出，自19世纪开始以来，所有强权国家的行事方式都差不多：独断专行，且具有破坏性。他指出，历史上的大国英国、法国、德国、日本等在工业化与经济增长的同时，都进行了对外扩张。中国也不例外。② 同样，米尔斯海默认为中国不会和平崛起，如果中国经济在未来几十年继续保持高速增长，中国会谋求地区霸权，中美很可能会展开激烈的安全竞争，甚至发动战争。大多数中国的邻国会追随美国遏制中国。③ 中美之间的竞争是零和博弈，一方之所得即另一方之所失，两国追求的是相对收益，即使双方出现合作行为也只是暂时的，且为其争霸策略服务。

如果说现实主义者的历史观是悲观的循环论，自由主义者则认为历史是一段上升的曲线。自由主义建立在"国内因素决定国家行为"这一核心理念之上，政治结构、意识形态、利益集团等国内因素驱动着国家行为。自由主义者倾向于认为，通过增强贸易往来和制度联系，和平的前景趋于增大，冲突的可能性则会减少。经济上的相互依赖提高了战争的成本，"使成本收益比

---

① 〔美〕约翰·米尔斯海默：《大国政治的悲剧》，王义桅、唐小松译，上海人民出版社2003年版，第2页。

② 〔美〕阿伦·弗里德伯格：《中美亚洲大博弈》，洪漫、张琳、王宇丹译，新华出版社2012年版，第32—33页。

③ John Mearsheimer. China's Unpeaceful Rise, *Current History*, Apr 2006, p.160.

率远离昂贵的战争，而趋向不断带来收益的贸易。"① 因此，中美经济上的相互依赖会促进两国的合作，而不是冲突。

同时，自由主义者崇奉民主和评论，认为国内政治制度决定国家的对外行为，尤其是战争的倾向。虽然民主国家可能会对非民主国家动武，但是民主国家之间极少或不会打仗。由于国内舆论的监督、权力的制衡以及战争政策需要广泛的民意支持，因此，民主国家的领导人不愿意对外行使武力。② 简而言之，经济相互依赖与民主缓解了无政府状态的负面影响，促进了国际社会的和平。自由主义者认为，中国的崛起得益于成功的改革开放政策。市场经济的确立和外贸的扩展使中国融入国际体系的程度不断提高。经济相互依赖和对外贸易增加了中国对外扩张的成本。随着中国逐渐融入国际社会以及中国与外界贸易往来的增多，中国会因忌惮经济成本而不愿对外发动战争。

自由主义者指出，改革开放之后出现的社会与经济变革会促成中国政治结构的变革，"国际社会应该对致力于改革和发展对外贸易的中国持欢迎态度，因为经济的变革会逐渐把中国转变为更加开放与民主的国家，进而使中国成为亚太与全球安全中的稳定力量。致力于改革与现代化的中国终会迈向法治与市场经济体制，从而促生出民主化的力量——中产阶级"③。随着中国变得更加繁荣，新兴的中产阶级会要求更多的政治自由与政治权利，从而引起中国政治结构的变革，建立西方民主制度和自由体制。实行民主体制的中国是具有和平倾向的国家。

除了经济相互依赖与民主，自由主义者还认为国际制度有助于国际和平的维持，国家间关系的稳定以及合作的开展。国际制度提供信息，增透明度，减少不确定性和交易成本，从而促进国家间合作的开展。自由主义者将国际制度视为"和平的使者"（instruments of peace），他们认为，20世纪80年代之后，中国积极参加地区和国际层面的国际制度，已加入多数国际组织和机

---

① Richard Rosecrance, *The Rise of the Trading State: Commerce and Conquest in the Modern World*, New York: Basic Books, 1999, p. 155.

② Barbara Farnham, "The Theory of Democratic Peace and Threat Perception", *International Studies Quarterly*, No. 47, 2003, p. 397.

③ Rex Li, "The China Challenge: Theoretical perspectives and policy implications", *Journal of Contemporary China*, 1999, 8 (22), p. 454.

构，且受惠于战后西方主导的国际体系。在中国与国际社会互动的过程中，中国的行为也受到国际机构、国际规则和国际规范的制约。在融入国际社会的过程中，中国作为国际秩序的维护者和参与者，虽然也主张改革体系中一些不合时宜的规范和制度，但并没有挑战和颠覆当今国际秩序的意图和战略。事实上，中国正是在美国的支持下，通过融入美国主导的自由主义国际经济秩序中崛起的。[①] 中国参与国际制度的程度越高，越有助于中国认识到现存国际秩序符合中国自身的利益，从而使中国的行为趋向和平与合作。

建构主义是在对冷战终结的思考和对理性主义理论的质疑中发展壮大的，理性主义理论把国家的身份与利益视为外生给定的，认为国家的身份与利益外生于国家的互动进程，无政府状态是国际关系的本质特征。建构主义则对理性主义的假定提出质疑，认为无政府状态是国家建构的，体系结构不仅影响国家的行为，而且塑造国家的身份[②]，国家的身份与利益随着国家互动模式的变化而变化，物质实力只有通过共有观念的作用才能对国家行为产生影响。建构主义学者主要采用"身份"、"战略文化"和"规范"等三个变量分析国际关系，这三个变量是由一个社会共享的历史经历所塑造的，且通过社会化和教育在代际间传播，一旦形成，则难以发生变化。但是，建构主义学者认为，当国家的互动发生变化时，则共有观念结构则会发生变化，新的互动模式会传播新的观念和信息以取代以前的观念结构。因为建构主义学者认为观念结构与社会关系具有可变性，因此，他们在中美关系上秉持着乐观态度。

建构主义学者认为国际制度构成社会化的环境，国际制度可以通过社会化改变国家的身份、利益，进而塑造国家的行为取向。国际制度具有与权力政治规范相反的团体身份、规范属性与官方话语，是进行"反权力政治"社会化的工具。国际制度所包含的规范结构与行为体对规范的内化之间存在着正向关系。在国际制度中，规范倡导者与成员国进行互动，向其施加社会压力，以确保国家遵守非权力政治规范。在中美关系上，建构主义学者强

[①] 王缉思：《大国关系——中美分道扬镳，还是殊途同归?》，中信出版社 2015 年版，第 29 页。

[②] 秦亚青：《权力、制度、文化——国际关系理论与方法研究文集》，北京大学出版社 2005 年版，第 391 页。

调随着中国参与国际制度的增多,中国的战略文化和身份会逐渐转型①,国际行为会趋向中美合作。建构主义学者通常以中国对国家机构或制度的参与率以及对国际规则或规范的遵守程度来衡量中国对美国主导的国际秩序的态度。

江忆恩指出,在后毛泽东时代,中国对国际机构和组织的参与率大大提高。从20世纪60年代中期到90年代中期,中国从受到国际组织的孤立到加入了它有资格参与的80%的国际组织,中国达成的国际契约和参与的国际机构的数量大幅度增长。以国际安全制度为例,中国参与的国际安全制度的数量的增长速度要高于国际安全制度的增长速度,在1982年至1996年间,国际社会达成的国际安全条约从9个增加到18个,增长了约一倍。而中国参与率则从3个增加到15个,翻了四倍。在1996年之前,中国未签署的国际安全条约只有部分禁止核试验条约。但在1986年,中国政府正式宣布今后不再进行大气层核试验,实质上就相当于中国单方面宣布遵守部分禁止核试验条约的主要条款。1996年,中国签署了《全面禁止核试验条约》,这也就使得部分禁止核试验条约变得无关紧要。②

国际机构与国际制度的社会化效应,塑造了中国的身份和利益,进而影响了中国的行为。中国逐渐接受和内化了维护国际秩序的规则与规范,大多数学术观察家对中国一旦加入这些机构后对它们现有规则的遵守情况持肯定态度。关于中国参与世界银行和国际货币基金组织状况的最为权威的研究都表明,中国表现得相当不错。中国政府一方面会满足这些机构的要求,同时也不会想方设法让它们的决策方式朝着有利于中国的方向改变。在世界贸易组织内,中国基本接受了该组织的全部决策程序和体制,而且小心翼翼地在其中发挥领导作用。中国逐渐接受了现有国际秩序的准则与规范,就其对国际社会的认同而言,中国已经进一步融入各个国际组织,而且比以往任何时候都更加合作。此外,没有明确证据表明,中国领导人正在付诸积极努力,

---

① Aaron L. Friedberg. The Future of U. S. -China Relations: Is Conflict Inevitable? *International Security*, Vol. 30, No. 2 (Fall, 2005), pp. 33 – 34.

② Alastair Iain Johnston. *Social States—China in International Institutions, 1980 – 2000*, Princeton University Press, 2008, pp. 34 – 36.

以抗衡美国的力量，从而破坏一个美国主宰的单极体系，并用一个多极体系取而代之。① 罗斯玛丽·福特与安德鲁·沃尔特在对中国对现有国际规范的遵约记录进行考察后指出，伴随着中国经济的快速增长，中国的军事预算大幅度上涨，国际影响力大增，中国没有公然挑战现有的国际规范，而是采取更多的合作行为。② 中国没有挑战美国所主导的国际秩序，而在现有秩序框架内寻求与美国的合作。

上述文献梳理表明，大多数主流国际关系理论流派倾向于根据自身的理论假定，推测中美关系的走向会锁定在单一维度上，即冲突或者合作。

三、中美领域合作

伴随着科技的进步、交通通讯技术的发展与全球化进程的加速，世界各国在政治、经济与文化等方面的联系日益紧密，相互依赖日益成为国际政治的主要特征。全球化进程的加速演进不仅加深了国际社会中的相互依赖，而且塑造了国际体系结构，弱化了结构性层面的张力。随着世界政治行为体的多元化以及问题复杂性的增加，武力在国际事务中的作用下降，所有问题都附属于军事安全的时代已不复存在。以安全为中心的体系受到全球化浪潮的冲击，这就削弱了安全问题在国际体系中占据的位置。随着国家间相互依赖的增强，问题领域之间联系的日益淡化，高级政治难以支配低级政治，总体权力结构也难以支配具体问题领域的政治进程。

领域合作模式与全球化时代国家间的复合相互依赖紧密联系在一起，与之相生，且相辅相成。基欧汉与奈在《权力与相互依赖》一书中提出复合互相依赖模式，指出相互依赖是全球化时代国际关系的本质特征，全球主义是相互依赖的一种表现形式。复合相互依赖模式具有三个基本特征：一、各社会之间存在多渠道联系，它包括政府精英之间的非正式联系或对外部门的正

---

① 江忆恩：《中国是否在奉行修正主义的外交政策》，见 http://www.21ccom.net/articles/world/zlwj/20150605125467_all.html。

② Rosemary Foot, Andrew Walter. *China, the United States, and Global Order*, Cambridge University Press, 2011.

式安排；非政府精英之间的非正式联系；跨国组织等。这些联系渠道可以概括为国家间联系、跨政府联系和跨国联系。二、问题之间没有等级之分。国家间关系的议事日程包括许多没有明确的或固定等级之分的问题。军事安全并非始终是国家关心的首要问题，外交议程已经变得更为广泛、更具多元化，所有问题都从属于军事安全的时代已不存在。三、当复合相互依赖存在时，一国政府不在本地区内或在某一问题上对他国使用武力。①

领域合作模式假定，不同议题领域具有不同的博弈结构，政治领导人的合作需求因问题领域而不同②，国家在具体领域的合作不受总体权力结构的影响，国家的合作与冲突因议题领域而转移。复合相互依赖使得总体权力结构难以转化为具体问题领域的权力资源，军事实力无法对问题领域的政治进程产生影响，军事力量在非安全领域中不再发生效力，与具体问题领域相关的经济实力与其他问题领域无关。在问题结构模式中，国家可以使用武力，但将付出高昂的代价。问题领域不同，则权力结构与政治进程则不同，这些结构与进程或多或少独立于军事、经济的总体分配状况，具体问题领域的权力分配与总体权力结构并不相同。例如，沙特阿拉伯在石油领域具有巨大的权力资源与影响力，但是它在与海洋领域、世界粮食问题、有关制成品贸易的关贸总协定规则等国际机制问题上无关轻重。③

"传统的国际关系分析模式将特定的国际体系作为分析基点，在不同的问题领域推导出类似的政治进程。实力强大的国家把自己在某些问题领域的政策与其他国家在其他问题上的政策相联系，目的是寻求自己的优势地位和主导地位。在这种传统的分析模式下，世界政治被视为'无缝之网'，实力强大的国家利用综合实力，主导各类国际组织和问题领域。但在复合相互依赖条件下，情况可能不同，因为在某些问题领域，军事实力的作用在下降，某些问题与军事实力之间的联系并不那么紧密了。由于问题之间没有明确的等级

---

① 〔美〕罗伯特·基欧汉、约瑟夫·奈：《权力与相互依赖》，门洪华译，北京大学出版社 2002 年版，第 25—26 页。

② 〔美〕海伦·米尔纳：《利益、制度与信息：国内政治与国际关系》，曲博译，上海人民出版社 2010 年版，第 45 页。

③ 〔美〕罗伯特·基欧汉、约瑟夫·奈：《权力与相互依赖》，门洪华译，北京大学出版社 2002 年版，第 25—26 页。

之分,实力强大的国家难以运用总体实力来控制自己处于弱势地位问题的结果。虽然实力强大的国家依然力图利用这种联系来维持自己的主导地位,但取得成功的可能性减小了。"①

领域合作伴随着国家在具体问题领域展开的功能性合作而产生,问题领域之间的分离以及相互之间联系的淡化催生出领域合作。随着全球化进程的加速、国家间相互依赖的加深,问题领域不断增多,国际政治议程日益多元化、复杂化,军事安全问题难以主导经济、社会等低级政治,大国难以凭借总体实力支配每一个问题领域的政治议程与决策过程。在不同的问题领域,形成了不同的权力结构与利益格局,因此,国家在不同的问题领域存在不同性质的关系。在当今世界,很难找出像冷战时期美苏矛盾那样能够影响全球局势的世界主要矛盾,世界各国都是根据不同的议题来进行组合,或合作、或对抗。美欧与俄罗斯在乌克兰问题上尖锐对抗,引发"新冷战"的质疑,然而,在防止核扩散、打击恐怖主义等问题领域双方仍在进行领域合作。② 全球化的加深与拓展进一步扩大了功能性层面。冷战后,大国关系在总体上呈现出不同于以往的新特征,不再简单地以意识形态和战略利益划线,而是出现了"中性特征":既非敌亦非友,既合作又竞争。③ 国家间的冲突与合作以具体的问题领域为转移,在一个问题领域的冲突并不妨碍另一问题领域的合作,且具体问题领域的冲突不会扩散至总体层面,导致总体关系的恶化,例如法德在伊拉克问题与美国的对抗,并没有破坏它们之间的同盟关系。因此,国家在不同的问题领域有着不同的领域身份,这些身份可分为领域朋友、领域敌人、领域对手和非敌非友。

---

① 戚洪国:《论罗伯特·基欧汉的相互依赖思想》,载《理论界》2010 年第 9 期,第 96 页。

② 刘建飞:《构建新型大国关系中的合作主义》,载《中国社会科学》2015 年第 10 期,第 195—196 页。

③ 吴心伯:《世事如棋局局新——二十一世纪初中美关系的新格局》,复旦大学出版社 2011 年版,第 21 页。

中国对斐济文化交流

李德芳*

摘 要： 文化外交是全球化时代国家文化软实力竞争的重要手段，也是国家战略实施的重要保障。随着中国"一带一路"战略的发轫，中国急需赢得斐济等沿线各国的支持和参与。开展对斐济文化外交，不仅可以增进中斐友好合作关系的发展，而且可以借助斐济在太平洋岛国的影响力为"21世纪海上丝绸之路"南线战略的实施提供保障。通过文艺汇演、文化教育交流、侨务文化外交以及孔子学院平台，中国对斐文化外交逐渐成为增进斐济民众对中国了解，增强中国在太平洋岛国影响力的重要渠道。不过，受异质文化因素的影响及中国文化外交方式所限，中国对斐文化外交仍显不足。

以增进相互了解和人际关系建立为目标的文化外交，是国家文化软实力竞争的重要工具。尤其是在全球化时代国际文化软实力竞争加剧的当下，文化外交更是成为国家外交政策的"第三支柱"[①]，成为促进国家间信任与合作关系建立的重要保障。随着中国"一带一路"战略的实施，中国急需赢得沿线各国对我国"一带一路"的支持和参与。斐济是"21世纪海上丝绸之路"南线上的重要国家，也是南太平洋地区具有举足轻重地位的国家。开展对斐

---

* 李德芳（1975— ），女，山东临朐人，聊城大学政治与公共管理学院讲师，聊城大学太平洋岛国研究中心研究人员，法学博士，历史学博士后，主要研究方向：国际政治理论、公共外交。

① Robert T. Taylor, "Culture Diplomacy-The Future", Accessed on 10th, September 2014, http://business.hol.gr/bio/HTML/PUBS/VOL2/id-taylo.htm.

济文化外交,不仅可以增进中斐友好合作关系的发展,而且可以借助斐济在太平洋岛国的影响力为"21世纪海上丝绸之路"南线战略的实施提供保障。因此,考察中斐文化外交开展的现状,分析中国开展斐济文化外交的目标定位,进而找出中国对斐文化外交的不足,对于进一步拓展中国对太平洋岛国的文化外交,提升中国在南太平洋岛国地区的文化软实力有着重要的现实意义。

一、中国对斐济文化外交的目标定位

任何国家间的军事、政治、经济和文化交往都是由具有一定文化背景或"文化基因"的具体的"人"(个体或群体)来完成的。① 因此,如果能够通过一定的方式增进拥有不同文化的民众之间的相互了解和认同,对于国家间友好合作关系的建立和国家文化软实力的增强无疑都具有重要的作用,而这也正是文化外交发挥作用的路径及其功能所在。近年来,随着南太平洋地区在中国外交战略中地位的上升,通过文化外交增进太平洋岛国民众对中国的理解、信任和支持,成为中国文化外交的重要任务。

(一)促进斐济民众对"21世纪海上丝绸之路"理念的认同

随着"21世纪海上丝绸之路"(以下简称"丝路")战略理念的提出,中国特色大国外交开启了构建地区新秩序的重要尝试,其目的是建设亚太"命运共同体"和"利益共同体",重塑中国在亚太地区的重要领导地位和角色。毫无疑问,共建"丝路"既是沿路各国共同打造"利益共同体"的过程,也是战略思维和理念的相互沟通过程,需要不同文明间的对话和互鉴,以达到对共同战略利益的认知。但是,如果沿路各国民众对中国提出的"丝路"战略缺乏认知,或者认为中国提出的"丝路"战略仅仅是中国自己建设的经济带,而与他国无关,那么,他们就不会积极参与甚至抵触"丝路"战略。因此,加强中国与"丝路"沿路各国民众的沟通与交流,构建"丝路"民心相通工程将有助于"丝路"战略的实施。习近平主席在访问太平洋岛国时明确指出,把太平洋岛国纳入"丝路"范畴,共享发展成果。基于斐济特殊的地

---

① 潘一禾:《文化与国际关系》,浙江大学出版社2005年版,第2页。

理位置和地缘政治地位,积极开展中斐"民心相通"工程,不仅有助于促进斐济民众对"丝路"战略的理念认同,也可以借助斐济在太平洋岛国中的影响力,进而获得太平洋岛国对"丝路"战略的支持和积极参与,保障"丝路"南线战略的顺利实施。而建成"丝路",无疑是推进中国海洋大国战略的重要一环。因此,通过文化外交的沟通和交流功能,促进斐济等太平洋岛国对"丝路"的认同,成为当下中国对斐济文化外交的首要目标。

(二)塑造"强大而可亲"的大国形象

毫无疑问,中斐文化外交不仅是一个"大国"与一个"小国"之间的外交关系,而且是不同文化之间的沟通与交流。斐济在历史上曾经长期是英国的殖民地,并深受澳大利亚、新西兰等"大国"的影响和"制约"。斐济独立后,基于其被殖民的历史的记忆,斐济在与"大国"打交道的过程中,尤其注重对其主权的维护,以免其国家利益再次受到损害。近年来,由于斐济国内的"军事政变",斐济受到来自美国、澳大利亚和新西兰的制裁,而且一度被中止太平洋岛国论坛的成员国身份。这也促使斐济外交政策做出调整,由主要依赖美、澳、新等西方大国开始"向北看",而且将发展对华关系作为"向北看"政策的优先方向,这为中斐关系的发展提供了良好的发展机遇。但是,我们必须意识到中斐关系无疑也是"大国"与"小国"的关系,中国在斐济民众心目中是一个什么样的大国形象必将深刻影响到两国关系的发展和未来。因此,中斐文化外交的一个重要任务就是塑造中国在斐济"强大而可亲"的大国形象,增强中国国家形象的亲和力。也就是说,中国在与斐济打交道的过程中,必须秉承"和谐共赢""相互尊重""利益共同体"的理念,通过文化、价值观和理念的沟通与交流,让斐济民众意识到中国是一个"强大而可亲"的国家,是可以信赖的伙伴。

(三)增强中国在斐济等太平洋岛国的文化软实力

提升一个国家的文化软实力是文化外交的重要目标。文化软实力表现为一个国家文化的影响力、凝聚力和感召力。因此,提升中国在斐济等太平洋岛国的文化软实力就是要不断扩大和增强中华文化在太平洋岛国地区的国际影响力、凝聚力和感召力。扩大中国文化的影响力首先是大力传播中华文化,拓展中国文化的全球性价值。中国历史上形成的"己所不欲，勿施于人"的理念，"远人不服，则修文德以来之；既来之，则安之"的主张，成为中华文明与其他文明打交道的准则。通过对斐济文化外交的开展，争取斐济等太平洋岛国对这些理念和准则的理解和认同，进而在彼此交往中秉承这些原则，就是对中国文化影响力、凝聚力和感召力的最好诠释。其次，把中国现代化建设的"中国经验"加以提炼和传播，尤其是为斐济等广大发展中国家的经济、社会发展提供经验和借鉴，无疑也是增强中国文化影响力，提升中国文化软实力的重要方面。

二、中国对斐济文化外交的推进

中斐文化交流已有一百多年的历史。从19世纪末开始，旅居斐济的华侨华人就成为中斐文化交流的使者。中斐建交之后，文化艺术展演和教育交流和华侨华人一道成为中斐文化外交的主要途径。近年来，孔子学院的设立进一步拉近了斐济民众与中国文化、中国民众的距离。

（一）文化艺术演出

文化艺术演出是一种可以超越国界、语言和文化习俗限制的文化交流活动，是文化外交最有效的方式之一。通过各种文化艺术演出，在与斐济民众"面对面"的交流中传递中国的文化形象是中国对斐济文化外交的重要特点之一。中斐建交后，在中国对外文化交流协会和斐济相关机构的共同努力下，来自中国民间的各类艺术团为斐济民众奉上了一场场精彩的演出，成为增进斐济民众了解中华文化的重要窗口。

近年来，中国赴斐济访问演出的艺术团规模和范围都在不断扩大，在斐济掀起了一次又一次"中国文化热"。如果说，2010年庞大的"亲情中华"艺术团精彩的表演引起了斐济民众的震撼，那么2013年8月斐济红花节期间中国重庆文化艺术团的演出，则以其地域性特色引起了斐济民众的共鸣，而2014年中国摇滚乐队——唐朝乐队的《梦回唐朝》又让斐济民众感受到了不一样的中华文化。2015年恰逢中斐建交40周年，20多项"欢乐春节"系列活动、"中华文化大乐园——斐济苏瓦营""文化中国·锦绣四川"等一系列文化艺术演出和文化交流活动相继登陆斐济。这些蕴含中华文化精粹的艺术展演，不仅为斐济民众奉上了一场场文化盛宴，也是增进中斐人民友谊，传播中华文化的旅程。斐济民众在观看精彩演出的同时，也"感受到中国令人惊叹的悠久文化，感受到中国人的活力和中国文化的魅力"①。

（二）教育交流项目

通过奖学金、访问学者、培训、研讨会和其他教育交流项目，与他国的精英人物建立"长期关系"②，是文化外交最有效的手段。尽管这种以赢得价值和观念认同的"关系建立"，可能需要数年才能产生回报，但这种教育交流项目无疑是政府最合算的交易。中斐建交后，中国积极开展与斐济的学生交换项目，并从1984年起开始向斐济提供来华奖学金名额。不过，鉴于中国教育交流资金的有限和太平洋岛国在中国外交战略中的边缘地位，中国一开始提供的来华奖学金名额非常有限，大约每学年向斐济提供5个名额。

近年来，中斐教育交流的规模在不断扩大。目前，约有800名中国留学生在澳大利亚中昆士兰大学设在斐济的分校学习。③ 在2013年11月举办的第二届"中国——太平洋岛国经济发展合作论坛"上，中国宣布今后4年为南太平洋岛国提供2000个奖学金名额，帮助南太平洋岛国培训一批专业技术人员。④ 2015年4月，中国四川省代表团在斐举办"文化中国·锦绣四川"活动，并就向斐济提供政府奖学金，为斐济培养工程技术、医疗卫生、商贸、旅游等领域专业人才达成合作意向。此外，中国大学与南太平洋大学之间的交流互访也成为促进中斐教育文化交流的重要途径。中国海洋大学、中山大学和聊城大学还分别与南太平洋大学签署了校际交流合作协议，为中国与太平洋岛国教育交流与合作开辟了新的渠道。

---

① 刘鹏：《少林功夫亮相斐济》，新华网，2015-03-12，见http：//news. xinhuanet. com/2015-02/27/c_1114461252. htm。
② Mark Leonard. *Public Diplomacy*, London：The Foreign Policy Centre, 2002：18.
③ 毛春玲：《旅斐华侨华人与中斐文化交流》，东北师范大学2008年硕士论文，第14页。
④ 《中国第二届中国——太平洋岛国经济发展合作论坛》，载《中国环境报》2013年11月18日。

(三) 侨务文化外交

"以侨为桥,沟通中国与世界"的侨务文化外交,就是通过侨务渠道将中华文化推向国外主流社会,加强对外直接文化交流,并积极支持海外侨胞开展中外人文交流,以增强世界对中华文化的了解。斐济是太平洋岛国中较早有华人定居的国家①,也是太平洋岛国中华侨华人最多的国家之一,目前约有2万华侨华人生活在斐济。斐济华侨华人在长期的生活中逐渐结成了各种相互帮助和扶持的社团,华侨华人社团成为凝聚斐济华人社会的重要载体,也是中斐侨务外交的重要平台。目前,斐济共有19个华侨华人社团,涵盖教育、艺术、体育、青年、妇女等各个领域,他们既是中斐侨务文化外交的重要组织者,也是中斐文化外交的重要参与者。

近年来,中国文化部、教育部、国务院侨办和中国驻斐济大使馆与斐济华侨华人社团合作,积极推动"文化中国"品牌的实施,通过"欢乐春节""中华才艺""中华美食"等特色文化活动的举办,将中华文化推向斐济主流社会,使斐济民众在感受中华文化的过程中增进对中华文化的了解。其中,"欢乐春节"系列主题活动是近年来中国相关机构与斐济华侨华人社团及南太平洋大学孔子学院共同推出的中国特色文化活动,内容涵盖"美丽中国"图片展、乒乓球邀请赛、羽毛球邀请赛、中华武术演出、中华文化体验日、中华文化论坛、斐济华人春节联欢晚会等一系列主题文化活动,成为沟通斐济民众与中华文化的重要渠道。2015年"欢乐春节"共举办了20余场系列活动。其中,2015年2月27日,"欢乐春节——少林风·中华情"中国少林功夫团访问斐济的首场演出,就吸引了近千名当地观众涌进苏瓦市政厅大礼堂观看表演。"欢乐春节"大型文化交流活动自2010年开办以来,世界各国超过1000位国家元首或政要出席了活动,吸引了7000万海外华侨、华人的热情参与。②"欢乐春节""四海同春""名家讲坛""中华才艺""中华医学"

---

① 据记载,1885年,华人梅百龄(又名梅屏耀)开始在斐济定居。孙嘉瑞:《斐济华人史话》,斐济华人新闻网,2014 - 10 - 12,见http://www.fijichinese.com/history/history_of_chinese_in_fiji.htm。

② "欢乐春节——少林风·中华情"武术表演,斐济华人新闻网,2015 - 02 - 28,http://www.fijichinesenews.com/likepikeke/vip_doc/1027472.html。

"中华美食""中华武术"等特色文化活动成为打造"文化中国"品牌的重要组成部分,也成为中国文化外交的重要载体。

(四)孔子学院平台

随着 2012 年斐济南太平洋大学孔子学院的设立,孔子学院逐渐成为中斐文化交流新的载体。作为传播中华文化和推广汉语教学的重要机构,南太大学孔子学院无疑为中斐民众直接接触和感受中华文化提供了重要场所,也标志着中斐文化交流在深度上的扩展。

开设各类汉语课程和文化班是南太大学孔子学院进行汉语教学的主要形式。汉语课程班学员的范围比较广泛,既有在校学生、南太大学的教职员工,也有当地公职人员和私企员工等。例如,2012 年首届汉语培训班 70 名学员中就包括来自斐济政府职能部门、中资机构、银行、旅游服务行业等各行各业的从业人员,他们在学习汉语的同时,对中国文化、中国社会将会有着更深刻的理解,他们的努力将在日后中国与斐济等太平洋岛国各层面的交流与合作中发挥积极作用。南太大学孔子学院还积极融入南太大学教学体系,从 2013 年开始面向在校本科生开设中文学分课,在校学生可以通过学校选课平台自主选择,最后考评通过后可以获得南太大学学分。目前已有四门中文课程被纳入南太大学课程教学体系中,这标志着南太大学孔子学院的汉语教学已经开始融入斐济及南太地区高等教育体系中。[1] 同时,南太大学孔子学院积极响应校内对汉语学习的需求,先后在南太大学劳托卡校区、瓦努阿图维拉港分校开设中文班,并在瓦努阿图艾玛卢分校设立孔子课堂,为广大太平洋岛国居民和中文爱好者提供了便利的学习条件和打开了了解中国及中国文化的窗口。此外,南太大学孔子学院还积极尝试走出大学校园,在斐济及其他太平洋岛国的幼儿园和中小学开展中文教学,更广泛地服务于太平洋岛国社会。南太大学孔子学院已经先后在斐济南太大学幼儿园、"苏瓦国际学校"、苏瓦智能学校开展中文教学和文化体验日活动,积极促进汉语教学的低龄化普及。南太大学瓦努阿图艾玛卢分校孔子课堂也有来自维拉东部学校八年级

---

[1] 王煦哲:《浅析孔子学院在南太平洋地区的发展——以南太平洋大学孔子学院为例》,载《中共乌鲁木齐市委党校学报》,2015 年第 1 期。

的 80 多名学生。

除了开设各种语言培训课程之外,南太大学孔子学院还举办了一系列的文化体验课、公开课,积极推广中华文化。通过包饺子、包汤圆、剪纸等文化体验课的开展,让斐济民众在活动中体验和感受中国文化的魅力。仅 2013 年一年南太大学孔子学院举办的各类文化活动就有 15 场,参加人数 3500 余人次。① 南太大学孔子学院还多次举办关于中国传统文化的"百家讲坛"(如"中国音乐欣赏""诗歌的语言"等)、春节团拜会、"欢乐春节·中国文化日",进一步宣传了当代中国及中国文化。此外,南太大学孔子学院还积极参与当地民众的传统节日,在与当地民众面对面的沟通中增进两国民众的相互了解和友谊。每年 8 月是斐济规模最大的传统节日红花节,南太大学孔子学院已经连续两年参加斐济的红花节活动,在历时 5 天的主题日活动中,不仅向斐济民众展示了中国文化的魅力,也增进了当地民众对中国的了解。

经过三年多的发展,南太大学孔子学院的影响正逐步扩大,已经成为太平洋地区汉语学习和文化交流的重要平台,学员人数累计达千余人次。而且,孔子学院的社会影响力也在不断扩大,其他校区要求开设汉语教学点的呼声越来越高。为进一步促进孔子学院的发展,南太大学孔子学院还专门成立了咨询委员会,就孔子学院课程设置、发展规划等献言献策,为孔子学院的顺利发展提供保障。在 2015 年 4 月 1 日咨询委员会大会成立大会暨第一次会议上,斐济旅游协会会长司徒新耀先生当选为首届咨询委员会主席。② 南太大学孔子学院,为促进双边教育和文化交流提供了平台,孔子学院将进一步增进中国与斐济及南太地区其他岛国之间的相互了解和信任。正如斐济驻中国大使艾萨拉·布莱尼所言:"孔子学院的工作不仅涉及斐济,更关联整个南太平洋地区,我们彼此都有一个共同的目标——加强中国与斐济及南太平洋地区的友好关系。"③

---

① "南太平洋大学孔子学院成功举办第四届汉语课程班结业晚会",国家汉办官网,2015 - 03 - 02,http://www.hanban.edu.cn/article/2013 - 11/29/content_517213.htm。
② "南太平洋大学孔子学院召开咨询委员会成立大会暨第一次会议",国家汉办官网,2015 - 05 - 02,http://www.hanban.edu.cn/article/2015 - 04/02/content_585596.htm。
③ "斐济驻中国大使艾萨拉·布莱尼访问南太孔院",国家汉办官网,2015 - 04 - 03,http://www.hanban.edu.cn/article/2014 - 05/26/content_538036.htm。

三、中国对斐济文化外交的不足及对策

通过文化艺术演出、教育文化交流以及侨务文化外交和孔子学院平台，中国对斐文化外交取得了显著的成效，不仅展示了中国良好的国家形象，增进了斐济民众对中国的了解和信任，也增强了中国在太平洋岛国的文化软实力。不过，我们也应该看到，中斐文化交往是异质文化间的沟通与交流，易受沟通方式和文化偏好的影响，使得中国对斐文化外交的效果受到一定的制约。

首先，中斐文化交流属于异质文化间的沟通，一定程度上存在跨文化交流中沟通障碍影响，甚至是偏见和抵制。历史上，斐济长期属于英国殖民管辖，深受西方文化的影响，在语言、宗教信仰、价值取向、思维方式上都与中国的东方文化相去甚远。这种差异性，有时候也会造成异质文化群体间的不理解甚至误解，在一定程度上成为中斐文化交流的障碍。这也是中国对斐文化外交一开始多以文化艺术展演等超越语言和文化的形式存在的原因。然而，文化艺术展演往往受到演出时间和规模的限制，因此，难以在短时间内使斐济民众对中国、中国文化、中国人民有深入的了解。此外，斐济与中国实行的是不同的政治制度，而深受西方政治文化和基督教传统影响的斐济民众，对中国的政治制度、意识形态和共产党领导下的中国政府往往抱有成见或偏见。这种现象的存在，也势必会影响到中国对斐文化外交效果的取得。因此，未来中国在南太平洋岛国推行文化外交的进程中，应注重消除这些跨文化交流的障碍，改进沟通的方式，用太平洋岛国民众听得懂的、能够产生互动的方式进行交流。在交流中要坚持既体现中国文化的民族特色，又要符合和尊重斐济文化传统与风俗的原则。例如，举办双方公共参与的文化交流、访问学者项目以及可以形成"长期关系"的互换留学生项目、孔子学院项目等，都可以成为中国对太平洋岛国文化外交的有效途径。

其次，侨务文化外交是中国对斐文化外交的重要形式，斐济华侨、华人是中国对斐文化外交的重要实施主体，然而鉴于华侨、华人在斐济仍然属于少数族裔，其社会影响力也比较有限，使得侨务文化外交的开展仍然存在一

定的局限和不足。目前斐济的华侨、华人大约有2万人，在斐济85万人口中，仅占5%左右，尽管当地华侨、华人在160多年中已经融入斐济社会各个领域，但其对斐济政治、经济、社会的影响力仍然有限。此外，随着中国公民到斐济旅游和投资及移民的增多，部分中国公民的不文明行为引起了斐济民众的不满。此外，斐济新生代华侨、华人违法犯罪和非法经营事件也时有发生，使得当地政府和民众对老一代华侨、华人的尊敬转向不满甚至怨恨，这也是近些年来太平洋岛国排华事件增多的主要原因。而鉴于中国政府对海外华侨、华人的行为几乎毫无约束力可言，因此，通过侨务外交加强与斐济华侨、华人社团的联系与合作，借助华人社团约束和规范当地华侨、华人的行为，塑造华人勤劳勇敢、扎实肯干的形象，将是中国对斐文化外交的重要着力点。同时，通过各种渠道给予斐济华侨、华人更大的支持和帮助，增强他们融入当地社会的能力，也有助于提升华侨、华人在斐济的形象。当然，塑造和提升中国人在斐济及太平洋岛国的形象将是一个长期、艰难的过程。

此外，尽管相比较于其他太平洋岛国，斐济的华文教育开展比较早也是比较发达的，但华文教育师资力量仍然不足。而华侨、华人聚居区的华文教育力量薄弱，直接导致了第二、第三代华侨会说中文识汉字的越来越少，中华文化的传播面临断层的危险。因此，如何使新的侨民担当起传播中华文化的重任，成为中国文化外交要完成的重要任务之一。目前，除了南太平洋大学孔子学院的汉语教学外，中国政府也已经向斐济的华文学校逸仙中学和中华学校派出了汉语志愿者以提高华文学校的汉语教学水平，但仍然远远不能满足斐济华侨、华人社会的汉语教学需要。因此，增强孔子学院的汉语教学能力、派遣更多的汉语教学志愿者、为当地汉语教师的培训提供教材和师资资助，以及在新生代华侨、华人中开展文化交流活动，都将有助于提升斐济华文教育的力度和成效。

总体而言，中国对斐济文化外交的开展相对于其他太平洋岛国来讲不仅时间上比较早，而且文化外交的渠道和途径也比较广泛，文化艺术展演、教育文化交流以及孔子学院项目，都是中国对斐文化外交的重要形式。中国对斐文化外交也取得了良好的效果，增进了斐济民众对中国的了解，也塑造了中国和平、平等、合作的国家形象。但是，也应该看到，由于中国文化外交运行方式存在的不足，以及异质文化因素的影响，中国在斐济的影响力还是有限的。因此，改进文化外交实施的途径，尤其是加强能够建立"长期关系"的留学生项目、孔子学院项目等教育交流项目，将更有利于促进斐济民众对中国理解和信任的建立。

学科新著

列宁主义研究是特殊重要而历久弥新的永恒课题

——《不朽遗产：为列宁主义辩护》评介

林建华[*]

马克思主义是关于人的发展和人的解放的科学。1949年6月30日，毛泽东在为纪念中国共产党二十八周年而撰写的《论人民民主专政》中指出："中国人找到马克思主义，是经过俄国人介绍的。在十月革命以前，中国人不但不知道列宁、斯大林，也不知道马克思、恩格斯。十月革命一声炮响，给我们送来了马克思列宁主义。"中国共产党第十八次全国代表大会部分修改、2012年11月14日通过的《中国共产党章程》指出："中国共产党以马克思列宁主义、毛泽东思想、邓小平理论、'三个代表'重要思想和科学发展观作为自己的行动指南。"历史的逻辑和事实是，国际共产主义运动和马克思主义经由十月革命和列宁主义在中国这片古老而壮美的大地上落地、生根、发芽、开花、结果，因此，中国共产党人和中国人民对马克思主义、列宁主义情有独钟，并一直使用"马克思列宁主义"的概念。列宁主义研究也因此成为特殊重要而历久弥新的永恒课题。近读李济琛教授新著《不朽遗产：为列宁主义辩护》[①]，深感该书独有新意。该书进一步深入研究了什么是列宁主义、为什么要为列宁主义辩护、为什么说列宁主义是不朽遗产、列宁主义在马克思

---

[*] 林建华，北京外国语大学马克思主义学院院长，北京高校思想政治理论课特级教授，北京高校中国特色社会主义世界影响力研究协同创新中心执行副主任。

[①] 李济琛：《不朽遗产：为列宁主义辩护》，中央编译出版社2015年1月版。

主义发展的链条中是如何承前启后的等一系列问题，并做出了21世纪的新时代的剖析和评述，从而使我们对列宁主义有了全新的认识和深度的理解。

一、厘清了列宁主义的内涵

思维始于问题，同时，思维也始于概念。如同"马克思主义"一样，"列宁主义"也是列宁的反对者作为贬义词最早使用的。到1923年，"列宁主义"才作为褒义词使用。到1924年1月21日列宁逝世之后，联共（布）党中央在讣告中才郑重地正式提出"列宁主义"，而且把"列宁主义"与"布尔什维主义"并列使用。至于"马克思主义—列宁主义"的提法，则出现于1924年7月共产国际"五大"的文件中，旨在把马克思主义与列宁主义联结为统一的先进理论，要求各国共产党进行宣传和学习。在中文译文中，"马克思主义—列宁主义"简化为"马克思列宁主义"，甚至更简称为"马列主义"。从正面意义上诠释列宁主义，影响最大的是斯大林的定义。列宁逝世后，斯大林在1924年4月和5月的《真理报》上发表《论列宁主义基础》一文，指出："列宁主义一般是无产阶级革命的理论和策略，特别是无产阶级专政的理论和策略。"作者认为，斯大林的这一定义无限拔高了列宁主义的国际性和世界性意义，并以此指导发达国家无产阶级革命，同时有意无意地遗漏了列宁主义最核心的东西，即列宁关于社会主义建设的新思想。在深入剖析斯大林的定义和继承学术界的观点的基础上，作者指出："列宁主义是资本主义发展到垄断时代，不发达资本主义国家无产阶级结合本国具体实际进行革命和建设的思想武器。"这一新定义揭示了列宁主义的科学内涵和实质。

二、提出了为列宁主义辩护的时代命题

马克思、恩格斯有两个著名论断：其一是在《共产党宣言》中提出："资产阶级的灭亡和无产阶级的胜利是同样不可避免的"；其二是在《〈政治经济学批判〉序言》中提出："无论哪一个社会形态，在它所容纳的全部生产力发挥出来以前，是决不会灭亡的；而新的更高的生产关系，在它的物质存在条件在旧社会的胎胞里成熟以前，是决不会出现的。"因此，人类始终只提出自

已能够解决的任务。作者指出，在俄国十月革命前，就存在俄国不具备社会主义革命条件的论断；在十月革命后，有人甚至认为十月革命是"先天不足的早产儿"。在苏联东欧剧变前，就存在一种论断："企图在不具备建设社会主义的主客观条件的国家里建设社会主义，这是原罪。"在苏联东欧剧变后，列宁、列宁主义导致"原罪"的声音更是甚嚣尘上。美国著名政论家兹·布热津斯基在探究苏联东欧剧变、苏联解体的原因时，得出的结论是："正是列宁创建了造就斯大林的这一制度，而又是斯大林接着创建了使自己能够犯下那些罪行的制度……事实上，列宁主义的不朽遗产，就是斯大林主义。"他还说："在反思苏联失败的同时，简略回顾一下俄国的马克思主义实验所走过的历程是颇有教益的。把一个犹太血统的德国移民知识分子在大英博物馆公共阅览室中苦思冥想出来的、一种基本属于西欧的思想，移植到一个相当遥远的欧亚帝国的准东方的专制传统之中，再由一个专会写小册子的俄国革命者来充当历史的外科手术师，其结果必然是荒诞不经的。"也就是说，在由苏联东欧剧变、苏联解体否定斯大林和斯大林主义的同时，进而否定列宁、列宁主义和社会主义，否定十月革命开启人类历史"新纪元"的伟大意义，乃至否定马克思主义，这不是对历史的无知，而是对列宁、列宁主义的曲解。因此，作者提出，为列宁主义正名，为列宁主义辩护。名不正则言不顺，是颠扑不破的箴言。

三、凝练了列宁主义的不朽遗产

马克思曾指出："理论在一个国家实现的程度，总是决定于理论满足这个国家的需要的程度。"作者指出，列宁的伟大之处在于，他懂得"马克思主义中有决定意义的东西，即马克思主义的革命辩证法"。作者指出，列宁主义的不朽遗产极其丰厚，主要是无产阶级革命理论和社会主义建设理论。列宁关于无产阶级革命的思想和理论主要包括：帝国主义是资本主义的最高、最后阶段；帝国主义是垄断的、寄生的、腐朽的、垂死的资本主义；帝国主义是战争的根源；世界战争中的参战国必然遭受国力和内外统治力的削弱并加深国内外矛盾而出现统治的薄弱环节；无产阶级革命政党抓住薄弱环节有效地发动、组织起无产阶级和广大人民群众革命；无产阶级革命可以在这样的特殊条件下取得革命胜利，从而成为历史前进的火车头，等等。这一思想和理论被十月革命的实践证明是正确的。而十月革命的新纪元意义则鲜明地表现为对新的社会历史方向的指引和新的社会主义制度的展示。列宁关于社会主义建设的思想和理论主要包括社会主义建设道路的总体构想和两个著名公式。列宁的总体构想是"三位一体的"整体构想，并且大体上是按照"文化建设—经济建设—政治建设"的顺序展开的，其中文化建设构想的中心点是进行文化革命，经济建设构想的中心点是发展商品生产，政治建设构想的中心点是推进民主政治。两个著名公式是：共产主义就是苏维埃政权加全国电气化；苏维埃政权＋普鲁士的铁路管理＋美国的技术和托拉斯组织＋美国的国民教育等等＝总和＝社会主义。作者还提出，列宁是一位坚持理论和实践相结合的伟大的马克思主义者，他不拘泥于理论教条，也不为自己曾经做出的决定、决议和主张所束缚，而是从实际出发，把实践作为检验理论和自己制定的政策是否正确的唯一标准，不断发现错误，不断修改、补充和完善自己的理论原则，从而坚持和发展了马克思主义。这同样是列宁、列宁主义留给后人的最可宝贵的不朽遗产之一。作者把列宁主义作为不朽的理论遗产、精神遗产来继承和发扬，并把重点放在"不发达资本主义国家无产阶级结合本国具体实际进行革命和建设"这个根本问题上，是切合实际的、完全正确的。这一不朽遗产至今对我们仍然具有重要的现实启迪意义。

二、剖析了列宁主义在马克思主义发展链条中的承前启后的作用

马克思主义是随着时代、实践和科学的发展而不断发展的。列宁主义在马克思主义发展的链条中具有承前启后的独特作用。早在1956年11月15日，毛泽东《在中国共产党第八届中央委员会第二次全体会议上的讲话》中就指出："列宁主义学说发展了马克思主义。在哪些地方发展了呢？一、在世界观，就是唯物论和辩证法方面发展了它；二、在革命的理论、革命的策略方面，特别是在阶级斗争、无产阶级专政和无产阶级政党等问题上发展了它。列宁还有社会主义建设的学说。从1917年10月革命开始，革命中间就有建设，他已经有了七年的实践，这是马克思所没有的。我们学的就是这些马克

思列宁主义的基本原理。"1985年,邓小平也曾指出:"社会主义究竟是个什么样子,苏联搞了很多年,也并没有完全搞清楚。可能列宁的思路比较好,搞了个新经济政策,但是后来苏联的模式僵化了。"作者指出,列宁主义是对马克思主义的继承和发展;列宁之后形成的斯大林主义不是列宁主义;列宁主义"不朽遗产"的承继者之一是毛泽东思想和中国特色社会主义理论体系。作者浓墨重彩地论述了列宁在马克思主义发展中的理论探索、实践尝试及其历史性贡献,以及由此所决定的强大生命力。作者还鞭辟入里地剖析了斯大林对"列宁主义"的认识和诠释,特别是斯大林、斯大林主义、斯大林模式的主要错误,及其对世界社会主义发展的凝滞作用、阻碍作用,以致发生苏联东欧剧变、苏联解体这样的严重挫折,留下了沉痛的教训。作者还专设两章"邓小平理论是当代中国的马克思主义""中国特色社会主义理论体系认识"集中论述列宁主义对中国当代的影响和价值。作者指出,改革开放以来,中国已经在充分汲取苏联模式失败教训的基础上,逐步克服苏联模式的弊端,不断坚持和拓展中国特色社会主义道路,坚持和丰富中国特色社会主义理论体系,坚持和完善中国特色社会主义制度,为实现"两个一百年"奋斗目标和中华民族伟大复兴中国梦而不懈前行。这正是中国学者今天重新研究列宁主义真谛、继承列宁主义不朽遗产的重要旨归。

西欧社会民主党研究的又一重要成果

——《西欧社会民主党执政理论与实践研究》评介

李华锋*

西欧社会民主党（包括工党、社会党）是西欧国家政治舞台的重要力量，也是当代世界社会主义运动和工人运动中的一个重要派别，在国际政治舞台上也具有重要的影响力。它在政坛上的兴衰沉浮，潮起潮落，不仅折射出政党之间的博弈与角力，也深刻反映了西欧资本主义国家经济、社会的变迁，是我们观察、思考当代资本主义新变化的一个重要窗口。张有军教授的新著《西欧社会民主党执政理论与实践研究》，是西欧社会民主党研究的最新成果。

该书具有以下几个特点：

一、选题视角新颖

20世纪80年代，社会民主党的研究在我国开始起步。30多年来，学者们在这一领域辛勤耕耘，勇于开拓，出现了一批综合性研究、专题性研究和个案研究著作。但对实际政治具有直接借鉴作用的执政理论与实践研究仍然零散、薄弱。竞争性政治是西欧国家的重要特色，任何一个政党要合法地取得政权，都必须走竞选这条路。根据相关法律，这些国家每隔几年举行一次大选，以决定由哪一个政党或政党联盟组织政府内阁。选举结果不仅关系到政党能否执政从而一定程度上影响国家的政治进程，还关系到政党在国家和

---

* 李华锋，聊城大学政治学与公共管理学院。

社会生活中的地位，关系到政党本身的兴盛衰落。同时，选举结果也是检验一个政党的理论和政策正确与否的重要尺度，选举中下台或失败的政党一般都会做深刻的检讨，分析失利的原因，及时调整政策，以图东山再起。社会民主党作为西欧国家政治生活中的重要力量，作为体制内政党，竞选也是他们掌握政府的必经阶梯。社会民主党能否上台执政？能否连续执政？为什么会黯然下野？为什么会长期在野？他们的政坛沉浮有哪些经验可以借鉴？对这些问题，该著都做了比较深入的探讨。

二、内容全面系统

社会民主党研究起步阶段，学者们一般是分国别进行板块式研究，这种研究有利于对每一个国家的社会民主党有一个清晰的认识，但不利于把握西欧社会民主党发展的共同规律。该著不是个别西欧社会民主党研究的叠加，亦不止于对不同历史时期西欧社会民主党研究的补足，而是从整体上立论，把西欧社会民主党看作一个有机发展的整体。本书以政党执政的一般理论作为切入点，以社会民主党的历史演变作为宏观背景，深刻剖析了社会民主党的执政理念，考察了社会民主党的执政历程并对英国工党、法国社会党、德国社会民主党和瑞典社会民主党的执政实践进行了重点剖析，从执政理念、执政方式、执政主体等方面深刻总结了社会民主党的执政经验。

三、研究方法科学

该书在研究方法上体现了"三个结合"，即理论与实践相结合，历史与现实相结合，一般与重点相结合。具体表现在：既深刻阐释了政党执政的一般理论与社会民主党的执政理念，又较为详细地考察了社会民主党自第一次世界大战后走向执政舞台一个多世纪的执政实践；既全面回顾了社会民主党自19世纪诞生以来三个阶段的曲折发展历史，又重点剖析了"二战"后当代社会民主党在西欧国家政治舞台的兴衰沉浮与政策调整；既总体考察了社会民主党五个发展阶段的执政历程，又重点观照了英国工党、法国社会党、德国社会民主党以及瑞典社会民主党等具有重要影响力的社会民主党的执政实践。

另外，该著还采用了政治学研究法、文献研究法等重要方法。多维度相结合研究方法的采用使得对社会民主党的研究更具客观性、系统性和全面性，从而有可能避免简单化、单一化的问题。

总之，该著内容丰富、分析深刻、见解新颖，无论对从事国际政治、中国政治的学者还是对在校学习的研究生、大学生都具有重要的参考价值。

马克思主义的真理颠扑不破

——《马克思主义生命力研究》评介

王　婧*

任何事物都不是稳定向前发展的，而是波浪式地前进、螺旋式地上升、曲折式的发展。马克思主义这一论断也是如此。马克思主义自诞生以来，就一直经历着各种敌对思潮的责难和诋毁，马克思主义"过时论""死亡论""社会主义失败论"一度充斥在大家耳膜中。面对着随时出现的新情况和新问题，马克思主义在马克思经典作家和各届领导集体的努力下不仅没有失去其光华，反而在历史发展和与时俱进中更加光彩夺目，以其科学的理论指导着一个个国家在社会主义的道路上越走越远。在当前各种思潮、各种思想交锋交织的情况下，秦正为副教授迎难而上，出版了专著《马克思主义生命力研究》[①]，他以缜密的思维、贯微洞密的观察视角、严密的逻辑结构、创新的研究内容和研究方法，充分论证了马克思主义的科学化、时代化、大众化、中国化，证明了马克思主义旺盛的生命力。

该著分为上、下两篇，上篇，主要论述马克思主义生命力的发展历程和基本特征；下篇，主要是马克思主义经典作家对马克思主义生命力的论述。详读本书，发现该书视角独特、论证翔实，是一部具有较好学术价值和现实意义的佳作，具有以下三个方面的特点与优点：

一、本书对马克思主义是科学的理论这一论断总结全面准确，对科学性是马克思主义生命力的立足点分析透彻。马克思主义的生命力在于，它绝不

---

* 王婧，聊城大学政治与公共管理学院。
① 秦正为：《马克思主义生命力研究》，中国社会科学出版社2016年版。

是离开世界文明发展大道而产生的一种故步自封、僵化不变的学说，它是有着科学的世界观、方法论及其完整的理论体系。本书用通俗易懂的语言介绍了马克思主义的三个理论来源和三个部分：马克思主义哲学（辩证唯物主义和历史唯物主义）批判继承了德国古典哲学，将黑格尔的唯心主义和费尔巴哈的唯物主义吸收进自己的理论体系中；马克思主义政治经济学，则批判继承了当时最发达资本主义国家英国的古典政治经济学，吸收亚当·斯密和大卫·李嘉图对经济制度的研究而创立剩余价值学说，并写出具有世界影响力的《资本论》；科学社会主义，则是批判继承了英法的空想社会主义，将欧文、圣西门、傅里叶的"乌托邦"设想发展为人类关于社会发展科学的理论，从而指明了人类历史的发展方向。本书还从马克思主义在克服和解决自由资本主义、垄断资本主义和当代资本主义弊端上的前瞻性来论证了马克思主义的科学性和生命力。尤其是马克思主义的继承者——列宁，正是由于正确分析和深刻讨论了垄断资本主义的本质和发展方向，才形成了"帝国主义时代的马克思主义"。

二、本书以大量的事实资料证明了马克思主义是与实践相结合的理论，对实践性是马克思主义生命力的支撑点分析客观恰当。实践是认识真理的唯一标准。马克思主义是在实践中产生，并在实践中发展的。例如本书中论述的一系列翔实的实践：社会主义的第一次伟大尝试——巴黎公社运动，丰富了马克思主义学说，其经验、教训，成为国际社会主义运动的宝贵经验；列宁将马克思主义俄国化，领导俄国人民取得了十月革命的胜利，开辟了人类探索社会主义道路的新时代；毛泽东则根据十月革命"一声炮响"送来的马列主义，探索出"农村包围城市"的革命道路，建立了农村革命根据地；中国特色社会主义理论体系，则在几代中国共产党人带领人民不懈探索实践下，科学地阐明了中国特色社会主义的思想路线、发展道路、根本任务、发展动力等重大问题，使马克思主义焕发出强大的生命力、创造力和感召力。本书在从实践性这一角度证实马克思主义强大的生命力时，资料翔实、内容丰富、系统全面，可以说理论与实践相结合这一条线贯穿全书。

三、本书指出马克思主义创造性地与中国实际相结合，并用大量篇幅证实了中国化是马克思主义生命力的内在要求，尤其是作为一本新作，更是将中国梦做了系统全面的论述。马克思主义同中国实际相结合，产生了两次历史性飞跃，形成了马克思主义中国化的两大理论成果：毛泽东思想和中国特色社会主义理论体系。毛泽东领导带领中国共产党人开辟了中国革命的正确道路，毛泽东思想是被实践证明了的关于中国革命的正确的理论原则和经验总结。中国特色社会主义理论体系在新的历史条件下依次科学回答了"什么是社会主义，怎样建设社会主义""建设一个什么样的党，怎样建设党""实现什么样的发展，怎样发展"，最后归结为"什么是马克思主义，怎样坚持马克思主义"。书中所介绍的毛泽东思想、邓小平理论、"三个代表"重要思想、科学发展观、中国梦，无一不体现着马克思主义的时代化、大众化、中国化，开拓了马克思主义的新境界。下篇更是将中国各届领导人对马克思主义生命力的论述以较大篇幅编入本书，梳理全面、内容充实、思路清晰，更加深化了我们对马克思主义中国化的认识。

该著作为专门研究马克思主义生命力问题的一本创新之作，通过历史与现实、理论与实践、文本与阐释相结合的综合考察，把马克思主义生命力的历史形成、现实凭依、理论品质、困难挑战、发展继承等呈现在读者面前。这一课题的研究，有助于人们继续丰富和发展马克思主义，有助于构建社会主义和谐社会与和谐世界，为人类的整体发展和全面进步做出贡献。也让我们更加坚信了马克思主义理论是长青长盛的，让人感触颇多，值得一读。

学术会议

山东省国际政治和国际共运学会第十届会员代表大会暨2016年学术年会在聊城大学召开

本报讯（记者 陈升磊）4月16日，山东省国际政治和国际共运学会第十届会员代表大会暨2016年学术年会在聊城大学召开。学会名誉会长程玉海、会长李爱华、枣庄学院院长曹胜强、山东理工大学副校长张祥云、中共山东省委党校副校长魏恩政等专家领导，以及来自省内高校党校、科研院所的专家学者70余人参加会议。聊城大学党委常委、副校长胡海泉出席开幕式并致辞。会议由山东省国际政治和国际共运学会、聊城大学政治与公共管理学院、世界共运研究所共同主办。

胡海泉在致辞中向年会的召开表示祝贺，对与会专家学者表示欢迎。他指出，国际共运学科是聊城大学的传统优势学科，长期以来形成了"世界社会主义共产主义运动""中国特色社会主义理论与实践""政党政治与执政党建设"三个富有特色的研究方向，是我国国际共运史领域科学研究、人才培养、资料建设、建言献策的重要基地之一。他希望学会和各位专家以此次年会为契机，深入探讨当今国际形势与中外社会主义的新发展，为推动全省国际政治与国际共运学科发展贡献力量。

李爱华表示，本次年会的主题是中国外交战略与中国特色社会主义新发展，在当今国内外形势下非常具有现实意义，希望各位专家围绕主题积极发言，广泛交流，深入探讨，敢于发表新观点，把国际政治与国际共运研究推上一个新水平。聊城大学是我国共运研究的重要阵地，为该学科发展做出了卓越贡献，聊城大学领导老师为本次会议召开付出了辛勤劳动，他代表学会对此表示感谢。

程玉海表示，作为国际共运研究的一名老兵，他很高兴看到国际共运学科蓬勃发展，优秀青年学者不断涌现。本次年会立足时代节点，紧扣时代主题，是对国际共运研究领域的重要开拓。他希望各位学者在研究中密切关注国际形势变化及西方政治社会思潮演进，强化使命，开拓创新，为国际共运研究不断开拓新视野、做出新贡献。

开幕式结束后，山东大学王学玉教授、山东师范大学高继文教授、青岛大学丁金教授、山东社科院杨金卫研究员、聊城大学李华锋教授分别围绕中国外交、治国理政新思路、提升国家气候谈判话语权、网络空间命运共同体构建与治理、英国工党新领袖与新动向等问题发表主题演讲。与会代表还围绕"国际政治与中国外交"和"中外社会主义"两个主题开展了分组讨论。

学会副会长王立行对会议做了总结，高度评价本次会议成果。他指出，本次会议内容紧跟时代潮流，发言聚焦理论前沿，互动交流积极热烈，其文明素质、理论素养正在向深度、精度、高度和广度发展，国际政治和国际共运研究未来可期。

会议审议并通过了学会章程，选举产生了新一任领导班子。山东大学王学玉教授当选为新一届学会会长，聊城大学李华锋教授当选为副会长。聊城大学世界共运研究所程玉海教授和张祥云教授被推举为名誉会长。

本文原发于《聊城大学学报》2016 年 4 月 19 日